Heinrich Steinhausen

Irmela

Eine Geschichte aus alter Zeit

Heinrich Steinhausen

Irmela
Eine Geschichte aus alter Zeit

ISBN/EAN: 9783337356156

Hergestellt in Europa, USA, Kanada, Australien, Japan

Cover: Foto ©ninafisch / pixelio.de

Weitere Bücher finden Sie auf **www.hansebooks.com**

IRMELA

Eine
Geschichte aus alter Zeit

von

Heinrich Steinhausen.

Achtzehnte Auflage.

Titelbild
von W. Steinhausen.

Leipzig 1899.

Verlag von E. Ungleich.

Eingang.

ie heitre Sonne des Pfingstsonntages im Jahre des HErrn 13.. sank hinter die rebenbepflanzten Berge, welche von Westen her das liebliche Thal einschließen, in dem die stattlichen Gebäude der wohlbekannten Cisterzienser-Abtei Maulbronn sich erheben. Eben war der Vespergottesdienst mit dem Magnificat beschlossen, das heute nicht nur von den Brüdern im Chor, sondern auch von dem zahlreich versammelten Volke im vorderen Theile der Kirche gesungen worden war. Nur Bruder Diether ließ das Örglein noch nicht schweigen, vor dem er saß, und drückte die breiten Tasten durch kräftige Schläge nieder, daß sich langhallende Töne hören ließen, während das Gotteshaus sich leerte.

»Wie, schon All' hinaus?« sagte er, als er, nach kurzer Weile sich umwendend, den ganzen Raum unten verlassen fand. »Sie haben halt Eil' heut,« setzte er hinzu, »das Volk will des milden Maien genießen unter der Linde, und die Confratres sind dem Refectorio am Pfingstabend auch nicht feind. So wollen wir denn des Tönens genug sein lassen, uns mit dem Paternoster segnen und von hinnen gehn!«

Während er bedächtig die Treppe herniederstieg, welche vom Orgelchor in's Schiff führte, schritten die Mönche bereits nach Gefallen einzeln oder zu mehreren gesellt dem Klostergarten zu oder wohin sonst einem Jeden sein Sinn stand; denn nach Gewohnheit ward St. Bernhards Regel heut nicht eben ängstlich befolgt und Abt Rothad war zu keiner Zeit der Mann, von dem ein straffes Anziehen derselben zu besorgen war. So war es denn auch bald im Kreuzgang einsam, der sich an die Kirche gegen Mitternacht anschließt und im Viereck einen Friedhof umgibt, der doch schon damals mehr einem mit Bäumen und Gesträuch wohlbepflanzten Gärtlein glich.

Als Diether aus der nördlichen niederen Kirchenpforte in die kunstreich gewölbten Gänge trat, däuchte ihn die abendliche Stille, die ihn so mailich und freundlich anwehte, keineswegs unwillkommen, sondern wie er langsam daherschritt und immer wieder zwischen den Pfeilern still stehend zum blauklaren Himmel emporblickte und vor sich auf die Pracht der Blüthen im frischen Grün, da war's, als leuchtete die Lenzwonne auch aus seinen dunklen Augen, so froh schauten sie darein, und als fühlte seine Brust mit der Jugend des Jahres auch die Jugend des Herzens wieder, so freudig und kräftig hob sie sich. Dicht neben ihm aus dem Gebüsch erscholl die Stimme einer Nachtigall. Er blieb stehen und lauschte. Ihm schien's, als wäre das die Seele dieses Maiabends, die wollte all' ihre reine und himmlische Freude ihm mit zu empfinden geben. Sie schwieg. Aber als nach kurzer Weile ihre Töne wieder erklangen, lang gezogen und klagend, da tauchten sie auch seine Seele in sanfte Schwermuth und seine Gedanken wurden wie mit freundlichem Zwange rückwärts gezogen; und wie um ihn her die Dämmerung ihre ersten Schatten breitete, versank auch vor seinem inneren Auge die Gegenwart allgemach und Blüthenduft und Abendstille trieben ihn der Erinnerung längst vergangener Tage zu. So stößt ein Kahn sanft vom beschatteten Ufer ab und gleitet auf kaum bewegter Fluth dem Eilande zu, das dem Schiffer sonnig entgegenwinkt! –

Leise hatte er sich niedergelassen auf die steinerne Brüstung. Ein Hauch der Abendluft rauschte durch den Garten und wehte wie kleine Sterne weiße Blüthen des Flieders ihm auf Haupt und Gewand. Er blickte auf, als wollt' er Jemand suchen, und »Irmela« klang es wie im Traume von seinen Lippen. Der Name hallte wieder von den Pfeilern drüben. Er horchte auf wie freudig erschrocken; aber gleich darauf, sich besinnend, sah er lächelnd auf seinen Blüthenschmuck und verharrte schweigend, in sich versunken. –

Da weckten ihn geräuschvolle Schritte; sie kamen von der vorderen Thür, die in die westliche Seite des Kreuzganges führt. Er wandte sich um und sah zwei junge Gesellen munter herbeieilen. Sie grüßten ihn fröhlich und auch er hieß sie von Herzensgrund willkommen; war er doch den Beiden von ganzer Seele zugethan, wie das Alter an der wohlgezogenen Jugend seine Lust hat und wie der Lehrer seine Schüler liebt, an denen seine Arbeit nicht umsonst ist. »Vater, Meister!« rief der Eine, »Zürnet uns nicht, daß wir heute so spät erst nach Euch Nachfrage thun. Mußten wir doch gewärtig sein, hätten es auch wohl verdient, Euer heut gar nicht mehr ansichtig zu werden. Aber der wonnigliche Lenztag lockte uns in's Freie und so streiften wir durch Wald und Feld, bis der Abend hereinbrach.«

»Wollten doch auch des Fiedlers Heiner neue Weisen mit anhören, der sich in Hohenklingen auf dem Wiesenplan vernehmen ließ, fiel der Andere ein, »aber als er zum Tanz aufspielte den Dörflern, da war es hier Rupert nicht, der nicht mit mir von dannen wollte und wieder Rupert nicht, der hernach mit des Klosterbauern flachszöpfiger Jutta daherschwenkte.«

»Scherze nur!« unterbrach ihn der Gemeinte. »Es brauchte wenig Überredungskunst, um Dir das Verweilen lieb zu machen. O, Meister! haltet solches Geschwätz unserer Thorheit zu gut. Wir hätten zeitiger bei Euch einsprechen sollen. Ihr waret einsam!«

»Daß Ihr junges Volk Euch doch so gern für unentbehrlich haltet uns Alten!« versetzte Diether mit freundlichem Ernst. »Wüßtet Ihr, welch' treffliche Gesellschaft ich gehabt habe, da Ihr kamt, so hättet Ihr sicher mich darum geneidet.«

»Wer war denn bei Euch?« fragten die Beiden. »Wir sahen Niemanden!«

»Eine Fraue und gar holde«.

»Wie heißt sie?«

»Erinnerung! – Sie hat mich sanft bei der Hand genommen und gern bin ich ihr gefolgt.«

»So weiß ich auch, Vater«, sprach Waltram, Ruperts Geselle, »was Euch so bewegt, daß Stimme, Auge und Gebärde davon zeugen. Das kommt von den Gedanken, die inwendig in Euch Erinnerung lebendig gemacht hat. Möcht' es Euch doch gefallen, auch uns davon zu erzählen. Der Abend ist warm und still der Ort.«

»Wohl, ich will's thun!« erwiederte Diether willfahrend. »Und wie Ihr just mich also angetroffen habt, so soll zu Euch mein Mund sich aufthun von dem, was Erinnerung mir gewiesen und wovon ich bis diesen Tag geschwiegen. Kommt! und laßt uns niedersitzen, wo dort die Halle sich um den Steinbrunnen wölbt. – Aber ob ich's wohl werde so kurzweilig machen, wie Heiner seine Aventiuren?« fragte er scherzend zu Rupert gewandt, als sie sich setzten.

»Ist's eine Aventiure?«

»So mögt Ihr sie wohl heißen!«

»Dann gebt ihr einen Namen!«

»Irmela!« sagte Diether nach kurzem Bedenken, »das soll ihr Name sein.«

Diethers Geschichte,

von ihm selbst erzählt.

Erstes Capitel.
Meister Ulrich.

as war vor Zeiten, da noch Abt Albrecht den Abtstab führte, ein viel ander Wesen allhier im Kloster, als heutzutage. Er war ein gar gestrenger Herr und manchem Novizen vergieng das Verlangen nach St. Bernhards weißer Kutte, weil ihm des Heiligen Regel ein allzuschweres Joch für die Schultern däuchte, und manch' Anderen, der gern geblieben wäre, trieb der Abt selber hinweg. »Denn«, so pflegt' er zu sagen: »Unmüßigkeit muß auch in der Muße suchen, wer in's Kloster taugen will.« Und so mußt' es denn zu seinen Zeiten hergehen, wie im Bienenkorb, wo Jedes emsig am Werke schafft, das ihm angewiesen ist, von früh bis spät, nur daß unseres Volkes Meister seine Bienen gar selten ausfliegen ließ und wenig darnach fragte, ob sie fröhlich summten bei der Arbeit oder nicht. Für Jeden fand er was zu thun und wußt' ihn an seinen Ort zu stellen, und dem Zaudern oder Widersprechen war Niemand feinder als er. Und weil er allezeit etwas betrieb, was ihm selbst am Herzen lag, so gab's auch immer Arbeit genug für Alle.

Dazumal ward des Klosters Gebäu mit Kirche und allem so stattlich hergestellt, wie man sich heut dessen erfreut. Aber ohne viel Seufzen gieng's bei Denen nicht ab, die sich des Bauwesens anzunehmen hatten. Und der Abt nahm Keinen aus, so oder so mußte Jeglicher mitschaffen. Impendere curam, impendere substantiam, impendere et se ipsum. Diesen Spruch unseres Ordensheiligen legte er oft seinen Mönchen vor, wenn er sie im Capitelsaal um sich versammelt hatte, und sorgte weislich dafür, daß sie durch Übung solches Spruches Verstand um so besser inne würden.

Wie er dann die Trägen, Lässigen und die seinem scharfen Regiment abhold waren, bald herausgefunden hatte, so verhehlten auch diese unter einander ihren Groll nicht und hießen ihn, wenn sie von ihm sprachen, nur immer: Monoceros. Ich fragte, was solches Namens Meinung wäre. Da erfuhr ich: Monoceros sei ein bös Thier, gar ungeschlacht, habe ob dem Haupte ein großes Horn, gewaltiglich damit um sich zu stoßen. Ob dieser Auskunft entsetzt' ich mich schier und sah Abt Albrecht darauf hin recht bedenklich und bänglich an. Doch konnt' ich mich von ihm keines Bösen gewärtigen. Denn, wiewohl ich zu der Zeit noch gar jung war, dazu ungeschickt und muthwillig nach Knabenart, so war doch der gefürchtete Abt voll Gütigkeit gegen mich, und sein Angesicht, wenn's noch so strenge sah, schaute sogleich freundlich drein, wenn ich daher kam, mich ehrbarlich neigte und ihn grüßte: Salve, domine! Ja, er trug eine sonderliche Lieb zu mir und die that mir gar wohl; denn ich war da fast ein schmächtig und schwächlich Bürschlein, stak noch halb in den Kinderschuhen, und des Lernens, dazu Bruder Berthold mich anhielt, den der Abt mir zum Magister bestellt hatte, däuchte mich oft zu viel. Schon bei den ersten Schritten auf der Bahn des Triviums vermeint' ich, es gienge nimmer weiter mit mir und ich könnte über all' die Blöcke und

Steine, so die Grammatik mir in den Weg warf, gar nimmer hinwegklimmen. Dennoch verfuhr der Abt nach Lindigkeit mit mir, auch wenn Magister Berthold über seinen uneifrigen Scholaren sich hart beklagte; ja, der sonst Monoceros war, begütigte den unzufriedenen Lehrer von meinetwegen.

»Geduldet Euch nur, Berthold«, sagt' er wohl, »und zwinget Dietherum nicht allzu hart! Aus dem Schwarzaug schaut kein blöder Geist; er wird wohl noch durch gelehrte Kunst unsers Klosters Zierde, wenn ihm erst die Flügel gewachsen sind. Noch ist er ja gar zart und muß sich erst festigen.«

Wie nun aber etliche Jahre herumgegangen waren, da hatte das Dietherlein sich wohl gefestigt und war kräftig in die Höh' gewachsen, aber von den Flügeln, die sein Geist ansetzen sollte, sich in die gelehrte Kunst zu schwingen, war leider noch gar wenig zu spüren. Dennoch blieb mir unser gestrenger Abt noch immer zugethan. Und das gieng so zu.

Er hatte eine sonderliche Lust an allerlei Werk und Kunst, und wie er vormals in Welschland gewesen war und sein Auge wohl gewöhnt war zu erkennen, was Tugend hatte und Wissenschaft, so trachtete er auch eifrig danach, sein Kloster zu schmücken. Nun hatte er damals Meister Ulrich von Prag herbeigerufen, der war in der Malkunst trefflich geschickt. Welche Freude hat an ihm der Abt gehabt; wie hat er ihn aber auch angespannt und angetrieben, zu schildern und zu schaffen in der Kirch' und im Capitelsaal und an andern Orten, wie Ihr das Alles nun fertig sehet. Ihm wär' es schier am liebsten gewesen, Meister Ulrich wäre gar nimmer von seinem Gerüste herabgekommen oder hätte zehn Hände gehabt, und in jeder einen Pinsel.

Was aber Meister Ulrich mit meinem ausbleibenden

gelehrten Eifer zu thun hatte, das war dieses. Seitdem er bei uns schuf und bildete, trachtete ich nur danach, um ihn zu sein und ihm zuzuschauen, wenn er am Werk war. Da verbracht' ich denn, wo er an Wand und Decke zu malen hatte und drüben im Abthaus, wo ihm ein helles Stüblein zur Werkstatt hergerichtet war, am liebsten meine Zeit. Mit Bewunderung sah ich ihm zu, wie unter seiner kunstreichen Hand Christus und Unsre Frau und Engel und Heilige, ja Gott Vater selbst sichtbar wurden, wo zuvor eine weiße Wand oder ein leeres Blatt gewesen war. Ich hatte immer meine Augen an Gestalt und Farbe geweidet und Blumen und Blättlein, auch den Wiesengrund, Baum und Berg fleißig betrachtet, nicht minder den Zug der Wolken, den Glanz des Himmels. Nun dacht' ich oft: könntest du doch auch so nachbilden, was ringsum ist; und oft betete ich zu St. Niclas, meinem Schutzheiligen, er möchte für mich auch solche Kunst erbitten, wie Meister Ulrich sie verstund. Der hatte mir auch bald abgemerkt, wonach mich's verlangte, und so sagt' er einst: »Diether, hast Du wohl auch Lust zu solcher Kunst, sie zu erlernen?«

»Gar gerne, Meister!« antwortete ich. »Wenn Ihr mich unterweisen wolltet, und durch St. Niclasens Hilfe!«

Da sagt' er: »St. Niclas nicht, sondern St. Lucas Evangelista ist dieser Kunst Patron. Der mag Dir wohl günstig werden, wenn Du fromm bist. Aber unterweisen will ich Dich gern nach allem Vermögen.«

Und von Stund an durft' ich dann bei ihm nicht mehr müßig sein, sondern mit Stift und Kohle wies er mich an gar sorgfältig. Das geschah heimlich, wenn Niemand bei uns war, weil wir fürchteten, der Abt möcht's nicht gerne wollen leiden.

Aber je heimlicher, je lieber!

Manche Stunde, die ich sonst draußen vertummelt hatte, die versaß ich jetzt bei Meister Ulrich, auch manche, die mich hätte über den Büchern Magister Berthold's finden sollen. Der fand denn um so häufiger Ursach', mich zu tadeln.

»Du hast einen raschen Kopf«, sagt' er zu mir, »dringest geschwind ein in den Verstand der Sachen; aber Du bleibst nicht im rechten Geleis, bist nicht bedachtsam und ich bring' Dich nimmer durch's Quadrivium. Diether, Du setzest nicht Deinen ganzen Eifer in die hohe Wissenschaft! Ich glaube, Pragensis mit seinen Schildereien hat Dir's angethan.« Ich schwieg und trieb mein' Sach' nur um so mehr verhohlen; aber sie blieb's nicht lange so.

Denn einmal, als Ulrich dort in der Geißelkammer die Geschichte vom reichen Mann malte, wie er in der Flamme Pein leidet, und Lazarum droben in Abraham's Schooß, da war ich auch bei ihm, und weil's just die Zeit am Tage war, in der nach der Cisterzienserregel die Brüder in ihren Zellen der Betrachtung obliegen, so waren wir im Geringsten nicht einer Störung gewärtig. Meister Ulrich hatte mich heißen einen leinenen Kittel überthun, wie er selbst trug, wenn er mit Farben umgieng; und da ich so in dieser Tracht vor ihm stund, hat er lachend zu mir gesagt: »Nun trägst Du den Rock wie Unsereiner und ich hab' Dich für unsern Heerbann angeworben; aber dem Kriegsmann frommt die Rüstung allein nicht, er muß auch bewehrt sein. So geb' ich denn Dir auch unsrer Mannen Speer und Spieß und verhoffe, Deine Hand wird solchen allezeit mit Weisheit und Verstand Gott und Seinen Heiligen zum Ruhme, unserer Zunft zu Ehren, den Guten zur Herzfreude führen.«

Damit fuhr er mir dreimal mit einem gar langen Pinsel über Rücken und Haupt und händigte mir dann solches Gewaffen aus. Darauf sollt' ich, wie er sagte, sogleich mit ihm die erste Ausfahrt thun, d. i., ich mußte zu ihm auf sein Gerüst hinauf, allda ihm am Bilde zu helfen. Aber weil er just dabei war, der Hölle Flammen herzustellen, darin die armen Seelen brennen, so hieß er mich rechts hintreten, wo höher oben die Seligen schweben.

»Es möcht'«, sagt' er dabei, »eine böse Vorbedeutung geben, wenn Du mit der preislichen Kunst an so unseligem Ort anhübest. An die schimmernden Wölklein droben sollst Du Dich machen, aus denen die Engel herfürlugen.«

Mir klopfte schier das Herz vor Freuden, als dräng' ich selber in den wahrhaftigen Himmel, wie ich die Leiter noch höher hinanstieg, um nach seiner Anweisung am gemalten mitzuhelfen. Ich war bald mit großem Eifer in mein Thun vertieft, als plötzlich die Thür in den Angeln knarrte und laute Schritte die steinernen Stufen herniederkamen. Ich erschrak; denn zwischen den Brettern hindurch, auf denen meine Leiter stund, sah ich Abt Albrecht's hohe Gestalt und Magister Berthold hinter ihm.

»Gebt Acht«, hört' ich diesen sagen, »hier ist er und sonst nirgends.«

»Wartet nur«, rief der Abt zorneifrig, »wartet nur; ich will ihn wohl zu Euern Büchern treiben; will er denn keine Gelahrtheit lernen, so soll er doch lernen fleißig sein! He Diether, bist hier? Albertus Abbas hat mit Dir zu sprechen?«

Was half's! Ich konnt' ihm doch nicht entgehen. Zudem, wenn er so scharf sprach, war es gefährlich, ihm ungefügig zu sein. So rief ich denn: »Ja, Ew. Gnaden!« aus meinem Himmel, aber meine Stimme klang gar nicht wie eines Seligen.

»Um aller Heiligen willen!« sprach der Abt. »Was schafft der da droben. Sogleich komm hernieder und hurtig!«

Aber ich konnt' nicht behender; denn mir wankten die Kniee, als ich auf den Sprossen der Leiter ihm näher kam. So trat ich denn vor ihn im leinenen Überkleid mit vielerlei bunten Farben geziert wie eines Stieglitzen, den Pinsel hinter mich haltend, und, wie ich meine, mit gar erbärmlicher Miene.

»O der Possen«, begann er zu schelten, »in meinem Kloster; o des Müßiganges, der solche verschuldet! `Otiositas mater nugarum, noverca virtutum!` Mißrathener Diether, jetzt sollst Du unsre Strenge fühlen, denn unsre Güte hast Du mit solcher Verkehrtheit gelohnt! Du versäumest das Deine und bist eine Störung und Hinderung für Meister Ulrich obendrein. Fortan wirst Du besser in Zucht genommen werden und Meister Ulrich wird Dein ledig sein.«

Wie ich das vernahm, da entfiel mir mein Herz; ich konnte nichts erwiedern; mir war's, als würd' ich aus dem Paradies verwiesen. Da aber ist Ulrich, mein lieber Meister, mein Engel worden, nicht der mit dem hauenden Schwerte, den Eingang zu wehren, sondern wie einer, der die Flügel um uns breitet, zu schirmen und zu erretten. Denn er trat herfür, wagt' es und sprach:

»Wollet verzeihen, Ew. Gnaden, aber der Diether hier ist mir nie keine Hinderung oder Störung gewesen noch hat er hier Müßiggangs gepflogen oder Possenspiels. In dem Anzug, der Euch so befremdet, steht er wohl mit Fug hier; denn wer beim Malen ist, sollte dem solch Kleid nicht ziemen? Läßt es gleich bunt und scheckig, so bezeugt's damit die Arbeit, so drin gethan wird. Und glaubt mir, Euch und dem Kloster macht die Kunst keine Schand', die in Diether ist. – Seht hier!«

Damit zeigte er dem Abt etliche Zeichnungen von mir, die bei der Hand waren. Der nahm sie mit großem Erstaunen und seine Augen glänzten, wie er die Blätter prüfte.

»Das hat Diether gemacht; das hat Diether gemacht?« fragt' er immer wieder.

»Ja!« sagte Ulrich, »all' das hat Diether gemacht und, ich sag' Euch, er wird noch ganz Anderes machen Euch zum Erstaunen, wenn Ihr ihn bei mir laßt, daß er mein Schüler sei, so lang ich hier bin.«

»So nehmt ihn, nehmt ihn immer, lieber Meister!« rief der Abt ganz freudig. »Sünde war's, solche Gottesgabe zu unterdrücken. Diether, nun magst Du doch noch unseres Klosters Zierde werden; halt Dich recht und nimm Deines Meisters Lehren Dich an! Wie es forthin mit Deinen gelehrten Studien zu halten sein wird, das wollen wir mit Magister Berthold des Weiteren besprechen; aber nun mach' Dich wieder an Deine Arbeit! – Ei, Meister, Ihr habt wacker geschafft die letzten Tage. Und wie das leuchtet und lebt!« fuhr er fort, während er wieder hinaufstieg.

Darauf giengen sie hinweg und wie sie an der Treppe waren, hört' ich den Abt noch sagen: »Bruder Berthold, nun wachsen ihm doch noch die Flügel, aber andere, als wir dachten. Wir können's nicht wehren, wollen's auch nicht. Wenn Meister Ulrich Recht hätte! Eine Zierde des Klosters! Ich hofft' es immer!«

Als sie hinaus waren, da sagte mein Meister: »So bist Du denn, Diether, des Malerordens heut wirklich ein Jünger worden. Gott gnade Dir dazu und alle Heiligen. Und zum guten Anfang wollen wir heut Abend beim Klostermeier nach Gebühr in Elsinger einen Trunk thun!«

Aber Magister Berthold bracht' es auf, daß sie mich von diesem Tage her scherzweise nur nannten: Pencillatus, d. i. Pinselheld.

So war ich nun Ulrich's Schüler und blieb es, so lang er bei uns war. Das dauerte noch ganze zwei Jahre. Da zog er von dannen nach Speyer, wohin Bischof Gebhard ihn gerufen, allda im Dom zu malen. Sein Abschied geschah von uns mit großen Ehren und der Abt, der sehr wohl mit all' seinen Werken zufrieden war, lohnte ihm reichlich. Mir aber gieng am meisten sein Scheiden nah, und als ich ihn bis zur Klostermühle am Teich drüben geleitet hatte, mochte ich noch nicht umkehren. Er aber sprach:

»Diether, laß genug hier sein! Gott stärk' Dich in all' Deiner Kunst, wie Du meine Freude gewesen bist diese ganze Zeit.«

»Gott laß' Euch immer fröhlich leben!« sagt' ich.

Drauf gaben wir uns die Hände, rissen uns von einander und Keiner sah hinter sich.

Zweites Capitel.
Ausfahrt.

eitdem mein Meister von uns geschieden war, mochte ein Jahr vergangen sein. Die Zeit kam heran, da ich sollte das Gelübd' ablegen für unsern Convent. Mich bewegte das nicht sonderlich, denn ich wußt's nicht anders von Kindesbeinen an, als daß ich ein Mönch von St. Bernards Orden werden sollte. Mir war's weder lieb noch leid, wenigstens glaubt' ich's so. Inzwischen hatte ich meine Kunst fleißig geübt und mit dem Vermögen dazu war die Lust daran größer geworden. Damit mein' ich gar nicht, daß ich immer fröhlich gewesen wäre und guter Dinge von ihretwegen, sondern oft machte sie mir einen sorgenhaften Sinn, als wär' ich ihrer nicht werth und wäre Gott nicht dankbar genug für ihre Gunst, die er mir zugewandt. Dazu machte sie mir die Einsamkeit lieb, denn ich hatte keinen Genossen bei meiner Arbeit, und so sucht' ich denn oft allein zu sein, auch wann ich Gesellschaft hätte haben können. Denn da konnt' ich am besten den Gedanken nachhängen, die mit leuchtenden und glänzenden Farben und himmlischen heiligen Gestalten in meiner Seele aufstiegen, daß ich mich von Herzen daran erlabte und ergetzte. So war ich denn um die Zeit des Lebens, wo die Kraft und Lust der Jugend besonders laut zu werden pflegt, vielmehr stiller und in mich gekehrter worden, denn zuvor. Sie merkten das im Kloster und sagten: das wäre die Melancholia. Ich lachte ganz fröhlich dazu, denn ich wußt' es besser.

Die heiligen Ostertage waren vorüber. Mit ihnen war der erste Frühling in's Land gekommen. Der letzte Schnee war zergangen, und in den hellen Strahlen der Sonne lächelte die Erde, wie ein erwachendes Kind die Mutter anlacht, das sich die Wangen roth geschlafen hat. Von den Äckern wehte der frische Erdgeruch, die Wiesen überzogen sich mit jungem Grün und aus den Nußbäumen drüben pfiffen Abends und Morgens mit lustigem Gelärme die heimgekehrten Staaren. Mit einem Wort: Es war just so, wie es alle Jahr' ist, seit der Herr zu Noah gesprochen: es soll nicht aufhören Sommer und Winter, und hat einen Bund darüber gemacht. Aber mir sind jene ersten Frühlingstage aus sonderlicher Ursach in Erinnerung geblieben.

Denn an einem solchen Tage war ich mit Lust seit langer Zeit zum ersten Male durch Feld und Wald gestreift und kam heim mit frischem Muth, als wäre meine Brust weiter worden von der Frühlingsluft, die sie geschöpft, und schlüge mein Herz höher darin. Und doch wollt's mir mit dem Malen nicht vorwärts rücken, als ich mich an das Bild machte, das ich vor hatte. Das war im Brüderchor rechts über den Gefühlen, wo mir der Abt eine gar große Arbeit zugewiesen. Ich sollt' ihm da schildern an der Wand den engelischen Gruß, die Anbetung der heiligen drei Könige und die Darstellung im Tempel, wie es jetzt Alles zu sehen ist. Dazumal war ich mit der Verkündigung, die Unserer lieben Frau geschieht, kaum über den Anfang hinaus, und weil ich die heilige Jungfrau recht in die Maienwonne hineinsetzen wollte, so hatt' ich mich, wenn in den kurzen Wintertagen des Bildes Entwurf mir gar nicht zu Gefallen gerieth, immer auf den Lenz vertröstet, der sollte Leben schaffen draußen in der Welt und hier auf dem Bilde. Nun hatt' ich ja seinen Gruß empfangen und griff meine Arbeit mit allem Eifer an. Aber meine Gedanken hafteten nicht daran.

»Es hat keinen Segen heut«, sprach ich da zu mir selbst, legte den Pinsel weg und setzte mich vor den Lettner in's Gestühl.

Ich war wohl müde vom ungewohnten Gange, den ich im Freien gethan, und so schlief ich ein. Da träumte mir, ich wandelte durch ein lieblich Wiesenthal, allwo die Blumen im Morgenthau glänzten, und die Bäume rauschten über dem Bach, der hart am Wege dahinfloß. Wie ich voll Freude fürder schritt, sah ich vor mir einen seltsamen Wandersmann des Weges ziehen. Sein Kleid war schneeweiß, seine Gestalt hoch, und wie golden wehte sein Gelock im Morgenwinde. Ich eilte ihm nach und bot ihm höfischen Gruß. Jung und holdselig war das Angesicht, das er mir zuwandte. Er dankte mir meinen Gruß gar freundlich, doch wagt' ich nicht, weiter ihn anzureden, so hochgemuth und feierlich war seine Miene. Er aber erkannte mein Begehren und sagte: »Ich kenne Dich wohl, Diether, aber Dein Weggeselle kann ich nicht sein; denn ich muß meines Herrn Gebot eilend thun.«

Da sagt' ich: »Das muß ein reicher und milder Herr sein, der solche Boten sendet; und selig mag wohl sein, wem von Euch Botschaft wird.«

»Du findest mich auch wohl wieder«, versetzte er, »wenn Du hier auf diesem Wege beharrst; denn das ist die Straße, die ich ziehe in Maientagen.«

Darauf verschwand er vor meinen Augen, als flög' er hinweg, und ich betete an zur Erde; denn ich merkte, daß es ein Engel gewesen war, der Gott an einem seiner Heiligen dienen wollte. Ich beschloß, da zu harren, bis er wiederkehrte, um ihn dann zu bitten, daß er mich segnen möchte. So setzt' ich mich nieder an des Baches Rand. Aber der fieng an zu brausen und zu wallen von den Bergen her und stieg und trieb mich hinweg. Er ward zum reißenden Strome, drin alle Blumen ertranken, und sein Gischt verhüllte die Sonne. Ich schrie: »Wehe!« und entlief, denn wie verderbliche Lindwürmer drangen die Wellen hinter mir her.

Die Angst weckte mich auf. Ich war nicht mehr allein. Der Abt stund vor mir. Ich wollt' eilig aufstehen vor ihm. Aber er hieß mich sitzen bleiben, ließ sich neben mich in den nächsten Chorstuhl und redete mich ganz freundlich an:

»Diether«, sprach er, »ich sehe, Dir will's nicht mehr von der Hand gehen mit Deiner Kunst, wie bisher. Ich glaub' wohl, daß nicht Trägheit daran Schuld ist. Denn Fleiß allein thut's nicht bei so edlem Werk. Der Wille ist da, aber Seele und Sinn wollen nicht mit der alten Lust dahin, und wo die nicht gefüge sind, müssen wohl auch die Hände feiern. Denn gezwungen gedeiht solche Gotteswirkung nicht. Nun hör' ich, merk' es auch selbst zum Theil, daß Deine vorige Munterkeit verschwunden und Du der Einsamkeit und des Sinnirens ein Liebhaber worden bist. Wohl ziemt sich Dir ein ernster Sinn, und heilige Betrachtung schickt sich für Dich, da Du bald dem Convent Dich für immer geloben sollst. Aber weil ein Jeglicher dem Orden und der Kirche mit der Gabe dienen muß, die er von Gott empfangen hat, so müssen wir bedacht sein, Dich in Deiner Kunst zu fördern.«

»Wohlan, Diether«, fuhr er fort, »fast ist mir's lieb, daß Du mit Deinem Bilde da nicht weiter gekommen bist, wie ich sehe. Denn heut' hab' ich Nachricht empfangen aus Speyer, daß dahin zum Bischof ein sonderlich köstliches Bild aus Welschland gebracht worden ist, darauf die gebenedeite Gottesmutter so preislich und herrlich gemalt ist, wie man ihres Gleichen noch nicht gesehen hat in deutschen Landen. Das wäre nun ein löblich und rühmlich Ding und eine rechte Freude für mich, wenn wir davon ein Conterfei hätten hier bei uns. Darum hab' ich gleich an Dich gedacht, daß Du gen Speyer ziehest mit Briefen von mir, dort vom Bild eine Copey nehmest und dieselbe Gestalt der heiligen Jungfrau gebest hier auf Deinem Bilde. Da wirst Du zugleich Dein Auge an vielen andern Werken Deiner Kunst weiden können, und ich bin gewiß, Du kommst mit erneuerter Lust und erhöhter Kraft zurück. Daß ich Dich aber in die Welt allein hinauslasse, die Du bisher noch weiter nicht gesehen als eine Meile um's Kloster, das zeigt Dir, ein wie groß Vertrauen ich zu Dir trage, daß Du beständig im Herzen haben wirst, wie Du zu Gottes und Deines Klosters Ehre diese Fahrt thust. Und weil's Dir«, setzte er lächelnd hinzu, »mit Stift und Pinsel nicht mehr recht vorwärts will diese letzte Zeit, so mögen Wald und Feld und Wiese und Flur Dir vielleicht nützer sein, Dich zu unterweisen, wenn Du ziehest, wie auch St. Bernard gesagt hat: die Bücher, aus denen er das Beste gelernet, seien die Bäume des Waldes.«

Während er so sprach, wußt' ich selbst nicht, was ich denken sollte. Der Traum, den ich geträumt, stund vor meiner Seele lieblich und zugleich schrecklich, als lockt' er und drohte auch zugleich. Aus dem Kloster in die Welt hinaus hatte ich nie ein Verlangen gehabt, auch die letzte Zeit keine Wanderlust, wie der Abt zu denken schien. Mich wirrte die unerwartete Aussicht. Fast hätt' ich den Abt gebeten, mich daheim zu lassen. Aber ich schämte mich dessen, weil es feigen und stumpfen Sinn verrathen hätte. Und so sagt' ich bloß, als er geendet:

»Hochwürdiger Vater, ich will Euch gern gehorsamen in allen Stücken.«

»Ei, Diether«, rief er und klopfte mich auf die Schulter, »das ist für Deinen Gehorsam wohl kein zu schweres Stück, das ich Dir auflege. Ich wüßte Manchen im Convent, der thät es übergerne an Deiner Statt.« –

Darauf gebot er mir, mich zu rüsten und nach der Vesper zu ihm zu kommen. Da wollt' er mir Briefe und Vollmacht geben und weitere Anweisung. »Denn morgen in der Frühe«, sagt' er, »sollst Du von dannen, und um die Pfingstzeit bist Du wieder da durch Gottes unsers Heilands Gnade.«

Darauf reicht' er mir die Hand und gieng.

So schritt ich denn am anderen Morgen ganz früh wegfertig über den Klosterhof, nachdem ich Abends zuvor von Allen Abschied genommen hatte. Aber Mancher kam mir nach, mir zur Letze nochmal die Hand zu drücken. Am Bronnen blieb ich stehen und sagte: »Laßt mich hier noch einmal aus diesem guten Quell, dessen Rauschen und Plätschern ich so oft mit Freuden betrachtet, mit meinem Reisebecher schöpfen, und wer mit mir wünscht, daß ich ihn fröhlich wieder mit Euch trinke, wenn ich heim bin, der thue mir Bescheid!«

Da trat Rigbold heran, der Bruder Kellermeister, und sagte: »Das ist nicht Brauch, Diether, mit Wasser sich zuzutrinken. Hier hab' ich Besseres, Dein Glas zu füllen, Liebfrauenmilch, geschöpft zu Worms am Rheine. Du sollst den Wein haben zur Labe auf Deiner Fahrt.« Da schenkt' ich ein, weil sie so wollten, und auch sie thaten einen Zug und »Gott gesegn'es!« wünschten wir einander dabei. Darnach that mir der Pförtner auf; ich gieng über die Brücke am Thor und war im Freien.

Rüstig stieg ich den Weg hinan, der gen Mitternacht aufwärts führt. Es war noch dunkel und dämmerte kaum. Als ich oben auf der Höh' war, hatt' es sich genug erhellt, daß ich rings umschauen konnte. Ich wandte mich und sah das Kloster liegen im Thal, wie ich es zu tausend Malen von hier aus betrachtet hatte. Nun lag doch die weite Welt vor mir, und dennoch war mir's weh um's Herz, als ob's mich zurück sehnte. Die ersten Strahlen der Morgensonne trafen da das Kirchdach und der Wind trug das Geläut herüber, das zur Matutine rief. Mir war's, als kläng' es anders wie sonst, lauter, feierlicher, und als wüßten die Glocken, daß ich hier oben stünd', und wollten mir auch einen Gottessegen herübertönen zum Abschied. Da sprach ich das Benedictus im Stillen mit, winkte noch einmal hinab und zog landein.

Ich schritt tapfer aus. Im ersten Dorf, durch das ich kam, zogen die Leute eben zur Arbeit auf's Feld. »Sie haben Alle ihr besonderes Tagewerk«, dacht' ich da, »meines ist heute das Wandern.« Mit dem erwachten Tage wuchs auch meine Wanderlust. Ich hatte meine Freude an Allem, was ich hört' und sah, und fühlte mich gar nicht einsam. Die hellen Wolken, die über mir herzogen, die Finken, die von den Bäumen am Wege, die Ammern, die aus dem Wald her riefen, die ersten Blumen am Rain, die ich mir zum Sträußlein pflückte, boten mir Gesellschaft genug. Der Laubwald schimmerte im ersten, jungen Grün, als hienge ein zarter Schleier über dem Gezweig. Da hindurch spielten die Sonnenstrahlen gar lieblich, denn es war ein heiterer, wonnesamer Frühlingstag.

Gegen den Mittag kam ich in ein Waldgebirge, wo der Weg in Krümmungen an der Seite der Berge sich hinzog. Unten brauste ein Wasser; aber nur zuweilen sah ich's durch das dunkle Grün der Bäume hervorblitzen. Denn dicht und ragend stunden die Tannen rings umher, so daß sie, wo der Weg eng war, schier ein Dach über mich bauten mit ihren Wipfeln. Die Sonne war im Mittag, und ich hätte hier gerne gerastet, mein Mahl zu halten. Schon gedacht' ich, dazu niederzusitzen, als ich vor mir nicht gar ferne Stimmen hörte. Bald darauf ward ich eines Weibes ansichtig, das auf dem Arm ein Kindlein trug, und ein anderes führte sie an der Hand. Das weinte sehr und wollte sich gar nicht beschwichtigen lassen. Da eilt' ich hinzu, grüßte und fragte das Weib, aus was Ursach' das Mägdlein weinte und ob ich ihr helfen könnte. Da sagte sie: »'S ist mein Töchterlein, lieber Gesell, Else heißt sie und büßt jetzo ihren Willen. Da seitwärts hinunter steht unsere Hütte, und ich gehe jetzt hinauf dorthin, wo Ihr den Rauch aufsteigen sehet. Der kommt von einem Meiler; da ist mein Mann, der brennt Kohlen dorten für den gnädigen Herrn, deß wir eigen sind. Es ist ein beschwerlicher Weg dahin; aber Else wollt' nicht daheim bleiben; sie hat müssen mitgenommen sein. Ich hab's ihr zuvor gesagt, daß ich sie nicht tragen könnt', wenn sie müd' würde, weil ich das Büblein da auf dem Arm hab'. – Bist still, Kind, sonst kommst Du nimmer mit zu Deinem Vater.« Da nahm ich die Kleine auf meinen Arm, redete ihr freundlich zu und hatte sie bald so zutraulich, daß sie des Weinens und aller Furcht vergaß und freundlich mich anlachte.

»Ihr versteht's, Euch die Kinder zu befreunden«, sagte das Weib, »denn sonst geht Elslein ihrer Mutter nicht von der Hand im Angesicht eines Fremden. Das Kind kommt gar selten unter die Leute.«

»So gehören wir wohl zusammen, Elslein«, rief ich ganz fröhlich, »denn auch ich bin fremder Gesellschaft ungewohnt; und daß Du mich magst, thut mir gar wohl!«

»Ja, mit Fug«, sagte die Frau, »denn Kinderlachen bringt Glück, und so mag Euch auch wohl gerathen, was Ihr vorhabt.«

Nicht lange waren wir unter solchen Gesprächen vorwärts geschritten, so kamen wir an eine Rodung, wo die Meiler dampften. Kaum hatte das Kind den Vater erschaut, so mußt ich's vom Arme lassen, und lustig sprang es dem Köhler entgegen. Da gab's zwischen den Leuten ein freudiges Grüßen. Sie hielten das Mahl zusammen, ich setzte mich auch dazu und wir theilten einander mit, was wir hatten. Sie sprachen von ihrem Heimwesen, von ihren Sorgen, denn sie waren gar arm, und von ihren Kindern. Ich hört' ihnen stille zu, denn wir waren das Alles fremde Dinge. Aber wie traurig auch Manches war, was sie sprachen; ich hätte sie nicht besser trösten können, wie sie selbst einander ihre Last erleichterten durch die Herzlichkeit ihrer Rede. Und wie, nachdem das Gratias gesprochen war, der Mann die Kinder beide auf seine Kniee nahm, und sie ihn liebkosten, auch das Elslein nicht von ihm ließ, so geschwärzt und rauh er aussah, und mir öftermals zurief: »Seht, das ist mein Vater lieb!« da wußt' ich nicht, sollt' ich den armen Mann oder die Kinder für glücklicher halten, und zum ersten Mal in meinem Leben fragt' ich mich, ob ich wohl auch je von Mutter oder Vater so gekoset worden wäre oder mit ihnen gekost hätte, und ich wünschte, es möchte geschehen sein, ob ich auch deß nicht mehr gedenken könnte, und die Hände, die mich gestreichelt, eben so arbeitshart gewesen wären, wie dieser Eltern ihre.

»Nehmt's nicht für ungut«, sagte der Köhler, wie er mich so schweigend sitzen sah, »daß ich Euch versäume. Ich sehe meine Herzkinder selten, und so denken sie, es muß so sein.«

»Gott helf Euch«, sprach ich da, »daß Ihr sie immer so in Freuden sehet, und lasse sie Euch und Eurem Weibe zur Freude gesetzt sein all' Euer Leben lang.« Darnach gesegnet' ich sie, denn ich wollte weiter ziehen, und auch Elslein reichte mir ihre Hand, sagte: »Wohlauf zur Fahrt!« und lachte mir fröhlich zu.

Oft noch beim Weitergehen sah ich zurück nach dem Weibe und dem Manne mit den Kindern auf seinen Knieen, und wie ich sie nicht mehr erschauen konnte, tönte doch des Mägdleins Lachen mir im Herzen nach hell und lieblich, wie eines silbernen Glöckleins Klingen beim heiligen Amt, und ich sagte zu mir: »Wohlan, Diether, Kinderlachen bringt Glück!«

Das war mir einsamem Wandersmann, wie es schien, an diesem Tage nicht beschieden. Denn gegen Abend zog ein Wetter herauf mit einem Sturmwind, der die gewaltigen Bäume schier zu entwurzeln drohte. Der Himmel überzog sich mit finstern Wolken und schwere Regentropfen fielen hernieder. Ich beschleunigte meine Schritte, weil das Kloster von Thüngen, welches unseres Ordens ist und wo ich die Nacht herbergen wollte, nicht mehr ferne sein konnte. Aber in dem wilden Gebirg' verlor ich den rechten Weg. Ich hatte deß eine ganze Meile gar nicht Acht, weil ich so in Hast lief; denn ein wüst Gewitter war losgebrochen. Die Blitze flammten durch den dunkeln Wald und die Donnerschläge hallten brüllend von den Bergen wieder. Dazu goß der Regen in Strömen, daß auch die Tannen mit ihrem dichten Gezweig kein Schirmdach mehr boten und ich über und über durchnäßt war. Doch fragt' ich wenig darnach; denn wie ich merkte, daß ich irre gegangen, das schuf mir größere Sorge. Ich war auf einen Weg gerathen, der Anfangs abwärts führte, aber allgemach und in gleicher Richtung wie der, auf dem ich bisher gezogen. Dann aber lenkt' er mich steiler hinab an das Waldwasser und an dessen Rand entlang in ein Thal, das sich in mancherlei Biegungen immer mehr verengte. Da war meine Wanderung beschwerlich und voll Mühsal und ich däuchte mich gar verlassen in dieser Wildniß. Dazu des Gewitters Zorn und des Wassers Getose! »Hilf Gott«, sprach ich, »wo soll ich rasten bei solchem Wetter in der Einöde, wenn die Nacht kommt?« Und ich dachte an das Vespergeläut im Kloster, das alle Abend' die Brüder in Frieden zu Ruhe und Schutz zusammenruft.

Aber horch! war's da nicht wirklich wie ein Läuten durch den Wald? Jetzt vernahm ich's wieder; ich täuschte mich nicht. Wie mir das tröstlich und lockend erscholl! Ich förderte meine Schritte, und bald öffnete sich vor mir das Thal zu einer freien Halde.

Die Berge traten zurück wie in einen Kreis, und an dem Abhang des einen stund freundlich winkend ein Waldkirchlein, von dem das Läuten kam. Ich fand bald den Weg, der dahin führte. Wie ich ihn eingeschlagen hatte, ließ allgemach das Unwetter nach. Der Donner verstummte, der Sturm legte sich und sanft fiel der Regen. Auf einem Felsenvorsprung in halber Höhe des Bergabhanges sah ich das Kirchlein vor mir.

Zu seinen Füßen, seitwärts des Pfades, der hinaufleitete, ward eine Klause sichtbar, von Holz erbaut, deren niederes Dach nur wenig aus dem Gestein hervorlugte, an das sie sich lehnte. Ein Wässerlein plätscherte von der Höhe daran vorbei und ergoß sich in Sprüngen auf die Waldwiese, auf die das Blockhaus niedersah. Wie ich emporklomm, strahlte das Thürmlein der Kirche, darin die Glocke hieng, im rothen Schein der untergehenden Sonne, und darüber hin wölbte sich gegen Morgen schimmernd und feierlich ein Regenbogen. Ich hielt meine Schritte an und freute mich des lieblichen Scheideblickes, mit dem der Tag zu Ruhe gieng. Wie ich so stund, vernahm ich von der Klause her die Klänge einer Laute und dazu die sanft schwebende Weise dieses Liedes:

> Es liegt die Welt mit ihrem Glücke,
> Ein fernes Eiland, hinter mir,
> Und keine Fähre, keine Brücke,
> Trägt jemals mich zurück zu ihr.
>
> Ein ander Ziel hab' ich erlesen,
> Deß Bild die Seele fest umschlingt.
> Wie wird mein trübes Aug' genesen,
> Wenn die ersehnte Küste winkt!
>
> Schon rauscht der Kiel, die Segel blühen,
> An's Steuer denn mit fester Hand,
> Laß Stürme brausen, Blitze sprühen,
> Doch endlich, Herr, mich rufen: Land!

Mir klang das Lied seltsam und fremd, voll Schwermuth und Freudigkeit, voll Sehnsucht und Zuversicht. Aber es schien mir schön zu stimmen zu dem heiteren Abend nach all' dem Sturm und bösen Wetter, und ich dachte: »Das kann nur das Land der zukünftigen Seligkeit, die himmlische Heimath, sein, darnach das Lied Verlangen trägt, und es ist wohl ein fromm Herz, welches zu solchen Gedanken erweckt wird durch den Bogen Gottes.«

So gieng ich mit gutem Vertrauen auf die Klause zu.

Aber ich ward fast entmuthigt, als ich ihren Bewohner ersah, der unter der offenen Thür stund. Es war ein greiser Mann von gewaltigem Wuchs, bekleidet mit einem Mantel von grobem Zeug, den ein Strick zusammenhielt; unten sahen die Füße bloß hervor. Sein Haupt war mächtig und von breiter Stirn; unter den überhangenden Brauen blickten lebhaft die blauen Augen. Die Nase war vorspringend und gebogen, der Mund von festen entschlossenen Lippen und sein Angesicht tief gefurcht, als stünde da manch Geheimniß früherer Jahre geschrieben. Ich merkte wohl, wie mein Anblick ihm wenig willkommen war; denn forschend sah er mich an und bewegte sich nicht von der Stelle.

»Ehrwürdiger«, redete ich ihn an, »ein wegmüder Wandersmann, der in die Irre gerathen ist, spricht Euch um Obdach an für diese Nacht. Wollet ihm solche Bitte um Gottes Lohn nicht versagen!«

»Das da droben«, antwortete er, »ist St. Wigbert's Kirchlein, und die ihm da in Andacht dienen wollen, denen helf' ich dazu und geleite sie. Aber zu herbergen ist meines Amtes und meiner Neigung nicht.«

»So verdienet an mir«, sprach ich, »St. Wigbert's Fürsprach, in dessen Bann und Schutz ich ohne meinen Willen geführt worden bin durch des reichen Gottes Güte.«

»Du redest wie ein Pfaff«, sagt' er darauf, »und nach Deinem Kleid möcht' man Dich für einen Mönch halten; aber Dein Haar fällt Dir lang auf die Schultern, und Dein Auge blickt frei umher, als wär's nicht eben gewohnt, sich demüthig zu senken. Die falsche Welt liebt sich Gevögel mit allerlei Federn, auch wohl mit falschen, und sie ist weit genug dazu.«

Da sagt' ich: »Ihr vertraut mir nun viel oder wenig, so will ich Euch doch treulich berichten, wie es um meinen Weg steht, den ich ziehe«, und so erzählt' ich ihm, von wannen ich käme und wozu der Abt mich ausgesandt hätte.

»Dein Abt ist ein Narr«, rief er mir da zu, »Dich so jung und unbehütet um solches Tandes willen aus dem Kloster zu stoßen, kurz ehe Du gemöncht werden sollst, und weiß nicht, was er thut. Dort die Stufen hinan ist eine Kluft, wohlverwahrt, und reichlich Moos zum Lager darin, wo die Pilger zu rasten pflegen nach der Wallfahrt. Da lagere Dich. Denn in meiner Zelle geht's nicht an, ich habe mir jede Gesellschaft widersagt für immer. Sogleich komm' ich nach.«

»Daß Ihr meinen Abt scheltet und meine Kunst verachtet, das thut Ihr ohne meinen Dank,« antwortet' ich gekränkt.

»Aber ich bin müde und will die Ruhe suchen, die Ihr mir erbietet.«

Darauf wandt' ich mich, zu gehen. Doch er kam mir nach und ergriff meine Hand, indem er sagte: »Nu, nu, Junker Hochgemuth! Deine Kunst bleibt unverachtet. Komm denn hinein zu mir, bist ja ganz kläglich zugerichtet vom Wetter. Aber Dein Abt ist ein Narr! – ich sag's, Brun, St. Wigbert's Meßknecht und Einsiedel.«

Mir fiel es auf, als ich an seiner Seite gieng und er so redete, wie freundlich der Klang seiner Stimme ward und wie mild sein Angesicht drein sah gegen vorhin.

Der Raum seiner Klause, in die wir traten, war niedrig und eng. Sie hatte außer der Thüre nur eine kleine Fensteröffnung zu Luft und Licht. Schmucklos waren die Wände aus rohen Balken aufgerichtet: nur über der Thür ein Crucifix und zwischen ihr und dem Fenster, das in der schmalen Seitenwand angebracht war, unter einem hölzernen Überdach das geschnitzte Bild unserer lieben Frau mit dem Schwert im Herzen. Vor demselben stund ein eichener Tisch, kunstlos zugehauen und ein Baumstumpf als Sitzschemel. Die dem Eingang gegenüberliegende Wand der Hütte ward vom Gestein gebildet, das senkrecht abfiel. Darin war eine Höhlung zu sehen, die zum Herde diente mit einem Sims, darauf weniges Kochgeräth stand. Unten davor lag Holz bereit. Die Hälfte aber dieser Felsenwand wich zurück zu einer Nische, die ganz schicklich als eine Kemenate zur Lagerstatt gelten konnte. Sie verengte sich nach hinten und schien tief in das Gestein hineinzudringen. So leicht das Alles zu übersehen war, so konnt' ich's doch nur mit Mühe wahrnehmen; denn das Abendroth, welches zum Fenster hineinblickte, war im Versinken, und der Raum fast dunkel.

Aber bald lenkte mein Wirth mein ganzes Aufmerken auf

sich und sein Thun. Er tummelte sich geschäftig wie ein Schaffner für mich, und je rauher zuweilen seine Rede war, um so sorgsamer mühte er sich.

»Setz' Dich da, Meister Irregang«, sagte er halb spottend, halb ernstlich, indem er in die glimmenden Herdkohlen blies und dürres Reisig darüber legte, »setz' Dich da auf den Klotz, der mir Bank, Stuhl und Schemel zugleich ist. Weiß nicht, welches Sitzes Du in Deinem Convent gewohnt bist; hätt'st Dir wohl einen weicheren gegönnt zur Rast. – Doch nein!« fuhr er nach kurzer Weile fort, als das helle Feuer knisternd zu flackern anhub, »nein, junges Blut! rück' hier heran an die Herdwärme. Denn es läßt, als ob Dich's fröre. – Heilige Mutter Gottes, wie bist Du durchnäßt! Hab's gar nicht so bemerkt, welche Unbilden Dir zartem Knaben das Unwetter gethan hat. Wart', wie Brun Dein pflegen wird.«

Damit gieng er nach hinten und brachte mir von dort trockne Kleider. Er war mir selbst behilflich, mein naß Zeug abzuziehen, hängt' es seitwärts gegen den Herd, half mir in's trockene Gewand und breitete mir möglichst nah dem Herde, von Moos und mit Hilfe von wollenen Decken, die er hervorholte, in der Nische, wo er seine Lagerstatt hatte, ein Pfühl, darauf ich meine ermatteten Glieder gar gemächlich ausstrecken konnte.

Ich dankt' ihm für all' seine Lieb'; ich fühlte, wie wohl sie mir that. »Ja,« sagte er, indem er mir mit Wein, den er vorgelangt hatte, meine brennenden Füße wusch, »das glaub' ich gern, daß dem Täublein nun sanfter ist; mit all' seiner Kunst und des Abts Vollmachten dazu sollt' es sich wohl wenig trösten, wenn jetzt Brun nicht hinausgelangt und's in seine Arche genommen hätte.«

Daß er sich mit dem Erzvater Noah verglich, machte mich lachen; aber es gieng mir nicht von Herzen. Vielmehr fühlt' ich, wie ich roth ward, weil seine Rede mich an die ungefüge

Antwort erinnerte, mit der ich ihm draußen begegnet war. Sie that mir leid und ich sagt' ihm das.

»Wie heißest Du?« fragt' er mich drauf und hängte den Kessel über dem Herdfeuer ein.

»Diether, ehrwürdiger Vater.«

»Wohlan, Diether, darum mach' Dir keine Sorgen. Aber von Deinem Abt und Deiner Fahrt wollen wir hernach reden; da will ich auch an Dich eine Frage thun. Jetzo merk' nur dies, daß ich Brun heiße, und so magst Du mich nennen. Das ist genug. Und nun gedenke des Mahles, denn es ist bereit.«

Drauf legt' er mir vor, was er hatte, Brot und Käs und von dem Brei, den er gekocht hatte, und ein wenig Wein. Während ich aß und trank, durft' ich nicht sprechen, denn er hatte mir silentium auferlegt mit strenger Miene, als wären wir im Refectorium. Mir war sein Gebot ganz recht, und mit Lust und Eifer that ich der Mahlzeit Bescheid. Er sah mir freundlich und ermunternd zu und bedachte dabei das Feuer, das, den ganzen Raum angenehm erhellend und erwärmend, den felsigten Kamin hinaufschlug und den Schatten seiner Gestalt in wunderlichem Wechsel an die Wand malte.

Als ich vollendet hatte, hieß er mich wieder meine vorige Lagerstätte einnehmen, that die Zurüstung des Mahles beiseit und setzte sich mir gegenüber an den Herd.

»Diether«, sagt' er da, »warum kam Dir vorhin das Lachen an?«

Ich ward ob der Frage verlegen, und zögernd erwiederte ich: »Wenn Ihr die Wahrheit zu wissen begehrt, ehrwürdiger Vater« –

»Brun heiß ich,« unterbrach er mich ungeduldig.

»Wenn Ihr die Wahrheit zu wissen begehrt, Brun: es geschah, weil Ihr Eure Klause hier der Arche Noä verglicht und mich mit dem Täublein, das der Erzvater hineinnahm.«

»Und warum that denn dem Thierlein der Einlaß in den Kasten noth?« fragt' er eindringlich.

»Weil draußen die Wasser der Sintfluth allum es bedrohten«, gab ich zur Antwort.

»Wohlan, Diether«, sagt' er eifrig darauf. »Was ist die Welt anders, als ein tiefes Meer des Verderbens, gleich gefährlich, ob's den blauen Himmel spiegelt oder schäumt und braust, voll Untreue, Gewalt und Tücken? Und was hat Dein Abt anders gethan, als Dich hinausgescheucht wie einen Vogel, der nicht schwimmen kann, auf die weite See?«

»Ihr seht wohl«, sagt' ich bescheiden, »von Eurer Klause die Welt zu ungünstig an und urtheilet zu hart über sie, weil Ihr sie nicht genugsam kennet in Eurer Abgeschiedenheit.«

»Hoho!« rief er, bitter lachend, »ich kenne sie nicht? Ich kenne sie nicht?« und sah in's Feuer, als könnt' ihm das gar etwas Anderes bezeugen. – »Du hast ihr Wesen wohl heut' schon lieb gewonnen beim ersten Ausflug?« wandt' er sich dann fragend an mich, »fühlst Dich schon wohl darin?«

»Ich weiß darauf nicht zu antworten«, erwiedert' ich, »aber Ihr thut, dünkt mich, zu viel, wenn Ihr die Welt schlecht nur der Untreue zeihet. Ich hab' wohl befunden von ungefähr, daß sie auch der Treue die Probe hält.« Und so erzählt' ich ihm mit Wärme, was ich von den armen Köhlerleuten heute gesehen hatte und wie sie durch ihre treue Liebe gegen einander so glücklich wären in aller Dürftigkeit. »Die hegen«, schloß ich, »gewiß kein Falsch gegen einander.«

»Weißt Du das für gewiß?« fragt' er wieder. »Hat ihre Treue schon die letzte Versuchung bestanden? Wenn die Noth bis zu Hunger und Blöße steigt; wenn Siechthum und Jammer Heimrecht gewonnen haben bei ihnen, wenn ihre Ehe zur klirrenden Kette geworden ist, welche ohne Hoffen Mann und Weib an die Marterbank des gemeinsamen Elends schmiedet und wenn die Kinder vergeblich Brot heischen, für Vater und Mutter unablässige Mahner ihrer Noth und Mehrer derselben: dann siehe zu, ob Ungeduld, Mißtrauen, Überdruß, die Unholde, der Lieb' und Treue noch nicht das letzte Herzblut ausgesogen haben. Ja, wenn dann noch Mann und Weib sich zum Trost da sind, die Kinder den Eltern zum Labsal der Liebe, zu Dank und Gehorsam, – dann magst Du sagen, sie haben Treue gehalten. Und bis dahin, und wenn sie noch alsdann und immerdar sie hielten«, fuhr er ergriffen fort, »wird sie ihnen doch zehn Tropfen Bitterniß einschenken neben einem Tröpflein Süße. Denn wo eine Quelle ist, daraus dem Menschen reine Wonne zufließen könnte, da leidet solches der Welt Lauf nicht und wirft Gift hinein. Vielleicht brennt Junker Schlapphahn schon morgen die Hütte nieder, bloß zur Kurzweil und aus Ärger, daß ihm ein Fang entgangen ist. Dann wird den Mann nicht sein eignes, aber seines Weibes und seiner Kinder Elend unglücklich machen, und das um so mehr, je treuer er sie liebt.«

Er hielt inne und fuhr sich mit der Hand über die Stirne, als wollt' er sich der Erregung, mit der er gesprochen hatte, entledigen. Darauf fügt' er ruhiger hinzu: »Diether, ich bleib' dabei, Dein Abt ist ein Unweiser, daß er Dich so unbesorgt in die Welt gesandt hat.«

»Aber«, warf ich munter ein, »Brun, laßt die Welt so bös sein, wie sie mag. Was gilt mir das, der ich in ihr weder streiten, noch arbeiten, noch freien, noch ihres Theils sein will in keinerlei Weise, auch im Geringsten nicht ein Verlangen danach trage, als der ich dem Kloster von Kind an verlobt bin.«

Da sah er mich ernst, fast schwermüthig an und sagte: »Diether, hör' nur zu! Wodurch die Welt die Leute schlimm macht und gottlos und unglücklich, das wohnt inwendig in eines jeglichen Menschen Herzen. Da schläft es und regt sich nicht, und er weiß nichts davon, bis die Welt es aufweckt und stärkt. Sie thut es mit gar lieblicher Stimme, denn Alles, was süß und sanft thut dem Herzen, was wonnig ist und holdselig, das nennt sie ihm mit Namen und verheißt es ihm. Aber wenn er dessen am frohsten zu werden gedenkt, dann muß er erfahren, daß sie auch das Verderben groß gezogen, das ihn um Fried' und Freude bringt. Lang und schwer ist hernachmals der Weg zurück zu finden, und Mancher kommt um unterwegs. Darum ist's besser, es bleibt Beides unerprobt, der Welt Lust und der Welt Leid, denn sie lohnt jenes mit diesem allzu hart, und recht erwogen, ist ihre Wonne ihres Wehes nicht werth.«

Mir war's, als seufzte er leise bei diesen Worten.

»Nun denn«, sagt' ich wie vorhin, »ich hab' diesen Dingen noch wenig nachgesonnen, acht's auch nicht für wohlgethan, denn sie helfen nur zur Herzensschwere, wie mich dünkt. Aber unter Gottes Schutz gedenke ich getrost gen Speyer zu ziehen, dort meine Sache zu beschicken und denselben Muth und Sinn heimzubringen, mit dem ich ausgezogen bin aus unserm Kloster.«

»Du thätest besser«, sprach er, »so Du umkehrtest und ließest den Abt ohne das Conterfey. Du sagtest ihm, Deine Seele müßte Dir mehr gelten, als das Bild.«

»Das würde mir übel stehen«, sagt' ich fast unwillig, »und

mich zum Gelächter machen im ganzen Convent.«

»So will ich Dir noch einen Rath geben«, fuhr er fort, als wollt' er mich durch Scherz begütigen, »sieh zu, daß Du ihn besser befolgst. Bleib hier und siedle bei St. Wigbert's Kirchlein. Wir leben hier in Verborgenheit und edler Freiheit mit einander, bis Du mir mein Grab gräbst und mich hineinbettest. Wie? Du sagst nicht mit Freuden ja und mißkennest solche Ehre? So verbeut Dir Brun jede Ausrede und will, daß Du Dich auf's Ohr legest und schlafest.«

Damit stund er auf und achtete nicht weiter auf mich.

Wirklich war ich so müde, daß sich meine Augen willig senkten und ich bald entschlief. Aber zu vielerlei und zu Neues hatte ich an diesem ersten Wandertage durchlebt, als daß mein Schlaf hätte traumlos sein können. Sonderlich des Alten eindrucksvolle Gestalt stund immer wieder mir vor der Seele; bald rauh, bald milde erschien er mir, wie ich ihn am Tage gesehen hatte. Zuletzt war mir's, als führ' ich mit ihm über ein strudelndes Wasser und er spräche zu mir: »Das ist die Welt! Willst Du sie kennen lernen, so spring hinein und wag' es zu schwimmen.« Da warf er die Ruder weg, und unser Kahn tanzte in immer engeren Kreisen dem Abgrunde zu. Ich bat ihn flehentlich, mich und sich zu retten und wollte seine Knie' umfassen. Im Schlaf mocht' ich da wohl eine heftige Bewegung gemacht haben, denn ich erwachte. Doch wie! saß er da nicht noch immer an den letzten Gluthen des verglimmenden Feuers?

Ich behielt den Anschein des Schlafens und sah ihm zu.

Vor sich hatte er eine geöffnete Truhe, die er aus der Kluft hervorgeholt haben mochte, und mit Staunen sah ich, wie er daraus gestickte Zeuge, Schapel, Schleier, Spangen von großer Kostbarkeit hervorlangte. Nur für einen Augenblick kam mir der Gedanke, ich könnte in die Höhle eines Räubers gerathen sein. Denn das waren nicht die Blicke der Habgier, mit denen er die Kleinode betrachtete. Vielmehr drückte sich ein tiefer Gram aus in seinem Angesicht, wie er mit zögernden Händen ein Stück nach dem anderen herausnahm und sorglich wieder an seinen Ort legte. Endlich schien er gefunden zu haben, was er suchte. Es war ein Bündlein von vergilbten Blättern. Es mochten Handschriften oder Briefe sein; denn ich sah, wie er sich zu lesen anschickte. Aber reichte das Licht nicht zu oder waren seine Augen trübe, er ließ die Hand, welche das Blatt hielt, auf die Knie' sinken. Da entfiel dem Papier etwas, wie eine verwelkte Rose. Hastig hub er sie auf, als wäre die arme Blume ein großer Schatz. Er sah sie lange an, öfters seufzend, und sein Haupt sank ihm tief auf die Brust. Da verlosch das Feuer, und das mildere Mondenlicht fiel durch das Fenster in die Zelle. Seine Strahlen umflossen den Regungslosen. »Er ist eingeschlafen«, dacht' ich. Aber im flimmernden Mond blinkten reichliche Thränen die Furchen seiner Wangen hinab in seinen Bart, und was ich anfangs für das Rauschen ferner Wipfel gehalten hatte, war sein leises Schluchzen.

»Tröst' ihn, lieber Heiland, in seinem Leide«, betet' ich da in meinem Herzen, »und gib Deine Gnad' uns Allen!«

Und damit entschlief ich.

Drittes Capitel.
Irrfahrt.

es andern Tages früh, da ich mich wieder auf den Weg machte, wollte mich Brun doch nicht allein ziehen lassen, sondern er geleitete mich eine gute Strecke. Das that er, nicht bloß, weil er besorgte, ich möchte aus der Irre, in die ich gestern gerathen war, die rechte Straße allein nicht wieder finden, sondern auch, daß ich an ihm einen Schutz hätte gegen Fährlichkeiten. »Denn«, sagt' er, »hier herum ist das Wegelagern nicht selten, und wer sicher durchziehen will und ungekränkt an Hab und Leben, der sollt's, wenn er nicht selbst wohl bewehrt ist, nicht wagen ohne Geleit. Da und dort auf den Bergen ragen stolze Burgen, drin hausen gestrenge Ritter, wie man sie heißt, die aber das Rauben treiben wie ihr Handwerk.«

»Ich hab' wohl wenig zu fürchten, Brun«, sagt' ich gutes Muthes, »daß mich dieser kampflichen Gesellen einer anrenne, der ich unbeschwert von Gut und Habe meines Weges ziehe. Was sollte man an mir armem Klösterling gewinnen, so man mich fienge?«

»Man könnt' Dich doch für einen Andern halten, als Du bist, Diether, wie auch ich Dich mißkannte, als Du mich ansprachst. – Daß ich da so rauh mit Dir fuhr,« setzte er freundlich hinzu, »muß Dich nicht irren: es war aus guter Meinung geschehen. Denn sieh, so schlimm ist heutzutage die Welt, daß auch ein Einsiedel sein löblich Thun mit großer Vorsicht und Heimlichkeit betreiben muß, als hätte er dabei ein bös Gewissen. Weil ich nämlich, was sich hier in Wald und Bergen zuträgt, und das Gehen und Kommen der Herren, ihr Liegen und Kriegen, Frieden und Fehde gut genug erkunde, so bin ich den redlichen Leuten, die hierdurch in Frieden fahren wollen, gern zu Rath und Warnung bereit. Sie kennen mich wohl auch und haben mich erprobt. So werd' ich oft beschickt, daß man mich fragt, ob's wohl stehe im Gebirg oder nicht. Aber ich darf Keinem trauen, der mir nicht Bürgschaft gibt, daß er sicher ist und kein Schelm, von den Geiern hier herum abgesandt, die mir längst auf der Lauer sind.«

»So habt Ihr auch an mir Euch als Helfer und Berather treulich bewiesen und meinen armen Dank wohl verdient«, sagte ich, indem ich seine Hand ergriff, »und nimmer werd' ich Euer vergessen.«

Da schlug er ein, sah mich gar gütig an und sagte: »Ist das Dein Ernst, Diether, so hab' Du allerwege ein Vertrauen zu mir. Es mag sich wohl fügen, daß es Dir eine Freud' ist oder ein Trost, zu denken, es lebe Einer, der Dir von Herzen gern diente, weil er Dir von Herzen gern das Beste gönnt – hauset er auch gleich einsam und hat nicht Macht, Gut, noch Ehre in der Welt. Vielleicht ist's Dir dann lieb, den Weg zu wissen, der durch den Wald fern zu St. Wigbert führt, und Du verlangst, sein Kirchlein Dir winken zu sehen und in der Klause Deinen getreuen Eckhart, den alten Brun. –

Nun, Jüngling, fahr' wohl! Die Landstraße, die da entlang sich zieht, heißt uns scheiden. Aber in aller Ferne bleibt's dabei: Brun gedenkt und, willst Du zu ihm, harret Dein immerdar.«

Ich wollt' ihm nochmals danken zum Abschied, aber er wollt's nicht haben, drückte mir liebreich und herzhaft die Hand und gieng.

Ich sah ihm nach, bis er hinter den Tannen des Waldpfades verschwunden war, der ihn in seine Siedelei zurückleitete.

Dann gieng auch ich wohlgemuth meine Straße. –

Ob wohl am jüngsten Tage, wenn zum Endegerichte die Bücher werden aufgeschlagen werden, darin eines Jeglichen Thun beschrieben ist, welcherlei es gewesen ist bei Leibesleben, die Tage und Zeiten auch werden leere Blätter weisen, an die wir uns wenig erinnern, weil uns darin nichts Sonderliches begegnet ist, und dahingegen die, an denen unsere Gedanken vor andern haften und unseres Herzens Sinn, auch dort werden mit großen Buchstaben eingezeichnet sein? Dem hab' ich manchmal nachgesonnen, und unsere Vernunft muß wohl also schließen. Und doch kann es leichtlich anders sein; denn ich achte, oft ohne daß wir's merken und spüren, nimmt unser Herz ein Saatkörnlein auf, das unvermerkt Wurzel darinne treibt, und dessen Frucht, bitter oder süße, unser ewiges Schicksal entscheidet. Hinwieder mag von hoher Lust und tiefem Leid, darin unser Herz gestanden hat, daß es durch's ganze Leben deß nicht vergißt so lang' es schlägt, keine Spur uns nachfolgen in die zukünftige Welt, wie man dem Wasser des stillen Gebirgsee's nichts ansieht von dem Gebraus des Sturzbaches, der ihn nährt.

Solcher Betrachtungen zu gedenken, dazu bewegt mich

die Erinnerung an das, was mir weiter auf meiner Wanderschaft begegnete. Sie gieng auch in einem solchen Wechsel hin zwischen dem, was man schnell vergißt und was fest in der Seele haftet. So trug sich mir in den zween nächsten Tagen, nachdem ich von Brun geschieden, nichts Sonderliches zu, und schon hoffte ich in Tagesfrist in Heidelberg zu sein, allwo ich eine Weile zur Rast in Herberge bei den Benedictiner Brüdern liegen sollte. Aber gar unerwartet und plötzlich wurde ich von meinem Ziele abgelenkt, und wie das geschah, das steht noch so deutlich vor meiner Seele, als hätt' ich's gestern erlebt.

Der Tag war trüb', und ein kalter Wind trieb mir feinen Regen in's Angesicht. Ich hüllte mich dichter in mein langes Gewand und beförderte meinen Gang. Da hörte ich hinter mir Schritte wie von Nacheilenden und ward gewahr, daß sie mir schleunig näher kamen. Ich wandte mich und erblickte ein gar seltsames Paar: zween Gesellen, von denen Jeder für sich verwunderlich genug anzusehen war, noch mehr aber, wenn man ihn zugleich mit seinem Gespons betrachtete. Denn die Beiden hielten sich in Allem das Widerspiel. War der Eine lang und fast dünn, von schwarzem Haar, das tief auf die Schultern fiel, und schmalen Wangen, so war der Andere gar kurz und wohl bei Leib', und das runde Haupt mit ganz rothem Kraushaar saß ihm dicht auf dem breiten Nacken. Nicht minder war die Tracht, in der sie daherzogen, sonderbarlich anzusehen. Der Lange trug einen knappen, blauen Rock mit silberglänzenden großen Knöpfen, der kaum bis unter die Hüften reichte, mit buntfarbigen Schleifen hin und wieder ausgeziert. Auf dem Scheitel saß ihm eine Kappe von gleicher Farbe mit langem Federschmuck, von Wind und Wetter übel zerzaust. Seine Hosen aber waren gelb und eng anliegend; an der Seite hieng ihm ein kurzes Schwert, wie die Bauern tragen, wenn sie bewehrt sind. Der Kleine hingegen trug einen großen, braunen Hut mit so mächtiger Krempe, als wär's der vom wilden Jäger selber, und seine kurze Gestalt erschien noch breiter durch einen dunkelrothen, faltenreichen Mantel, der ihm vom Halse bis zu den Knieen herunterhieng.

Wie ich die Beiden mit steigender Verwunderung betrachtete, hatten sie mich bald eingeholt. Der Kurze Schwenkte mir zum Gruß seinen Hut entgegen und rief:

»Ja, wohlgethan, daß Ihr bleibt stehn!«

Darauf setzte der Andere ein:

»Selb dreie wöll'n wir fürder gehn.«

Damit waren sie mir zur Seite, und ich fand mich in ihrer Mitte wandelnd, als wären sie mir Geleitsmänner. Vielleicht sahen sie mir's an, daß ich bedenklich war über ihre Gesellschaft und halb entschlossen, mich ihrer so oder so zu erwehren. Darum war sonderlich der Kleine geschäftig, Wechselrede in Gang zu bringen. Ich war zu arglos und, was ich an meinen beiden Gefährten sah und von ihnen erfuhr, mir zu neu, daß Ihre Begleitung mir nicht erträglich und nicht auch bald erwünscht gewesen wäre.

»Ihr seid gewiß ein heilig Mann«,

sagte der Kleine, und sah wie prüfend zu mir auf.

»Man sieht's an Euerm Kleid Euch an.«

»Ja«, erwiederte ich, »einem heiligen Stande gehöre ich an und bin dem Kloster zugesprochen.«

Da versetzte der mit dem blauen Rock gar ernsthaft:

»Ein selig Leben ist Euch beschieden,
Voll guter Sicherheit und Frieden,«

und sprach das in einem Ton, als hätt' er solch Glück aus

eigener Erfahrung wenig erprobt.

Sogleich rief ihm der Andere zu, als wollt' er ihn trösten:

»Was mancher Mann zumeist begehrt,
Wenn er's erlangt, hält er's nicht werth.«

Dann wandte er sich zu mir und sagte: »Mein Geselle da hat die Regenlaune; allemal, wenn's unhold Wetter gibt, ist er so.

Scheint aber erst die Sonne frei,
Dann singt er and're Melodei!

Nicht, Bruder? Ah, ob er's wohl kann auf Saitenspiel?«

Damit strich er mit der Gerte, die er in der Hand hatte, hinter mir vorbei seinem Gesellen auf den Rücken, und ich hörte die Saiten einer Fiedel erklingen, die da, wie ich nun merkte, wohl eingehüllt am Bande hieng.

»Mißschaffen ist dein Scherz und Schimpf!«

murrte ärgerlich der Gestrichene; aber der Andre lachte dazu und rief:

»Ei, nimm ihn auf mit Gunst und Glimpf!«

»Ich denke«, sagte ich da, »weil Ihr von mir erkundet habt, welcherlei Stande ich angehöre, so hab' ich wohl auch ein Recht, nach dem Eurigen zu fragen. Doch das ist nicht noth; denn wiewohl ich mich wenig auf der Welt Brauch und ihre Sitten verstehe, so fehl' ich gewiß nicht der Wahrheit, wenn ich dafür halte, daß Ihr fahrende Spielleute seid. Aus den gereimten Sprüchen und der Fiedel schließ' ich das.«

»O, wohlgerathen«, rief lustig der Kleine, »ist Euch das Studium logices. Euer Syllogismus ist demantfest. Und doch traft Ihr nicht haarscharf das Ziel. Fahrende sind wir, das ist wahr, aber Spielende nicht zumal, das gieng Euch fehl'. Wer die Braut hat, der ist der Bräutigam; wer die Fiedel trägt, der ist der edlen Sang- und Klangkunst Adept.

> Der Tannhäuser wird er genannt,
> Ich aber Klingsohr von Ungarland.«

»Und was ist Eure Kunst?« fragt' ich ihn.

Da blinzelte er mich mit den Augen schlauen Blickes an, sah dann in den grauen Himmel und spitzte den Mund, als besänn' er sich, ob er mir eine gerade Antwort geben sollte. Darauf blieb er plötzlich stehen und schien zu horchen. Der Andere that desgleichen und fragte:

> »Sag', Bruder, hörst du ichtes was?«

worauf Klingsohr nach kurzer Weil':

> »Nein, nichts! – Doch laßt uns eilen baß.«

»Ja«, fuhr er im Gehen zu mir fort, indem er ausschritt, was seine kurzen Beine vermochten, »die Kunst, die ich übe, ist eine hohe Kunst und eine nützliche Kunst und hat viel' Liebhaber im Volk. 'S ist aber auch eine gefährliche Kunst und wird arg befehdet von den Hochgelahrten. Eure Heiligen und Scholastici zählen sie nicht unter die sieben freien Künste. Ich möcht' ihrer auch gern ledig sein. Aber was hilft's! Jeder Vogel muß bei seinem Liede bleiben. Frau Aventiure ist mir nicht günstig gewesen und hat zu sagen und singen mich nicht gelehrt, wie den da.«

»Aber Ihr reimet doch, als wäret Ihr Worte zu stellen wohl geübt?«

»Macht der Gewohnheit und Freundschaft! Des Tannhäusers edle Gabe ist mir ein wenig zu Gut gekommen. Wenn man die Singekunst so liebt, wie ich, da muß die Gesellschaft solchen Meisters wohl Etwas nütze sein.

> Was ich vermag, das ist allein

Von seiner Kunst ein Wiederschein.

Doch Ihr habt«, setzte er hinzu, »in Eurem Brevier von solchen Dingen allen nichts gefunden und begehrt ihrer nicht.«

»Da ist denn die Reihe des Fehlens an Euch gekommen, Meister Klingsohr!« sagt' ich munter, »denn auch ich übe eine Kunst, und mit all' meinem Denken trag' ich Lust zu ihr.«

Da sahen mich Beide verwundert an und Klingsohr fragte: »Welche ist's?«

»Zwar sollt' ich dem Klingsohr nicht offenbaren, was er mir hehlt«, erwiederte ich. »Doch will ich's sagen: Zum Tannhäuser dem Singer hat Diether der Maler sich gesellt.«

»So wohl uns, daß wir uns trafen!« rief Klingsohr, streckte mir seine Hand entgegen, und der Tannhäuser reichte mir seine. »Wir drei gehören zusammen, ob Kutte, Wams oder Mantel; wir sind eines Ordens. He, Bruder Tannhäuser, nimm Deine Fiedel und streich eins auf!«

Der aber sagte:

»In Regen und Wind des Fiedelns pflegen,
Heißt unterm Schnee nach Veiglein fegen.«

»Wohl«, rief da der Kurze, »so will ich ein neu Lied singen von den drei jungen Gesellen, die sie in Augsburg henken wollten, wie sie zusammen entrannen und hernach in England der eine Bischof, der andere« –

»Sagt mir doch lieber«, unterbrach ich ihn, »was Eure Kunst sei!«

»Warum sollt' ich's nicht«, erwiederte er, wenn's Euch, Malbruder, zu wissen lieb ist? Kennt Ihr die schwarze Magia?«

»Alle guten Geister!« rief ich und schlug ein Kreuz. »Das ist ja eine Teufelskunst!«

»Die treib' ich ja auch nicht«, rief das Männlein und lachte unbändig. »Sie ist ja durch kaiserlich und päpstlich Recht verpönt und vermaledeit. Der weißen Magia bin ich ein Jünger.«

Wie ich ihn fragend und befremdet ansah, fuhr er fort: »Das nimmt Euch Wunder, daß ein Biedermann die weiße Magia bekennt, und Albertus Magnus ist doch durch sie hoch zu Ehren gekommen? Macht das den Unterschied, daß ich Jedermann, Bürger und Bauer und Knecht und Magd, wer's begehrt, die Wohlthaten meiner Kunst erweise? Hätt' ich nur die Instrumenta und wäre in jungen Jahren länger hinter's Latein gesessen – ich wollt' Euch einen redenden Kopf machen, der sollt' Euch noch weit andere Geheimnisse sagen, als Albertus' seiner.«

»Dann thätest Du besser«, spottete der Tannhäuser, »Du ließest den Kopf und schüfest uns einen Wintergarten, wie der Kölner Meister, mit warmer Sommerluft. Aber Deine weiße Meisterschaft läßt uns noch im Aprilen frieren.«

»Ei«, sagte gekränkt der Kleine, »Dir wär's doch in keinem Wege recht zu machen. Hast Du nicht warm gesessen bei der Frau Venus? Und doch hat Du's nicht behagt im Hörselberg.«

»Ach, Narrethei!« rief der Tannhäuser, »samt Deiner Frau Venus und Hörselberg! Wollt' lieber, ich hätte jetzo was Gares zu kosten und was Wärmendes auf dem Leib.« Dabei schüttelt' er sich verdrießlich die Tropfen von der Mütze ab.

> »Frau Nachtigall, hat sie keine Speis',
> Schweigt oder singt nach Spatzenweis'.«

Er dauerte mich und ich sagte: »Mir ist's gar leid, daß Ihr

nicht besser vor'm Unwetter bewahrt seid. Wie wohl thut mir doch heut' mein langes Wollenkleid!«

»Oh!« sagt' er und sah es fast begehrlich an,

> »Im warmen Kleid und sichern Nest
> Den Mönchen Gott nichts mangeln läßt.«

»Freilich«, hub wieder der Kleine an, »fahrende Meister müssen sich alles Glückwechsels versehen: gestern willkommen und heut' schabab. Da heißt's oft:

> Duck Dich Hännsl, laß übergahn!
> Unwetter will seinen Willen han!

Sprich auch diesen Spruch jetzt, Gutgesell! Da hilft nichts Anderes. Denn zum Wärmenden auf Deinen Leib ist hier kein Rath;

> Aber Gares zu kosten, das mag wohl sein,
> Hab' auch nicht die Meinung, mich zu kastei'n.

Wir wollen eine Mahlzeit halten, die lecker ist, und St. Bernhardt selber wird mir die Gutthat danken, die ich an seinem Jünger thue. Wir sind auf der Wanderung gebrüdert und haben Alles gemein. Seid erst bei Klingsohr zu Gast und dann gebt Acht, ob seine Kunst Dank verdient!«

»Ist's Eure Magie, die uns letzen wird?« fragt' ich ihn.

»Gewißlich sie«, rief er lachend, »und immer die weiße! Gleich sollt Ihr deß gewahr werden.«

Nun führte der Weg an einem verlassenen Steinbruch vorbei, der manche Wölbung darbot, wo man vor Wind und Regen wohl gesichert war. Da hatte auch alsbald Klingsohr die zum Lager geschickteste erkürt und hieß uns folgen. Als wir angelangt waren, sprang er auf einen Stein, der da lag, und sagte im Befehlston:

> »Nun kommt herfür aus Eurer Haft!

Sollt Euch nicht mehr verstecken.
Beweist Eure edle Kraft und Saft!
Wir wollen schmecken und schlecken.«

Damit hockte er etwas von seinem Rücken, das schier einem gewaltigen Buckel geglichen hatte, und langte drei Gänse hervor, die an ihren Hälsen zusammengebunden waren, wie man pflegt, wenn man sie geschlachtet zu Markte bringt. »Sind Sie nicht weiß«, fragte er mich vergnügt, »wie die Kunst, die sie mir eingebracht? Und fett dazu! Sie drückten mich schier, daß ich nicht mehr ausschreiten konnte. Aber harret! Eine soll's nicht mehr thun, 's müßte denn im Magen sein.«

Darauf macht' er sich an's Küchenwerk und nahm uns dabei ganz weidlich in seinen Dienst. Während er die Gans rupfte und zum Braten bereitete, mußte ihm sein Geselle Handreichung thun, der auch, wie ich sah, in solchen Dingen wohl geübt war. Ich ward ausgeschickt, indeß zum Feuer Holz herbei zu holen. Dazu gab mir der Tannhäuser sein breites Schwert, und weil ringsum der Wald dicht war, so hatt' ich nach kurzer Weile zum Brennen genug herzutragen. Der Singmeister hatte bald ein Feuer angezündet, und die Flamme schlug hell empor. Sie verbreitete in unserem Winkel eine willkommene Wärme und sollte unsern durchnäßten Kleidern zu Gute kommen. Klingsohr und ich spreiteten unsere Mäntel und der Spielmann sein Wams vor der Gluth zum Trocknen aus und rückten selber an ihr zusammen so nah, als wir konnten. Es war mir lustig den Beiden zuzuschauen, mit welchem Eifer sie zurüsteten. Bald war der Magus mit der Gans zu Stand, daß sie zum Braten fertig war. »Hier noch das Leberlein und hier die Zwiebel (er nahm sie aus seinem Ranzen) selbander hinein«, sagt' er; »jetzt geschwind Nadel und Zwirn, – so ist's gethan; – nun kann sie rösten.« Damit schürte er das Feuer, wie er's haben wollte.

»Das ist auch eine feine Meisterschaft, die Ihr versteht«, sagt' ich lobend.

»Was nützte sie, wenn ich sie nicht üben könnte!« gab er zur Antwort. »An des heiligen römischen Reiches Truchseß selber wäre sein Amt verloren, trügen nicht Jäger und Metzger und Bauer und Müller ihm die Küche voll.«

»O«, sagt' ich scherzend, »ich merke wohl, Ihr wollt nur Eure magischen Künste ausstreichen, und wahr ist's, das hätt' ich nie gedacht, daß sie Gänse an den Spieß zu bringen vermag. Aber nun seh' ich's mit eigenen Augen.«

»Ja, und sollt's schmecken mit eigener Zunge, das ist die Hauptsach'. Euer Heiliger muß sich freuen, wie man Euer auf der Wanderung pflegt.«

»Mein Treu«, rief da der Fiedler dazwischen und wandte, wie der Andere ihn anwies, die Gans um, die schon ganz lieblich zu duften sich anschickte. »Eine Schand' ist's, wenn ich gedenke, wie unmild dahingegen die Singekunst heuer gelohnet wird. Man will unser nicht mehr in Klöstern und Burgen, und die Städter, seit sie reich werden, fangen selbst an, gar zierlich und fürnehm zu singen, und weil sie's umsonst herklimpern, verachten sie uns aus Geiz; bleibt nur das gemeine Volk für uns, sperrt's Maul auf, weint und lacht, wie man's haben will, das ist Alles!«

»Drum auch«, sagte der Kleine, »sollst Du Dich gesegnen, daß wir zusammen fahren. Sind wir nicht noch immer ehrlich verbrüdert gewesen?

>Sei's Gans oder Ferkel, sei's Huhn oder Hahn,
Zusammen wird Alles und Jedes verthan!<

Jetzt wend' sie um!« Und frohmüthig rieb er sich die Hände.

»Wie aber vermögt Ihr's denn«, fragt' ich wieder, »Eure

magische Kunst so in Ehren und gutem Lohn zu erhalten, daß sie Euch Beiden zuträgt?«

»Sie hieße nicht Magia, wenn sie nicht Geheimniß wäre. Euch, geistlicher Kunstbruder, sei's genug, daß Ihr wisset: die weiße ist unverboten und gibt ehrliche Nahrung.« Dabei blinzelte er wieder gar listig mit den Augen mich an und lachte. »Nur den Spruch merkt Euch wohl:

>Wer sich der Welt gelieben will,
>Muß halten ihrem Treiben still;
>Denn will er wider ihre Art,
>So macht er bald allein die Fahrt.

Und jetzo, Bruder«, ermunterte er seinen Gesellen, »derweil der Braten schmort und die Kleider trocknen, nimm die Fiedel zur Hand und spiel'!«

Da langte der Fiedler seine Geige her, stimmte die Saiten und ließ dann den Bogen über dieselben springen, daß die Töne wie Funken heraussprühten. Darnach hub er auch an zu singen ein Lied, das zu der fröhlichen Weise wohl stimmte; aber ernst und traurig gieng es hernach, und schwermüthig endete es also:

>»Auf den Bergen zergieng der Schnee,
>Die Brünnlein, sie rieseln ohn' Ende:
>O Vater und Mutter, Ihr seht mich nimmermeh',
>Muß sterben im Elende. –
>Gottes Wille, der muß ergehn.«

Noch einmal holt' er dazu aus seiner Fiedel lauten und wilden Klang hervor, als wär's ein Wehgeschrei. Dann verhallten seine Töne langsam und leise. Ich war der Singekunst Freund immer gewesen und hatte der Sequenzen und Leisen Kraft in der Kirche oft an mir erfahren. Aber dieses Fiedlers Gewalt über meine Seele war anderer Art. Seines Spieles Lust wie Leid ergriffen mich gleich sehr, aber sie verwirrten mich auch. Es war nicht die gewohnte Bahn, auf die sein Spiel mich zog, und doch erweckte es in mir einen Wiederhall – ich wußt' mir nicht zu deuten, wie? –

»Heb' aber an, Bruder!« rief da Klingsohr, »leg nicht weg die Fiedel. Hast da unserem geistlichen Gast schier das Herz im Leib' umgekehrt mit Deinem Lied, wie ich merke. Noch eins! Und eine Weise, die sanfter eingeht!« Der Andere stimmte seine Fiedel wieder zurecht, und jetzt giengen seine Töne ebenen Weg. Dies war sein Lied:

»Des Herzens Schwere zu verjagen,
Gab ich es ganz der Minne hin;
Hört' ich doch viel die Meister sagen
Von ihr als Leidverleiderin.

Da hub sich's an in mir zu lenzen;
Doch schwand die Sälde allzujach, –
Denn ach, von allen bunten Kränzen
Blieb nur der Dorn im Herzen nach.

So mißgerieth mir all' mein Wähnen,
Und was ich wollt', gedieh mir schlecht.
Erst hochgemuth sein, dann in Thränen:
Das ist der Minne altes Recht.«

»'S ist auch in dem noch was vom Regenwetter«, meinte Klingsohr. »Und doch bist Du unter Dach und überm Feuer brät die Gans. Wohlan thu sie her! Ist sie nicht bräunlich und schön?« Und er betrachtete sie wohlgefällig.

Plötzlich sah er auf. »Das ist nicht des Windes Geräusch«, murmelte er bedenklich. »Ihr seid jung und behend, Bruder Diether. Springt dort hinan, wo der Ausblick offen ist auf den Weg, den wir kamen, und schaut, was sich naht.«

Was sollt' ich mich bedenken? Ich klomm mit Eil' die Höhe hinan, die er mir angezeigt hatte. Als ich oben war, sah ich hinter der nächsten Windung des Weges einen reisigen Haufen herankommen. Spieße und Hellebarden konnt' ich wohl erkennen. Das rief ich den Beiden zu und schickte mich an hinabzusteigen. Schon aber hört' ich sie unten sich tummeln, und bevor ich noch die Hälfte des Weges zurück war, kamen sie eilig hervor und liefen grad über den Weg dem Tannenwald zu, wo er besonders dicht stund, als suchten sie dort eine Bergung. Fast lustig war es anzusehen, wie sie all' ihr Geräth zusammengerafft hatten, Jeder, was ihm die Hände gefaßt, wie sie auch die zwo Gänse nicht vergessen, die der Kleine hinter sich her zog. Aber wie ward mir zu Sinne, als ich den Fiedler sah mit meiner Kutte von dannen rennen! Das schuf mir große Noth. »He, Freunde!« rief ich ihnen nach, »was soll das? Was fliehet Ihr? Harret doch, daß ich mein Kleid anthue!« Und mit höchster Eil' stieg ich hinab. Aber sie hörten nicht, noch hemmten sie ihre Flucht, und ich erkannte, daß es mir ganz unmöglich wäre, sie einzuholen. Denn mein Weg war behindert durch's Gestein, der ihrige nicht. Da gerieth ich außer mir; denn ich sah, daß sie unredlich handelten mit mir, und schrie aus allem Vermögen: »So wollet Ihr treulos entlaufen, unehrliche Gesellen! Raubt mir mein Kleid, Schelme und Unbiedermänner, die Ihr seid?«

Sie aber hielten nicht an, als bis sie den Waldsaum erreicht hatten. Da blieben sie stehen, und, indem der Große meinen Rock anlegte, rief der Kleine mir zu:

»O Freund, gedenk' der Sanftmuth Gebot!
Fürwahr uns zwingt wahrhafte Noth.
Wir sind um's Mahl mit einand' betrogen,
Von unserm Unstern fortgezogen.
Laßt Euch die Kutte nicht gereu'n!
Sie wird den Fiedler baß erfreu'n.«

Der aber fügte hinzu:

»Ich laß Euch mein blaues Wams zurück,
Es bring' Euch mehr als dem Fiedler Glück!«

Darauf sah ich den Magus dem Singer die Gänse aufhocken und hört' ihn noch sagen:

»Sollt' ich die Gänslein liegen lân?
Mein' Treu, das wär' nicht wohlgethan!«

Er lupfte mir noch seinen Hut zum Abschied, und im nächsten Augenblick waren sie behend in den Wald gedrungen und meinen Augen verschwunden.

Da stund ich, verlassener Diether, nun in großer

Betrübniß, betrogen, beraubt, in der Fremde, schalt meinem Unbedacht und war meiner Reise gram. Aber was half Zürnen und Klagen! Frieren überkam mich in meinem Leinen unter dem kalten Himmel. Die Noth zwang mich unter das steinerne Überdach zurück; das Feuer brannte noch. Voll Unmuth stieß ich die Gluth auseinander. Die verlöschende Flamme mahnte mich daran, daß ich in dieser Einsamkeit nicht bleiben könnte und eilen müßte, ehe der Abend käme. Unmöglich aber konnte ich ohne Kleid durch den Regen hinaus. Da lag das blaue Wams; ich durfte nicht zaudern und that es an. Mir war's, als verwunderte sich Stein und Baum selbst über mich und ich würde doch nicht bedauert, sondern Fink und Meise und Alles, was im Walde lebte, müßte mich verlachen. Das machte mich noch unwirscher in meinem Gemüth. So trat ich hinaus und hatte nie ein solches Mißfallen an mir selber.

Ehe ich noch wenige Schritte gethan hatte, hört' ich hinter mir lautes Gelärm. Die Reisigen waren herangekommen.

»Wohl dran, Gesellen! Hier ist der Vögel einer. Fangt ihn geschwind! Daß er uns nicht entwische, dafür will ich wohl sorgen, so wahr ich Peter Krummholz bin, der Bäckerzunft Obermeister?«

Der so mit schriller Stimme schrie, daß ihm schier der Odem ausgieng, saß auf einem Gaul, was wohl nothweise geschah. Denn er war so gar fett, daß ihn gewißlich seine Füße nicht bis hieher getragen hätten. Neben und hinter ihm giengen etwa zwölf Fußknechte mit Eisenhauben. Etlichen fehlten auch Schilde nicht.

»Thut nicht so übel«, rief ich da, »daß Ihr einen Unschuldigen angreifet! Ich bin nicht der, für den Ihr mich anseht, hab' weder Euch noch sonst Keinem ein Leid zugefügt.«

Ich wollte ihnen noch ferner zureden, aber der auf dem Rosse schrie noch viel ungeberdiger denn zuvor die Seinen an:

»Wohl dran, Gesellen, sage ich! Fangt mir den losen Buben! Ich kenn' ihn wohl wieder am blauen Wams und dem schwarzen Langhaar. Wohl dran, sag' ich noch einmal! Eine Kanne gut Bier Jeglichem, und wer ihn zuerst angreift, zwo!«

Wie er sie so muthig auf mich hetzte und ihrer zween oder drei mit vorgehaltenen Spießen auf mich drangen, als wär' ich ein schändlich Wild, da überkam mich ein Grimm und meinen Sehnen wuchs die Kraft. Mit mächtigem Prall stieß ich auf den Ersten, der auf mich einwollte, daß er zurücktaumelte, und sprang an den Andern vorbei, die sich deß nicht versahen, zurück zu unserer Feuerstätte, wo ich noch des Fiedlers Schwert liegen wußte. Ich griff es auf, faßt' es fest und schrie ganz außer mir: »Heran denn, wen's lüstet, seinen Lohn an mir zu verdienen!«

Daß ich mich mit einem Gewaffen zur Wehr setzen würde, hatte sich Keiner befahren, und so stunden sie einen Augenblick unentschlossen, wie sie ihr Werk angreifen sollten. Da gedacht' ich, durch sie hindurchzudringen und zu entrinnen. Des Einen Spieß hielt mich auf. Ich schlug ihn seitwärts und überrannte den Mann. Aber der Stoß eines Anderen traf mir den linken Arm und gab mir heftigen Schmerz. Alsbald rannten sie Alle wider mich zusammen und es ward ein groß Getümmel. Ihr Meister tobte mit bösen Worten und scharfem Kreischen, wie von Sinnen, indeß ich mich mit meinem Eisen wehrte, wild um mich schlagend. Denn so viel ich von mir wußte, wollt' ich eher mein Leben lassen, als mich in ihre Hände geben. So wär' mir's auch allerdinge ergangen bei der Übermacht meiner Feinde, und weil ich so ganz ungeübt war zu streiten, wenn nicht Gott mit mir ein Anderes beschlossen hätte.

Denn von Ungefähr trug sich's gewißlich nicht zu, daß just zu dieser Zeit drei Reiter den Weg geritten kamen von der Richtung, nach der meine Fahrt gieng. Es war ein rittermäßig angethaner Herr und zween Knechte. Diese mochten von ihm, da er unseres Streitens ansichtig geworden war, vorausgeschickt sein, denn sie sprengten, ohne daß Einer vor Eifer und Gedrang ihr Nahen wahrgenommen hatte, weil aller Blicke und Gebärden auf mich gerichtet waren, mit höchster Eil' und ungedacht in den Haufen meiner Widersacher mitten hinein, daß männiglich vor ihnen zurückwich.

»Städter sind's, Helmbold«, sagte der Eine zum Anderen und rief dann: »Seid Ihr so unbescheiden oder so erhitzt gegen einander, daß Ihr es wagen dürft, unserm gnädigen Herrn den Weg zu verlegen mit Eurem Hadern?«

Da schrieen sie zumal, der Eine dies, der Andere das, indem sie auf mich wiesen, und schlugen auf's Neue auf mich ein.

»Gebt Ruhe alsogleich!« geboten die Beiden da drohend, ritten durch sie hindurch nahe an mich heran und schirmten mich so vor ihrer Wuth.

Als dergestalt Niemand an mich durfte, ward der Bäckermeister ganz unsinnig auf seinem Roß und that des Tobens und Scheltens um so mehr. Aber es währte nur eine kleine Weile, da kam der Ritter selbst heran, ein ältlicher Herr, der etwas gebückt, aber noch gar fest im Sattel saß.

»Bei Gottes Thron!« rief er und sah Krummholz und seinen Troß mit Staunen an, »das sind Leute aus Waibstadt, das ist der ehrsamen Bäckerzunft Obermeister!«

»Peter Krummholz, edler Herr«, antwortete der, sich

verneigend, »bei dem Ihr vor drei Jahren, als Ihr durch Waibstadt gen Basel zogt, zur Herberge gelegen.«

»Wo mir Euer Töchterlein, – heißt sie nicht Bärbel? – den Willkomm credenzte; ich entsinne mich deß wohl. Aber wie geschieht das, daß Ihr hier auf meinem Grunde zu Felde liegt und wider Gesetz und Recht den Frieden brechet? Hat nicht auch Eure Stadt mir in die Hand gelobt, ihre Streitsachen gütlich zu vertragen, auch dieselben an mich zu bringen, ob sie nicht beizulegen? Und nun find' ich, nachdem ich wenige Zeit von dannen gewesen, daheim wieder den alten Hader, und auf offener Landstraße am helllichten Tage!« Und unmuths schlug er sich auf die Hüfte.

»Keine Streitsache ist es, Ew. Gnaden«, erwiederte der Bürger, sich rechtfertigend, »unter uns oder mit unsern Nachbarn entstanden, um die wir allhier bewehrt von Euch angetroffen werden, sondern ein Schelmenstück, uns und gemeiner Sicherheit zum Schaden zugefügt. Das begehren wir zu richten.«

Ehe er fortfuhr, weil die Luft ihm ausgegangen, rief ich, noch immer im Zorn: »Ohne Urtheil und Spruch oder einige Ursach' haben sie mich ganz Schuldlosen wie einen Schächer überfallen. Ich bitte aber Euer Gnaden durch Gottes Marter, daß Ihr zur Beweisung meiner Sache mich hören wollet; denn dieser da weiß auf jeglich Wort, das ich ihm sage, nichts Anderes, als mit Wüthen und Toben auf mich zu hetzen, so er doch fürgibt, gemeiner Sicherheit zu dienen.«

Ich wollte weiter reden, aber heftig brach der Bäckermeister wieder los: »O wie listig der lose Bube plaudert! Das ist seine ausbündige Kunst, sich mit Worten zu schmücken; aber sie soll, will's Gott! nun am Längsten geschadet haben! – Euer Gnaden kennet meine Tochter, das

Bärbel; hat Euch credenzet vor drei Jahren, eine feine Dirne und mein einzig Kind. Sie hab' ich am letzten Andreastage des Schultheißen Sohne verlobt, Mathias Kaulfuß, einem tugendhaften Jüngling. Vor vier Tagen haben wir den Brautleuten die Hochzeit ausgerichtet und dieselbige gestern mit einem Freudenmahl zu beschließen gedacht. Denn unsere Freundschaft ist groß, und um des Schultheißen willen war der Stadtobrigkeit und um meinetwillen der Bäckerinnung Ehr' und Ansehen höchst nöthig zu wahren. Doch Ihr müßt wissen, edler Herr, in unserer Stadt ist von Alters her leider zwischen den Bäckern und Metzgern viel Verdrieß und Hinderung, welches Alles aber als Nichts zu rechnen ist gegen die Feindschaft, die nun um sich gefressen. Denn Heinrich Häsener, des Metzgergewerkes Obermeister, hat öftermalen bei mir um's Bärbel für seinen Sohn werben lassen, auch öffentlich geprahlt, ich müßt' sie ihm geben. Wie er's nun nicht erlangte, auch nicht hindern konnte, daß Bärbel des Schultheißen Schwiegertochter ward, da hat er sich hoch vermessen, er wolle uns mit seinem Anhang die Hochzeit verderben. Darum mußten wir beweisen, daß wir auch trotz den Metzgern etwas vermöchten.«

»Macht's kurz, Meister!« unterbrach ihn der Ritter. »Was geht Eure Hochzeit diesen Handel hier auf der Straße an?«

»Sehr viel, Euer Gnaden! Gebt nur Acht! Denn wie Häsener und sein Anhang uns in allen Stücken den Widerpart hielt, so kommt' er doch dem Zulauf bei uns und der Ehre, die wir einlegten, im Geringsten Nichts abbrechen. Denn wir hatten die Stadt-Zinkenisten, daß sie pfiffen und bliesen bei der Heimholung und in meinem Haus; so hatten sie sich die Stadtpfeifer von Bischofsheim verschrieben. Mit denen zogen sie den Unsern nach und ließen sie gegen meinem Hause über in der Metzger Gesellenstube aufspielen, so oft unsere Zinkenisten mit Blasen anhuben. Aber die

Pfeifer stunden bald ab, denn sie sahen, daß sie gegen unsere Zinkenisten Nichts vermochten, sondern jedesmal übertönt wurden. Gewißlich auch wären die Metzger endlich zum Gelach geworden der ganzen Stadt, denn sie konnten mir nicht einen Hochzeitsgast abwendig machen. Aber gestern hat der üble Teufel, der an jeglichem Tuck seine Freud' hat, zwei fahrende Landstreicher dahergeführt, den Gauch da und seinen Gesellen; die haben ihnen das Spiel gewonnen. – O wartet ein klein wenig, Ew. Gnaden«, fuhr er aufgeregt fort und entknöpfte seinen Brustlatz, »mir versetzt es schier die Luft, wenn ich daran gedenke, aber ich will's Euch ganz nach der Wahrheit berichten.«

»Das sei Euch gespart, Meister!« rief ihm der Ritter ungeduldig zu. »Wenngleich man Euch die Hochzeit verdorben hat, könnt Ihr doch darum Keinen wollen kampflich anrennen und schlagen, wie Ihr thut.«

»Das ist mir wohl wissend«, fuhr der Bäcker fort, hier stehen meine zünftigen Gesellen alle, die sollen mir bezeugen, ob ich ein Einiges aufbringe, das nicht nach der Wahrheit ist! Sind nicht die zween fahrenden losen Leute auf den Markt gestanden gestern unter der Metzger Geleite und haben mit ihrem losen Wesen schier Alt und Jung nach sich gezogen? Der Eine nannte sich Klingsohr, mit Zauberspruch, Arzeneiung und Teufelskunst, der brauchte kündlich Höllenlist. Der Andere nannte sich Tannhäuser, strich die Fiedel so ausbündig und wußte zu singen und zu sagen, was die Leute gern hören, von Walther, König Rother, vom hörnenen Siegfried und allen Mären, die doch nicht zur Gottseligkeit, noch zu ehrsamer Kunstübung dienen. Das ist der da im blauen Rock! Ist nicht zu ihm Abends, als kaum der Brauttrunk umgegangen war nach dem Schmaus, das junge Volk allsammt hinüber gewichen in der Metzger Gesellenstube, wohin Häsener sie genöthigt hatte, und konnte gar der Umtanz der Hochzeiter nicht gesprungen werden, wie es doch Brauch ist, weil bei uns nur die Alten sitzen geblieben waren auf der Bank und auch die nicht Alle! Und gar trübselig und des Ärgers voll war uns der Hochzeit Ende schon in früher Nachtstunde; die drüben aber hatten der Kurzweil und des Springens kein Ende bei dieses Buben losen Künsten. Denn ein Gauch ist er, wie der Andere, sag' ich, und ein Dieb. Während der Fiedler Aller Ohren und Sinne auf sich lenkte, da hat er dem Teufelskünstler Raum geschafft zu seinen Schelmenstücken. Sagt, meine Gesellen, sind nicht heute Morgen alle drei Gänse aus meinem Stalle weg gewesen, die ich den Winter über gefüttert? Hat nicht Catherin, die Magd, bekannt, sie selbst habe den Klingsohr in den Hof hinter die Küch' geführt, weil er fürgegeben, er wolle ihr da für ihren ungetreuen Liebsten die Nestel knüpfen? Er ist entwischt, aber seinen Diebsgesellen haben wir durch gutes Glück gefunden. Da steht er überführt, und seine Straf' soll Andern, will's Gott, ein Exempel sein.«

Als ich des Beleidigten und Bestohlenen Rede hörte, erschrak ich über die Maßen sehr, und meine Wuth wich großer Besorgniß; denn ich sah, daß mein Kleid, das Feuer und des Mahles Zurüstung, meine wagende Gegenwehr, Alles wider mich zeugte, und es entfiel mir mein Herz, da ich daran gedachte, daß mir des Abtes Schrift und Brief, wodurch ich mir freilich hätte leichtlich Glauben verschaffen können, samt der Kutte geraubt waren.

Wohl mochte mir der Ritter ansehen, wie verstürzt ich war, als er mich hart anredete:

»Du bist also der Tannhäuser?«

»Gewißlich, Herr, das ist mein Name nicht; Diether bin ich genannt«, antwortet' ich ihm mit wenig kecklicher Stimme.

»Freilich bist Du so wenig der Tannhäuser selber, wie Dein Gefährte der Klingsohr«, sagt' er. »Aber Du bist es doch, der sich vom Volke also heißen läßt?«

»Ja, er!« riefen die Anderen zumal.

»Du bist es, der die alten Mären von Siegfried und den ruhmeswerthen Helden zu sagen so wohl verstanden?«

Wieder bezeugten sie, es wäre Alles wahr, was der Obermeister von mir berichtet hätte.

»Genug denn des Säumens!« sprach der Ritter und befahl seinen Knechten, mich zu binden und zwischen ihren Rossen von dannen zu führen.

»Ihr, ehrsamer Meister«, sagt' er zu Krummholz, »zieht in Frieden heim mit Euren Leuten; den fahrenden Spielmann will ich bei mir in Gewahrsam halten, ihn zu richten, wie ihm nach den Rechten kaiserlicher Majestät für seine begangene Untugend gebührt. Und Ihr, noch der Schultheiß, sorget nicht, daß es nicht nach Strenge geschehe. Der Bärbel bringt meinen Gruß! – Euch Allen freundlichen Dienst und des reichen Gottes Geleit!«

Der Obermeister wagt' ihm nicht zu widerreden. – Sie reichten sich die Hände und schieden. Der Ritter hieß seine Knechte eilen und ritt gemach voraus. Sie hatten bald meine Hände auf den Rücken gebunden und trieben mich zwischen sich her. Die Städter blieben noch an der Stätte, zu verschnaufen, ehe sie die Rückfahrt anhüben. »Gedenkt Eures Verspruchs«, hört' ich noch die Gesellen zum Meister sagen, der erwiederte: »Zwar es hat ihn Keiner gegriffen, doch das Bier sollt Ihr haben, denn heut' bleibt die Zunft noch lange zusammen!«

Mit der Weile war der Abend hereingebrochen, aber er hatte den wehenden Wind nicht zur Ruhe gebracht.

Wundersam gestaltet flogen die Wolken über uns, den Mond verbergend und von seinem Glanze röthlich umsäumt. Schwere Tropfen schüttelten die rauschenden Buchen, die den Waldweg überhiengen, den wir eingeschlagen hatten. Er war moosig und von Baumwurzeln behindert, die, wenn ich sie vor mir sah, Schlangen glichen, darüber hin sich windend. Schweigend zogen wir hindannen, und ich hätte gute Muße gehabt, des Weiteren über mein Geschick nachzudenken, und wie ich mich fürder am besten verhielte. Aber ich vermochte nicht, meinen Gedanken zu gebieten; ich war wie mir selbst entfremdet. Ich betrachtete genau die gebräunten Angesichter der beiden Reiter, ihre Eisenhauben, Brünnen und die Falten ihrer wehenden Mäntel. Ich horchte auf das Schnauben der Rosse, deren feuchten Odem ich an meinen Wangen fühlte, auf das Geknirsch ihrer Gebisse, auf das Gestampf ihrer Hufen. An das, was ich vor wenigen Stunden gethan und erlebt hatte, gedacht' ich nicht, auch nicht, was mir ferner zu erleiden vorhanden wäre. Nur als der Mond klar durch die Wolken trat und mir hell in's Angesicht leuchtete desselben Glanzes, den er mir so oft durch's kleine Fenster in meine Zelle gesendet hatte, wenn ich nicht schlafen konnte, da gedacht' ich, ob auch wohl in der weiten Christenheit Jemand zu finden wäre, der in dieser Stunde so sorgenhaften und elenden Herzens zu ihm aufblickte, als der hier gefangen durch die Nacht getrieben ward, und fast wie ein Schrecken überkam's mich, daß ich das selber war, Diether von Maulbronn.

Viertes Kapitel.
Auf Elzeburg.

as Elzewässerlein fließt im Gebirge durch ein freundliches Wiesenthal gen den Neckar. Längs seinem Lauf ziehen sich Berge hin von mäßiger Höhe, fast durchaus mit Buchen und andern Laubhölzern schön geziert. Auf einem dieser Berge, der über seine Brüder in der Nachbarschaft stattlich hervorragte, stund die Burg, dahin ich geführt ward. Sie hatte von dem Flüßlein, das unten vorbeirauschte, den Namen, und hieß Elzeburg. Auf ihr hausete der Reichsgraf und Bannerherr Herr Eberhard, wie auch sein Geschlecht seit undenklichen Zeiten da eingesessen war. Derselbe war immer unbeweibt gewesen, hatte in jüngeren Jahren mit des Kaisers Kriegsvölkern viel zu Felde gelegen in Welschland und stund bei der Kaiserlichen Majestät nicht bloß wegen seines tapferen Muthes, sondern auch wegen seines kundigen Rathes in hohen Ehren. Aber je älter er ward, desto weniger machte es ihm Freude, wenn er zu Hofe reiten mußte, um allda große Welthändel zu Recht bringen zu helfen, obwohl er gehorsamte, so oft er entboten ward;

sondern am liebsten weilte er in waldgrüner Einsamkeit auf seiner Väter Burg, ringsum in der Gegend ein hoch angesehener, wohl auch gefürchteter Herr.

Und wahr ist's: auf ein schön Stücklein Erde blickte man von der Elzeburg nieder, sonderlich lustsam dem Auge zur Frühlingszeit, wie ich es sah, wo allerlei bunte Blumen den Wiesengrund zierten und das Elzewässerlein unter hellen Weiden und an dunklen Tannen vorbei in munteren Sprüngen daher brausete. Vom Fenster des Erkerstübleins oben im Thurm über dem Burgthor, wo mir die Wohnung zugewiesen war, konnte das Auge weithin über die Berge in die Ferne schweifen, über den rauschenden Wipfeln der Bäume den Nebelwolken zuschauen, wenn sie wie Geister des Waldes aus dem Dickicht emporstiegen und bald sich zusammenballten, bald auseinander stoben, oder auch mit der Weihe in den klaren Himmel schweben und ohne Schranken sich fühlen in dem grenzenlosen Raume.

Aber auf irgend etwas dergleichen zu achten, trug ich an jenem ersten Abend, da ich im Stüblein oben allein war, wenig Verlangen. Schweigend hatten sie mich dahinauf gebracht und die Thür zugeschlossen. Herrn Eberhards war ich nicht mehr ansichtig geworden. Zur Nachtkost stand ein Imbiß auf dem Tisch, aber ich mocht' ihn nicht anrühren. Und so saß ich verdrossenen Gemüths vor dem Feuer, das im Kamin des weit in die Stube vorgebauten Schornsteins mir zur Erwärmung angezündet war.

Nach einer Weile verdroß mich doch diese meine Verdrießlichkeit selbst.

»Diether«, so schalt ich mich, »bist Du nicht bei Deinen Jahren und bei aller Kunst und Gabe, die Du hast, ein recht blödes, hilfeloses Kind? Nun Dir der Abt nicht befiehlt, auch Brun Dir nicht rathen kann, so willst Du gleich am Ende sein mit Witz und Wissen? Verzehrest Dich und grämest Dir die Stunden hinweg mit Zürnen und Murren, weil Du von Gäuchen Dich hast überlisten lassen und hernach mit Dreinschlagen Dir auch nicht hast helfen können! Frisch an's Werk und brauch' Deinen Kopf, wie Du mit Gott Dir am klüglichsten heraushelfest aus dieser Noth, darein Deine Unbedachtsamkeit Dich gebracht hat!«

Damit schickte ich mich an, darüber zu sinnen, wie ich morgen dem Grafen am besten begegnen möchte, wenn ich zur Verhörung vor ihm stünde. Denn daß ich solches zu gewarten hätte, war mir gewiß. Recht als ob es gälte, eine `chria` für Magister Berthold zu Stand zu bringen mit `Protasis, Aetiologia, Amplificatio` und `Conclusio`, legt' ich mir eine wohlgefügte Rede zurecht, mit beweglichen Worten trefflich geziert und mit manchem guten Sprüchlein durchflochten. Und als ich Alles und Jedes gehörig überdacht hatte, war ich damit so gar zufrieden, daß ich mich wunderte über meine Thorheit, daß ich je hätte denken können: es würde mir nicht ein Leichtes sein, mich als den Klösterling auszuweisen, der ich war, und den Fahrenden von mir zu thun, deß Kleid ich trug.

Sonderlich wohl gefiel mir die Anrede, mit der ich anzuheben gedachte: »Weislich sonder Zweifel, gnädiger Herr!« so wollt' ich vor ihn treten, »weislich haben die wohlerfahrenen Alten den Spruch gethan, daß keine Sache so übel gerathe, sie habe denn auch etwas Gutes bei sich, daran der verständige Mann sich halten könne. Das ist auch in dieser unfrohen Aventiure mein mächtiger Trost. Denn welches Beistandes und welcherlei Rechtfertigung sollt' ich Gekränkter mich nicht von Eurer Lindigkeit, Weisheit und Gerechtigkeit versehen und wie sollt' ich unter ihre Fittiche aus aller Fährniß und Verlästerung nicht gerne geflüchtet sein?«

Dieser Vorspruch däuchte mich trefflich gestellt und ich

wiederholte ihn öftermalen, auf daß ich ja keines Wortes verfehlen möchte.

Nach solcher Hirnarbeit war mir ganz sänftiglich zu Muth und schon gedacht' ich mich zum Schlaf auf's Pfühl zu strecken, als es mir schwer auf die Seele fiel, daß ich der Gebetszeiten dieses Tages keine gehalten und nicht einmal aus den Brevierblättern, die sie im Kloster mir mitgegeben, den Heiligen erfragt hatte, dem der Tag zugehörte. »So konnt' ich auch seiner Fürbitte nicht gewarten«, dacht' ich und griff hurtig nach dem Brustlatz, das Brevier herfürzulangen. Aber das war ja mit dem Rock dahin und sammt des Abtes Briefen den Fahrenden zur Beute geworden! Doch sieh'! auch die Tasche von Klingsohrs Wamse war nicht leer. Ich zog etliche arg vergilbte Blätter daraus hervor von gutem alten Pergamen. Sie waren zierlich beschrieben, wie man in der Klostermuße der Schreibkunst pflegt; aber da war nichts darin, womit ein Christenmensch seiner Seele zum Heil um die Matutin oder Vesper dem waltenden Gott und Seinen Heiligen diesen mag, sondern Geschichten stunden darin, deren gleichen ich zuvor nie gehört hatte noch gedacht, daß sie jemals geschrieben wären. War's Anfangs nichts als Neugierde, die mich zu lesen trieb, so zwang mich bald die Gewalt der Dinge, die da berichtet waren, und die Kraft der Worte, die so mit Macht das Ohr trafen, daß ich nicht ablassen konnte, weiter zu lesen. Es war da zuerst eine Aventiure, »wie Kriemhilde troumte!« auf die eine andere folgte: »von Sifride wie der erzogen wart« und endlich stund noch zu lesen: »wie Sifrid Kriemhilde alrêrste ersach«. Aber wie die letzte Aventiure sich begab, davon erfuhr ich nichts, wenngleich ich über dem Lesen leichtlich die ganze Nacht versessen hätte, denn das Feuer im Kamin verlosch allgemach und der Vorrath, es zu nähren, war zu Ende.

Lange sah ich wie träumend in die verglimmende Gluth.

Mir war's, als erblickt' ich den schnellen Sigfried und die anderen Recken und sähe sie auf- und niederschweben in dem emporsteigenden röthlichen Rauch. Ich sah Alles, was ich gelesen hatte, leibhaftig und wußte doch, daß kein Anderer neben mir etwas davon erblicken würde – nur von Kriemhilden konnt' ich nichts ersehen, wenngleich es mir war, als ob ich sie wohl erkennen würde, wenn sie neben den Andern erschiene.

Als die letzte Kohle erblindete, verschwanden auch die Gesichte und ich besann mich wieder auf mich selbst.

»Hilf Himmel!« rief ich da, »thörichter Diether, Dich plagen wohl gar Klingsohrs magische Künste noch! Was gehen Dich die Ritter und Aventiuren an, der Du geistlich bist und allhier ein gefangener Vogel in fremden Federn. Wie Du Dich wieder hinaufschwingst aus Deinem Netz und in das Nest zurückfleuchst, das St. Bernhard Dir gebaut hat, das laß Deine Sorge sein!«

Und so gieng ich zur Ruhe.

Also gethan ist des Menschen unbeständig Gemüth, daß auch des liebsten Gutes Genieß uns endlich verleidet würde, wenn wir nicht unterweilen sein entbehren müßten, und wenn er immer währte, würde selber der wonnigliche Mai uns verdrießen; so lacht uns auch die liebe Sonne freudenheller nicht an vom blauen Himmelsdach, als wenn sie sich mit ihm eine Weile hinter dichtem Regengewölk gleich wie hinter einer grauen Wand verborgen hat. Das fühlt' ich anderen Tages nicht bloß an mir selber, sondern ich merkt's auch den Andern auf Elzeburg an, so viel ich ihrer sah. Wie wohl war mir zu Muthe, als ich früh morgens Thal und Höhe im lichten Sonnenschein durch's Fenster glänzen sah! Weißer, zarter Nebel dampfte aus Wiese und Wald, aber der warme Strahl zerstreute ihn bald und kein Wölkchen stund am Himmel. So tief blau und spiegelklar wölbte der sich über die Erde hin, als hätte er sie voll Liebe näher zu sich emporgezogen, damit sie seiner Klarheit besser genießen möchte; und recht voll Wonne lag sie an seiner warmen Brust und all' die unzähligen Tröpflein an Halmen und Zweigen, die in der Sonne erfunkelten, erschienen mir wie Freudenthränen der irdischen Creatur, die da fühlte, die selige Zeit des vollen Frühlingssegens sei nun gekommen.

Daß solcherlei Gedanken auch durch Herrn Eberhards Seele giengen an jenem Morgen, das, däuchte mich, war ihm anzusehen, als ich in der Frühstunde unten im Saale auf sein Erfordern vor ihn geführt ward. Er saß am Fenster beim Frühstück im hohen Gestühl, gemächlich zurückgelehnt. Über die Berge und durch das kaum belaubte Gezweig des Nußbaums, der im Burggarten nahe dem Gemäuer stund, schickte die Sonne ihren warmen Strahl in's Gemach und schaute dem Burgherrn voll in's Angesicht. Schon stund ich eine Weile in der Thür, der Anrede harrend, währenddem sein Haupt noch immer mit Wohlbehagen dem Licht des jungen Tages und der weichen Frühlingsluft zugekehrt blieb, die durch das Fenster hereinströmte. Endlich schien er sich zu erinnern, daß er Helmbold geboten hatte, mich vor ihn zu bringen.

»Ei sieh!« rief er, indem er, sich umwendend, mir winkte näher zu kommen, »Meister Tannhäuser! – Gelt, Diether! heut' läßt's sich drauß' besser an für die fahrende Kunst als im unholden Wetter gestern«, und er wies mit der Hand in die fröhliche Welt hinaus. »Nun freilich, das Schweifen ist Dir für's Erste verlegt. Und doch sei deß nicht gar zu betrübt. – Auch auf der Elzeburg läßt's sich ganz wohlgemuth hausen«, setzte er behaglich hinzu; »gibt's auch hier nicht alltag Gänsebraten, so darf Dir zwischen Zurüsten und Niedersitzen doch Niemand, auch kein Waibstädter nicht, das Mahl verderben.«

Jetzt, glaubt' ich, wäre der rechte Augenblick gekommen, meinen Spruch anzuheben, und so sagt' ich, recht mit der Betonung, wie in der Rhetorica ich's gelehrt worden:

»Weislich, sonder Zweifel, gnädiger Herr! haben die wohlerfahrenen Alten gesagt, daß kein Ding so übel gerathe, es habe denn auch etwas Gutes bei sich, daran der verständige Mann sich halten könne. Dies ist auch in dieser unfrohen Aventiure mein mächtiger Trost. Denn welches Beistandes und welcher Rechtfertigung sollte ich Gekränkter – –«

»Laß genug sein, Diether!« unterbrach mich da der Graf. »Spar' Deine Worte; sie sind Dir hier nicht von nöthen. Denn Du brauchst Dich keines Übels auf Elzeburg zu befahren. Vielmehr (und hier sah er mich ernster an) laß es Dich dünken, es sei Dir wohlgerathen, daß ich von Ungefähr gezogen kam und Dich den Waibstädtern entriß. Denn mein' Treu! sie hätten Dir Dein Gefiedel zu Bärbel's Hochzeit übel gelohnt. Thurm und Stock wäre Dein Singerlohn gewesen. Hier bist Du allerdinge gefangen und das mit Recht; aber, so Du Dich fügst, soll Dir Deine Kunst hier wohl zu Danke sein.«

»Ach! gnädiger Herr«, bat ich da, »wollet doch nicht dafür halten, daß, was die Städter wider mich geredet haben, etwas Anderes als vermaledeite Lügen seien, und laßt Euch sagen, daß ich ebensowenig ihnen die Hochzeit gestört habe, als ich gewißlich kein Fahrender noch der Singekunst kundig bin, wovon ich allsogleich Euch überführen werde, so Ihr mich nach Eurer Gütigkeit weiter hören wollt.«

»Bei Gottes Thron!« fuhr Herr Eberhard da heftig auf. »So gedenkst Du noch immer durch Läugnen Dich herauszuwinden? Kein Wort mehr davon! sag' ich. Und das ist die Meinung. Du bekennst Dich frei offen zu Deiner Kunst und willigst ein, auch auf Elzeburg mit ihr zu dienen, oder Du wirst noch heut' nach Waibstadt zurückgeführt und dort acht' ich für gewiß, wird Krummholz und sein Anhang reichlich dafür sorgen, daß Du bald ein Liedlein zu singen anhebst, aber aus einem neuen Tone und einem gar kläglichen.«

Und unmuthig wandte er sein Angesicht wieder von mir ab, dem Fenster zu.

Da merkt' ich wohl, daß ich mich meiner Chria nicht länger trösten könnte und ihre Kraft besser unversucht ließe. Darum fragt' ich ihn bloß ganz kleinmüthig:

»Gnädiger Herr! Was ist es, das Ihr von mir nothhaftem Mann begehrt?«

»Nichts«, erwiedert er gelassener, »als worüber, wenn Du gefügen Sinnes bist, Du eitel Freude haben mußt. Dieselbe Kunst, die Dich in Noth gebracht, soll Dir auch heraushelfen. Gerade dessen begehr' ich, was Du, dummer Mann, zum eigenen Schaden hehlen willst. Deine Mären und Aventiuren, um die sie Dir in Waibstadt gram worden sind, sollen auf Elzeburg Dich und Andere erfreuen.«

»Ach Herr«, betheuerte ich und legte die rechte Hand auf die Brust, »zürnet nicht! Aber ich habe nie von keiner Märe und dergleichen zu singen und zu sagen gewußt.«

»Gut denn!« rief er unwillig und gebot dann seinem Knecht: »Fort, Helmbold, mit ihm nach Waibstadt und zwar noch heut', sobald ich über ihn an den ehrsamen Rath daselbst werde geschrieben haben! Sitz bald auf und bind' ihn an's Pferd, daß er Dir nicht entwischt!«

Da stund mir denn sonder Frage ein jammerhaft Geschick bevor. Aber in dieser höchsten Noth hat, wie ich wähne, meiner heiligen Patrone einer an mich gedacht und von Gott gewirkt, daß da zu eben dieser Frist die Thür aufgieng und ein Mägdlein leichten Schrittes hereintrat, Helmbold und auch mir zunickte und fröhlich Herrn Eberhard entgegeneilte, mit heller, munterer Stimme ihn begrüßend. Wie sie den Arm um seine Schulter legte und sich zu ihm niederbeugte, ihn zu küssen, bemerkte ich wundernd, wie goldig ihr das Haar im Sonnenstrahl um ihr Haupt floß; und ob ich gleich ihr Angesicht nicht sehen konnte, so wußt' ich doch, wie Herr Eberhard zu ihr aufblickte, daß sie die rechte Maiensonne war, die über die Herbst- und Winterszeit seines Lebens den herzerquickenden Schein des Glücks und der Freude breitete.

Daß ich aber glaubte, durch Gottes Fügung wäre das Mägdlein gerade jetzo hereingetreten, um meinetwillen, das geschah darum, weil bei dem klaren Ton ihrer Stimme mir Kriemhildens wieder vor die Seele trat, wie ich gestern sie mir vorgestellt hatte. Und siehe! da ich an das Pergamen mit den drei Aventiuren oben gedachte, schien ich mir auch gefunden zu haben, wie ich die mir jetzt drohende Gefahr von mir wenden könnte. War's nur die Sorge um Krummholtzens Rache oder war's auch zugleich etwas vom Gelust der Jugend am Seltsamen: ich beschloß, ihnen den Willen zu thun und mich für das auszugeben, wofür sie mich haben wollten. In jener Stunde wenigstens däuchte es mich der einzige kluge Rath. Die Wahrheit konnten sie ja jeder Zeit erfahren, wenn sie es möglich machten, sie ihnen beizubringen. Sie wollten sie jetzt nicht hören, und ihre Sache war es, die Täuschung zu verantworten, zu der sie mich zwangen. Hatte nicht auch David, der hohe Gottesheld, sich verstellt vor dem Philisterkönig aus zwingender Noth?

Und so trat ich denn, da inzwischen Helmbold schon sich bereit gemacht hatte, mich hinwegzuführen, zögernd einen Schritt vor, verneigte mich und sprach: »Mit Verlaub, gnädiger Herr, wenn Ihr denn befehlet, so will ich nach

Vermögen mit meinen Mären Euch zu Diensten sein; allein schicket mich nur nicht gen Waibstadt, denn vor den Städtern grauset's mir.«

»Das war vernünftig geredt«, sagte begütigt der Graf. »Auch wär's eine ausbündige Thorheit, schier befremdlich an einem aus dem gewitzten Volk der fahrenden Brüderschaft, wenn Du bei Deinem Starrsinn verharret wärest. Doch ich wußte wohl, daß Du Dich noch darauf besinnen würdest, was Dir das Klügste zu thun ist. – Und hier, Irmela«, sagte er und ergriff des Mägdleins Hand, »siehe, das ist Diether, Dein Singemeister, von dem ich Dir gesagt. Wohlan, heiß ihn willkommen und hab' wohl Acht, daß Du fleißig von ihm lernest, was zu behalten Freude macht.«

»Seid mir Gottwillkommen, Meister Diether, auf Elzeburg!« redete mich da das Mägdlein an und ihr freundlich Grüßen that mir gar wohl. Es war mir, als gewänn' ich davon eine Freudigkeit zu dem Amt, das sie mir aufgezwungen hatten, und sagte getrost:

»Habt Dank, Jungfräulein, und seid gebeten fürlieb zu nehmen mit meiner Kunst; denn sie ist geringen Vermögens.«

Da lachte Herr Eberhard laut: »Ei Diether, so magst Du aus Höflichkeit reden; aber daß Du mit Mären zu wenig vermagst, darum haben die Waibstädter Dich nicht verklagt. Deß also sei sorgenohne und vermeld' uns sogleich, welcher guten Aventiure Du zuerst Dich annehmen willst, daß meine Nichte sie von Dir höre.«

Ich besann mich nicht lange und antwortete: »`Wie Kriemhilde troumte`«, so es Eures Gefallens ist.«

»Ei wohl, Diether!« rief er erfreut. »Das ist eine gute alte Aventiure, und die hernach folgen, sind es auch. Ach, ich hörte sie einst in meinen jungen Jahren oft und gern. Da stunden dergleichen Geschichten bei Rittern und Herren in hohen Ehren und selber des Kaisers Pfalz herbergte die Singer, die ihrer wohl konnten. Jetzt schämt man sich ihrer zu Hof und begehrt feinerer Kunst. Ich aber lobe und liebe mir die alte. Und wenn Du, Irmela, zur Winterszeit Deinem alten Ohm die langen Abende mit Lesen aus alten Büchern kürzest, dann sollst Du unterweilen auch die alten Mären mich hören lassen, wie ich einst sie vernahm, und ich weiß, sie werden mich erfreuen, wie dazumal. Sorg' nur, daß Du Alles wohl aufschreibest, was und wie er Dir's sagt! – Und Du, Diether, merk' Dir's wohl: je früher Du mit Deinen Aventiuren zu Ende kommst, um so bälder bist Du Deines Dienstes hier entledigt und magst ziehen, wohin Du willst.«

So war ich denn zu des Mägdleins Lehrmeister gar unversehens bestellt und wußte nicht, wie mir das gerathen würde. Denn worin ich hätte unterweisen können, darin durft' ich's nicht, und was ich lehren sollte, das hatte ich selbst nicht gelernt. Doch ich tröstete mich mit meinem Pergamen und dachte, wie so manch' ein Hochgelahrter auch nichts vermöchte der Welt zu Dank, wenn er nicht allezeit seine Weisthümer aus der Bücherei erborgen könnte.

Soll ich nun berichten, wie mir's auf Elzeburg weiter erging, so wundre ich mich darüber, wie doch so oft Neid getragen wird von den Alten gegen die Jungen um der fröhlichen Hoffnungen willen für die Zukunft, mit denen diese in trübnißvoller Gegenwart sich leichtlich zu trösten und selber über große Widerwärtigkeit hochgemuth sich hinwegzuschwingen vermöchten; wohingegen das Alter leider gewitzigt worden sei, von den kommenden Tagen so wenig zu erwarten, wie die gegenwärtigen ihm Genüge gebracht haben. Dem gegenüber will mich's immer bedünken, daß dem Alter die Erinnerungen an entwichene Tage zu gleicher Hilfe an der Hand sind, als der Jugend die

Hoffnungen auf bessere künftige, ja zu noch größerer. Denn unser Herrgott hat dem menschlichen Herzen eine wundersame Kraft geschaffen, daß ihm jegliche hohe Freude oder tiefe Trübniß, je weiter sie zurückweichen in die Vergangenheit, allgemach hinaufrücken in ein stilles, sanftes Licht, wie es nicht Sonne, nicht Mond und liebe Sterne auf die Erde zu schicken vermögen. Sondern ich achte: es strahlt aus der Tiefe des menschlichen Gemüths, dahinein Gott es versenkt hat aus der unsichtbaren Welt. Darum streift alles Wichtige, an das wir zurückdenken, mit der Zeit immer mehr das irdische Wesen ab und leuchtet endlich über uns in keinem minderen Glanz und Schimmer, als das noch Unerlebte, was die Hoffnung oft mit trügerischem Glanz vor die Seele stellt. So sehen wir ja auch Gold und Purpur und alle Farben, womit die Sonne den Himmel zu zieren vermag, erst dann in ihrer Pracht, wenn sie selbst nicht mehr am Himmel steht, und schauen nach dem süßen Licht am liebsten, wenn der Tag hinunter ist.

Also stehen auch die längst geschwundenen wenigen Tage, die ich auf Elzeburg war, so oft ich ihrer gedenke, in beständiger Gegenwart mir vor der Seele, als genöß' ich ihrer noch: der frischen Morgenluft, die mir um's Haupt wehte und in Lebensfreude die junge Brust dehnte, wenn ich mit Helmbold in's Thal herniederreiten durfte und in den Wald hinein auf bethauten Wegen; des süßen Duftes der Linde, unter der ich oftmals saß im Burggarten zur Mittagszeit, wenn die Bienen darin summten mit freudigem Gebraus, oder des Abends, wenn die Läuber leise rauschten im sanften Mondenschein. Ach, es hat Alles und Jedes seine Spur zurückgelassen in meiner Seele und ist ihr unverloren. –

Meine Unterweisungen, mit denen ich des Burgherrn junger Nichte zu dienen hatte, nahmen noch in den ersten Tagen ihren Anfang. Da mußt' ich hinunter in den Saal kommen und ihr gegenüber niedersitzen an einen großen Tisch, allwo sie meiner schon wartete. Sie hatte ein großes Buch vor sich mit vielen guten Sprüchen und Liedern unterschiedlicher Singer zum Theil beschrieben. Dahinein sollten nun auch durch Irmela meine Mären kommen, wie sie das Mägdlein von mir hören würde. Darum saß sie auch da zum Werk bereit, die Feder in ihrer zierlichen Hand.

Mir war doch, da ich mich vor dem Fräulein sah, nicht muthiger zu Sinn als vor Abt Albrecht im Capitelsaal und ich fühlte, ob ich gleich vermied sie anzuschauen, daß sie mein linkisch Wesen wohl bemerkte. Als ich nun vor mich hinsah auf den Tisch, das Buch und die Feder in ihrer Hand und mich besann, wie ich am besten anfangen möchte, sagte sie, indem sie die Feder tränkte und das Buch zurechtlegte, bescheiden aber im Geringsten nicht scheu oder furchtsam:

»Hebet nun an, Meister Diether, wenn's Euch geliebt, und sprechet recht langsam jegliche Zeile mir vor, damit ich im Schreiben nicht aus Übereilung mißthue, und mir die Buchstaben wohl gerathen. Denn in diesem Buch muß Alles ohne Tadel und löblich sein. Auch mag ich viel lieber beim Schreiben der Unmuße mehr haben, als daß mich darnach beim Lesen die ungleiche und übelgerathene Schrift verdrieße.«

Dies sagte mir das Mägdlein gar sehr nach Wunsch. Denn weil ich, solange sie mich für einen fahrenden Singer hielten, doch nicht gar zu wenig Ehre einlegen wollte mit meiner Kunst, so hielt ich's für ungeziemend, nur aus meinem Pergamen fürzulesen als der Ungeübten Einer. Daher hatt' ich, so viel ich behalten konnte, von der ersten Aventiure gelernet. Nun war mir das freilich ja ein Trost, daß mir Zeit gegönnet ward, mich auf Jegliches wohl zu besinnen und daß mein Vorrath nicht gar zu bald zu Ende gehen sollte; denn wie ich mir helfen möchte, sobald mein geheimes Ölkrüglein droben, aus dem ich schöpfte, leer geworden sein würde: deß wußte ich keinen Rath.

So erwiedert' ich denn: »Gerne, Jungfräulein, wie Ihr gebietet.«

Und danach hub ich an: »Ez troumte Kriemhilden in tugenden der sie pflac« und wie ich's eben oben weiter erlernet hatte. Ich sprach ganz bedächtiglich und, indem ich auf ihr Schreiben Acht hatte, nur immer dann ein weiteres Wort, wenn ich sah, daß sie mit dem vorhergehenden fertig war. Ihre Sorgfalt zu betrachten, mit der sie Jegliches bedachte, und ihren Eifer, mit dem sie die Buchstaben zog, machte mir große Freude, und der Fleiß, mit dem sie Alles recht zierlich herzurichten trachtete, erregte auch mich, aufzumerken auf das Werk. Und so kam es wohl, daß ich zu meiner Aventiure etwas hinzuthat, was die Niederschrift angieng: »Hier setzet ab, dieses Wort rückt näher heran, denn die Zeile wird lang« und Anderes mehr. Wie sie erfand, daß mein Rath allerorten das Richtige traf, hielt sie inne im Schreiben und fragte mich: »Ihr scheinet wohl erfahren in der Schreibekunst?«

Ich antwortete: »Guter Lehre darin habe ich genug gehabt!«

Da sah sie mich verwundert an und sagte: »Das hätt' ich nicht gedacht, daß Ihr Muße gefunden zu solch sitzender Kunst.«

So langsam nun auch ich Kriemhildens Traum in das Buch Wort nach Wort niedertröpfeln ließ, so war ich doch nach wenigen Tagen unserer Schulzeit damit zu Ende, und wie Ute, die Mutter, den Traum gedeutet hat von einem Manne, den Kriemhilde zu Lieb und Leide gewinnen sollte und wie, um Beides zu meiden, die hehre Frau immer bleiben wollte ohne Recken-Minne, – das war nun Alles im

Buch geschrieben. »O weh,« dacht' ich da, als ich meine Kanzlerin das letzte Wort niederschreiben sah, »wie willst Du bestehen, wenn Dein Kunstvorrath so schnell zu Ende geht? Da wird Deine zweite Noth hier größer werden als die erste. Zum Wenigsten heut nimmst Du die zweite Aventiure nicht mehr vor.«

Das that auch nicht Noth, denn Irmela, wie sie das letzte Wort geschrieben, legte die Feder weg, that das Buch zu und sagte: »Erzählet mir doch, Meister Diether, wie das nachher sich zutrug mit Kriemhilden und ob denn wirklich Ute sie wahr beschieden hat.«

Ob dieser Rede erschrak ich nicht wenig; denn ich sollte das Mägdlein einen Weg führen, den ich selber nie gegangen war, von dem ich auch im Geringsten die Richtung nicht wußte. Ich faßte mich aber und sagte: »Nein Jungfräulein, das geht nicht an. Die Geschichte ist überlang und jegliche Aventiure muß in ihrer Ordnung unverrückt bleiben. Jetzt folgt die »von Sifride wie der erzogen wart!« Auch möcht' Euch das mühevolle Schreiben verdrießlich werden, wenn Ihr allbereits am Anfang des Fortgangs und Endes kundig seid.«

Da versetzte Irmela lachend: »Mit Verlaub, Meister, aber Ihr irret, wenn Ihr denket, daß ich an diesen Mären so groß Gefallen habe und heftig verlange zu wissen, was sich weiter zugetragen hat. Wollt Ihr es noch verschweigen, so thut es immerhin. Wär's nicht um meinen Ohm, der daran so größliche Freude hat, ich schriebe wohl Anderes in dieses Buch. Solche Kunst mit Worten, die bloß zu sagen sind, acht' ich nicht groß; wo die Worte nach einer Weise gehen, die zu singen ist, das ist mir die rechte Kunst. Und, Meister Diether, wenn Ihr mich von Euren Liedern hören ließet und ich könnt' etliche, die mir zumeist gefielen, von Euch erlernen, das wäre mir lieb. Eurer Fiedel freilich seid Ihr ledig, aber nähmet Ihr die Laute zu Eurem Singen, so wäre mir das zu größerem Nutzen: ich gäb' Euch die meinige in die Hand, und ich vertrau' wohl, daß ich die Griffe Euch bald würde nachthun können.«

Wie sie dabei fragend und bittend mich anblickte, hätt' ich sie von Herzen gern ihres Wunsches gewährt. Aber ich sagte bloß: »Die Laute zu schlagen, bin ich gänzlich unkundig.«

»Nun denn«, fuhr sie fort, »so mögt Ihr Eure Lieder bloß singen, und wenn ich eine Weise wohl aufgefaßt habe, so gedenk' ich selbst die Griffe zu finden, die sich dazu schicken. Wagt nur immer mich in Eure Schule zu nehmen!«

Da mußt' ich mir mit einer List helfen:

»Gerne, Jungfräulein! Aber wisset, daß es wider Recht und Brauch unserer Kunstbrüderschaft ist, unsere Lieder so bar mit der Stimme hinauszusingen, ohne daß Saitenklang dazu ertönt.«

»Das ist ein seltsam Recht«, erwiederte sie darauf verwundert, »das Ihr da aufgerichtet habt. Doch«, setzte sie munter hinzu, »ist's Euch ein Ernst, mich Eurer Singekunst froh werden zu lassen, so soll Euer Recht und Brauch weder Euch noch mir leid sein. Ich will Euch lehren die Laute schlagen, und, deß bin ich gewiß, ein Meister wie Ihr, wird bald vermögen auf ihr zu spielen zu jedem Liede, das Ihr singet. Doch könet Ihr wohl unterdessen von Euren Liedern etwelche mir aufschreiben, und an denen ich Gefallen finde, das sollen die sein, deren Weise ich hernach zuerst von Euch zu hören gedenke.«

»Was aber«, fragt' ich, »wird aus »Sifride wie der erzogen wart« und den Aventiuren darnach?«

»O«, sagte sie beschwichtigend, »seid deß unbesorgt. Die sollen nicht versäumet werden, dürfen es auch nicht, um meines Ohms willen. Aber jedesmal, wenn wir mit ihnen ein gut Stück vorwärts gekommen sind und es verdrießt Euch nicht, so fangen wir an mit Lautespielen.«

Solch' Begehren des Mägdleins war mir lieb und auch leid. Lieb war es mir, weil ich gedachte an ihrem Spiel und Gesang Freude zu haben, leid aber, weil ich besorgte, ich würde nun mit meinen zwo Aventiuren um so geschwinder am Ende sein, wenn ihr Sinn erst eifrig nach meinen Liedern stünde, und weil ich, je gelehrigerer Schüler ich ihr ward, um so bälder ihr Lehrer werden sollte. Denn wie sollte ich als der bestehen?

Aber ungedacht gerieth mir Irmela's Singelust durch meine Malkunst zum Heile. Denn einst, als die Stunde unseres Schulhaltens gekommen, war ich durch Helmbold zu ihr draußen in den Garten beschieden worden. Da waren auf grünem Rasen mit wohlgepflegten Beeten, auf denen buntfarbige Primeln und schlanke Narzissen blühten, ein weitästiger Apfelbaum, der stund voll rother Blüthenknospen recht wie mit unzähligen Sträußlein geschmückt. Im Halbkreis um diesen Baum war wie eine grüne Wand dichtes Gebüsch von Flieder gezogen, der dem Ort in der heißen Jahreszeit Kühlung und Schatten lieh. Dahin hatte Irmela Tisch und Stühle bringen lassen und dort sollt' ich ihrer warten. Ein gar lieblicher Platz war es, den sie für unser Schulhalten ausersehen hatte. Denn man sah über Blumen und Rasen vorn über die Wipfel der Obstbäume, mit denen stufenweise der sich hinabsenkende Garten des Burghofes bepflanzt war, weit hinauf und hinab in das Thal, wie da das Elzewässerlein bald aus dem Grün hervorblitzte, bald hinter dem Laube der Uferbäume sich verbarg, und frei konnte zugleich der Blick hinüberschauen in's Gebirg. So saß man dort uneingeengt und doch ungesehen und heimelich.

Mit rechter Lust schaute ich in die heitere Welt hinaus, die nah und fern so friedlich vor mir lag, und daß wir unser Werk so mitten in der Lenzlust treiben sollten, machte mich recht herzensfroh, und dem Mägdlein wußt' ich's im Stillen Dank. Da sich von ungefähr ihr Kommen verzögerte, nahm ich das große, schön gebundene Buch, das schon bereit lag, in die Hand und schlug es auf. Bald fand ich die Blätter, auf denen Lieder und Sprüche der besten Singer zu lesen waren. Ich staunte nicht wenig über die meisterliche Kunst, mit der da in Wort und Reim gefaßt war, was des Menschen Herz zumeist bewegt, und immer wieder auf neue Weise, wie wohl die Vöglein alle im Mai dieselbe Lenzwonne singen, doch aber jedes in seiner sonderlichen Art.

»Reicher Gott!« dacht' ich, »wie mag dir das gute Mägdlein so hohe Kunst zutrauen und wie könnt' ich sie je erlernen; sie muß von Gott verliehen sein.«

Während ich so der Muße genoß, sah ich auch die Feder schon bereit liegen, und das Tintenfäßlein stund dabei. Ich nahm sie in die Hand und schrieb, wo Irmela zuletzt aufgehört hatte, oben auf das nächste Blatt in den zierlichsten Buchstaben, die ich vermochte, was nun weiter folgte: »Von Sifride wie der erzogen wart.« Ich that zu mehrerem Schmuck manchen Zug hinzu fein und geschwungen, wie ich's in den besten Schriften unserer Klosterbücherei gesehen hatte. Damit war ich noch beschäftigt, als das Mägdlein herzutrat.

Noch seh' ich die schlanke Gestalt, wie sie voll kindlich jungfräulicher Heiterkeit durch die Blumen schritt, mit Aufmerksamkeit hie und da vor einer neu entfalteten Blüthe ihrer Frühlingsbeete stille stund oder eine schimmernde Narzisse, die sie in der Hand hatte, gegen die Sonne hielt und in die Betrachtung des leuchtenden Blumensterns mit dem gelb-purpurnen Kern sich versenkte. Mir war's nun erst, als wüßten Laub und Blüthen um mich her, wem zur Freude sie von Gott so schön geschmückt wären, und ich gedachte, daß es am Anfang auch ein Garten gewesen, in den unser Herrgott die unschuldigen Menschen setzte.

»Ich hab' Euch harren lassen heute«, sagte sie zu mir nach freundlichem Gruß, als sie vor mir stund. »Aber ich denke, der Lenz macht's heute hier außen so schön, daß einem wintermüden Menschen die Weile schwerlich zu lang wird. Um so fleißiger, gebt Acht, werd' ich Euch nun beim Schreiben sein. Doch seht«, rief sie mit Verwunderung, als sie in das Buch sah, »Ihr seid nicht müßig gewesen; wie kunstreich Ihr schreiben könnt! ich wähne, ein Maler vermöcht's nicht besser in eines Kaisers Brevier.«

Da sagt' ich: »Wenn es Euch gefällt, Jungfräulein, so könnt' ich des Schreibens Mühe Euch wohl ersparen und mit eigner Hand die Aventiure in's Buch bringen, so gut ich's vermag. Während dem könnt Ihr die Laute spielen, und beim Schreiben würde mir das Hören Eures Spiels wohl nützlich sein, daß ich hernach Eurer Unterweisung desto besser zu folgen vermag.«

»Nicht wegen der Muße für mich«, erwiederte sie, »sondern um Eurer preislichen Schrift willen, die ich dem Buch wohl gönne, nehm' ich gern Euer Erbieten an.«

Und so geschah's denn von dem Tag an, daß ich die Feder führte. Weil mir aber aus glaublicher Ursach' Eile nicht am Herzen lag und ich zugleich das Mägdlein erfreuen wollte, so that ich all' mein Bestes an dem Buch. Ich brauchte zur Niederschrift nicht allein Rohr und Feder, sondern auch Pinsel und Farbe, die ich mir von Irmela erbat oder selber nach Malergewohnheit bereitete. Was waren das für selige Stunden in jenen Maientagen im Garten unter dem blühenden Apfelbaum! Fröhlicher hat wohl nie Keiner

Unmuße gehabt, noch größere, herzlichere Lust zu seiner Arbeit getragen. Ist es ein Wunder, daß ich der Sorge um die Zukunft, wie es weiter mit mir werden sollte, gerne vergaß und, unbekümmert um den morgenden Tag, ganz nur dem heutigen lebte und dem reinen Glück, das er mir brachte? Gieng da, mir selbst nicht bewußt, eine Änderung in meinem Gemüth vor sich, so konnte sie bös nicht sein; denn nie zuvor hatte ich höhere Freude an meiner Kunst gehabt und ernsteren Eifer auf sie gewendet, als da ich wußte: ihr Auge ruhte mit Wohlgefallen auf meinem Schaffen. Die ganze herrliche Gotteswelt um mich her sprach deutlicher zu mir, und es war, als ob das inwendige Vermögen meiner Seele eine neue Kraft gewonnen hätte. Heller strahlte mir die Sonne, leuchtender schien mir der Frühling, und wie von einem Gefühl stiller aber starker Freude am Leben und allen Werken des HErrn ward mein Gemüth beschwingt. Daß solches Alles eine Folge von dem Eindruck war, den das liebliche Wesen des Mägdleins auf mich machte, war mir nicht verborgen. In ihrer Nähe hätte kein Mensch traurig bleiben können oder Arges hegen! Und an der Anhänglichkeit, mit welcher alles Ingesinde in der Burg ihr zugethan war, konnte man die Macht der Unschuld und Güte ersehen, zumal wenn zu ihr holde Gestalt und fröhliche Jugend sich gesellt. Keiner hätt' es vermocht, sie zu betrüben, und Helmbold, dem der Graf (er hatte bald nach meiner Ankunft wieder die Burg verlassen) ihren Dienst zugewiesen, sah das Amt, das ihm vertraut war, als seine höchste Ehre und Freude an. Von ihm erfuhr ich, daß Irmela schon in früher Kindheit, da sie Waise geworden, von ihrem Ohm aufgenommen und zwar fern von der großen Welt, aber mit aller Sorgfalt und Liebe unterrichtet und erzogen wäre. Alsdann betheuerte der Alte, wie mit ihr ein neuer Tag des Glücks für Alle, sonderlich für den Grafen in der abgeschiedenen Burg aufgegangen wäre und wie trübselig es hergehen würde auf Elzeburg, wenn das Fräulein einmal da nicht mehr weilte. Und gewiß ein edler Freiersmann würde sich bald genug finden, wenn sie nur erst hinausgeführt sein würde in die Welt, die sie bis jetzt nur gar wenig gesehen.

So war denn auch sie wie ich ohne Vater und Mutter aufgewachsen und in der engsten Umgebung, und bei aller Verschiedenheit sonst, kam doch darin die Gestalt ihres und meines Lebens überein. Wohl gern hätt' ich ihr die Wahrheit über mich gesagt; und daß sie von mir, wenn auch unfreiwillig, getäuscht ward, that mir oftmals leid, und der Vorwurf darüber legte sich je zuweilen wie der einzige Schatten jener hellen Maienzeit über meine Seele. Aber ich konnt's doch nimmer über's Herz bringen, ihren immer sich gleich bleibenden heiteren Sinn durch eine Mittheilung zu betrüben, die sie an ihrer Arglosigkeit irre machen mußte. Zudem wär' es mir schrecklich gewesen, ihren Zorn zu tragen. War es dennoch unrecht von mir, daß ich mir den Trug, in den man mich hineingestoßen hatte, gefallen ließ, ja hernach zu scheinen selber fortfuhr, was ich nicht war: so weiß ich's nicht und will's nicht widerfechten. Gutes und Schlimmes sind durch eine tiefe Kluft von einander geschieden, aber in des Menschen Gemüth liegt oft Beides gar nahe bei einander.

Indessen wuchs ich täglich mehr in den Singerstand hinein, dem ich zugewiesen war; mit dem Lauteschlagen gelang es mir zu größlichem Lobe meiner Lehrmeisterin und, wie ich fand, zu meiner eignen Freude; ja es regte sich in mir auch die Lust, selbst ein Lied zu ersinnen nach der Art derer, die in Irmela's Buche geschrieben stunden und eine Weise dazu zu suchen. Doch dies that ich heimlich, damit das Mägdlein an der Versicherung, die ich ihr, um Zeit zu gewinnen, gegeben hatte, nicht ohne Noth irre würde. Aber da sie öftermalen in mich drang, aus dem, wie sie meinte, großen Vorrath meiner Kunst doch endlich ihr etliche Probestücklein herfürzulangen, so durft' ich nicht gänzlich ungefüge sein, noch ihr Mißtrauen erwecken.

»Laßt mich doch nun einmal die Worte eines Liedes hören«, bat sie einst, als ich Griffel und Pinsel zusammenlegte, womit ich die Siegfrieds-Aventiure nach Kräften geziert hatte, »das Ihr auf Euren Fahrten sonderlich gerne gesungen habt oder das von den Leuten Euch zumeist Beifall eingetragen.«

Da erwiedert' ich: »Jungfräulein, laßt mich darüber sinnen und morgen will ich Eurem Wunsch genügen, wie ich kann.«

Tags darauf bracht' ich ihr, zierlich auf ein Blättlein geschrieben, ein Lied, das ich erdacht hatte.

So giengen die Worte:

>»Ein Vöglein sang so wohl hienacht
Und lockt' und rief;
Ich hatt' des Sanges wenig Acht
Und schlief und schlief.
Doch mir im Traume bracht' er nah
Ein süßes Bild;
Ach, all mein Sehnen wurde da
Gestillt, gestillt.
Doch es zerfloß im Morgenlicht;
In Fern und Näh'
Irr' ich nun um und ruhe nicht
Und späh' und späh'. –
Mach wieder, süßes Vögelein,
Den Träumer froh:
Wo wohnest Du, in welchem Hain,
Ach wo, ach wo?
Vom Suchen bin ich worden krank –
Sag' an, sag' an:
Wann hör' ich wieder Deinem Sang,
Ach wann? ach wann?«

»Wohl«, sagte sie zufrieden, als sie zu Ende gelesen hatte. »Die Worte gefallen mir, und wenn auch die Weise eben klingt, so will ich das Lied von Euch lernen. – Ich denke«, fuhr sie fort, »Ihr müsset nun bald vermögen, zu jeglichem Ton, den Ihr singet, die Laute erklingen zu lassen. Wollt Ihr's nicht jetzt versuchen?«

Als wollte sie mir Frist geben, mich besser zu besinnen, beugte sie sich wieder zu dem Werke, das sie unter den Händen hatte. Es war ein köstlich Gewand, wie wohl die Leute im Gefolg eines edlen Herrn tragen. Wie mir nun alles Besinnen nicht geholfen hätte, dem Mägdlein vorzusingen, was ich selber noch nicht vermochte, ich aber in Noth war, was ich auf ihre Bitte erwiedern sollte, ohne ihre Unzufriedenheit zu erregen, so fiel mein Blick auf das kunstreiche Thun ihrer feinen Hände. Um denn vielleicht ihre Gedanken abzulenken, fragt' ich sie nach dem Werk, das sie da schuf, für wen und wozu es wohl bestimmt wäre. Da sah sie mich fest an und sagte: »Ja, Meister Diether! solltet von uns Beiden nur Ihr ein Geheimniß haben?«

Ob dieser Rede erschrak ich nicht wenig, faßte mich aber und fragte mit verwunderter Miene zurück: »Jungfräulein, welches?«

»Wie, Lehrmeister!« hub sie da wieder an, »Ihr wähnet doch nicht, daß ich meine, Ihr habt mir damals Eures Nichtsingens wahren Grund gesagt? Gewiß, einen solchen Brauch des Singerstandes gibt es nicht und wenn ja, warum solltet Ihr hier auf Elzeburg daran gebunden sein! Nein, mit dem Singen, das Ihr mich nicht wollt hören lassen, hat es eine besondere Bewandniß.«

»Nun ja!« erwiedert' ich noch immer nicht ohne Unruhe des Gemüthes, »weil es doch vergeblich ist, Euch etwas vorzuwenden: daß ich mit Singen Euch nicht zu Willen gewesen bin bisher, die eigentliche Ursach' davon hab' ich Euch verschwiegen. Doch zürnet mir darum nicht, denn es ist nicht aus Leichtfertigkeit geschehen oder Eigensinn.«

Da lachte sie in ihrer Weise, sah mich ganz fröhlich an und sagte begütigend: »Seid deß sorgenohne, Meister! Bin ich gleich Evens Tochter, so gelüstet's nach Eurem Geheimniß mich nicht so sehr, wie Ihr zu denken scheint, noch plagt mich irgend ein böser Argwohn. Aber nun sagt mir zur Stunde: wann werd' ich Euch das Lied zur Laute singen hören, das Ihr mir aufgeschrieben? Oder bindet Euch etwan ein Gelübde, daß Ihr der Übung Eurer Kunst auf Elzeburg völlig widersagt habt? – Wenn's nicht der Fall ist, Meister Diether«, setzte sie hinzu und schickte sich wieder zu ihrer Arbeit, »so laßt mich auf Euer Singen nicht länger harren, als bis Ihr das Geheimniß hiervon – sie wies auf ihr Werk hin – erfahren habt. Noch bleibt's Euch eines und«, schloß sie scherzend, »geduldet Euch, so gut Ihr könnt.«

Es war, denk' ich, nur wenige Tage nach diesem Gespräch, als wir an der gewohnten Stelle uns wieder gegeneinander über saßen. Durchsichtig im Strahl der hellen Junisonne leuchtete das grüne Laub, das uns überhieng, und wo es den Himmel durchließ, schimmerte er in tiefem glänzendem Blau; um uns her blühten die ersten Rosen und mischten ihren Duft mit dem des Flieders. Weithin lag die Welt vor uns in ruhiger Pracht und nur zuweilen schwebte der leise Schatten einer Wolke über Thal und Gebirg, die selbst glänzend das Licht der Junisonne zugleich wiederstrahlte und milderte, wie die Cherubinen die Herrlichkeit der göttlichen Majestät abglänzen zugleich und verhüllen, deren Thron sie umgeben.

Ja, es war über alle Gottescreatur jene friedliche und selige Ruhe ausgebreitet, wie sie wohl ein schwacher Wiederschein sein mag des Schöpfungssabbaths am Anfang, den Gott der HErr heiligte und segnete, da Er selber ruhte und die Morgensterne Ihn lobten und Ihm zujauchzten alle Kinder Gottes. Nur das Gesumme der nimmer ruhenden Immen und im Sonnenschein spielender Thierlein mit buntem Flügelkleid traf unser Ohr und zuweilen vom Thal herauf der Ruf der Ammer, der immer so wohl in die Sommerstille hineintönt.

Wir saßen schweigend, Jeder über seinem Werk. Doch konnt' ich's nicht lassen, unterweilen mit Bewunderung zu ihr hinüberzublicken, wie sie gesenkten Hauptes mit kunstreichen Fingern gar emsiglich den zarten Faden zog.

Da erscholl ganz nah aus dem Gebüsch der laute Gesang der Nachtigall. So lieblich-plötzlich ward die vorige Stille unterbrochen, daß wir Beide unwillkürlich aufsahen und lauschten. Wie mit frohem Jubel klangen zuerst hell die Töne, danach wandelten sie sich wie in ein dumpfes Schluchzen und verhallten endlich langsam und leise.

Schweigend sah Irmela vor sich hin, dann sagte sie nachdenklich: »Wer doch der Vogelsprache kundig wäre, wie Salomo!«

»Vielleicht«, versetzte ich, »machten uns ihre Geheimnisse selten froh.«

»Aber die der Nachtigall zu verstehen«, meinte das Mägdlein, »dünkt mich doch ein selig Ding sein. Sie ist doch alles Gesanges Meisterin. – Habt Ihr auch davon gehört, Meister Diether, daß sie mit der Gewalt ihrer Töne ihre Brut hervorlocke aus dem Ei in Licht und Leben, und also dies Vöglein selber sein Dasein der Macht des süßen Gesanges verdanke?«

»Wohl hab' ich davon gehört«, sagt' ich. »Die Creatur Gottes ist überall voll tiefer Wunder.«

Ein Windhauch rauschte durch die Büsche und schüttete die Fülle weißer Fliederblüthen just über das liebe Mägdlein, so daß sie vom Haupt bis hernieder zu den Füßen mit den schimmernden Sternlein bestreut ward.

»Seht«, rief ich da, wie sie mit Lächeln sich betrachtete, »hat sich das nicht wunderbar gefügt, und sollen wir nicht wähnen: Frau Nachtigall habe Euch grüßen wollen und habe die duftenden Blüthen ermahnt, ein Gleiches zu thun? Euch huldigt heute der Frühling auf's Beste!«

»Nun wahrlich«, sagte sie darauf heiter, »wer ließe solchen Schnee im Lenz sich nicht gefallen? Er ist eine Erinnerung an den rauhen Winter, die nimmer Wehe thut. Zu Rom, so ward mir erzählt, haben sie eine Kirche, die trägt von »der h. Maria zum Schnee« ihren Namen. Vielleicht, Meister, mag es Euch thöricht dünken: aber ich stelle mir da die hehre Gottesmutter auch so im Blüthenschnee für, und es scheint mir ein gar lieblich Bild.«

Wie ward ich ungedacht durch solche Rede gemahnt an meine Sache! Ein gepriesenes Bild Unsrer lieben Frau heimzubringen in's Kloster war ich ausgezogen und auf wie andere Bahn war ich nun gerathen! Drob erschrak ich; und doch, vermochte irgend ein Meister mir ein Bild gegenüber zu stellen, für Sinn und Seele zu so hoher Freude der Betrachtung als diese liebliche Gestalt des Mägdleins vor mir? War ich denn ausgesandt nach einem hochpreislichen Gegenstand edler Kunst – konnt' ich in der Welt ein edler Ziel finden, als ich hier angetroffen hatte? So ergriff mich denn der Wunsch, des Mägdleins Bild, wie ich es vor mir erschaute, nach Vermögen fest zu halten, wär' es auch nur zu eignem Erinnern. Denn ach! Damals fiel es mir schwerer als sonst auf das Herz, daß es von Elzeburg geschieden sein mußte, und ich schon zu lange hinausgeschoben hatte, was doch unabwendig war.

Gern war es das Mägdlein bereit, daß ich mich sogleich anschickte, wie Ort und Zeit es zuließ, ihr Bildniß zu entwerfen. Während ich mit Stift und Pinsel geschäftig war, Alles, wie ich es sah, das Mägdlein, die Pracht des Gartens um sie her und den hellen Himmel über ihr in allen Treuen auf mein Papier zu bringen, pflog sie nach ihrer Art munterer Rede. Aber mir wuchs unter meinem Thun die Herzensschwere. Immer lauter tönte in meiner Seele der Ruf: »Diether, was weilest du noch hier, besinne dich, wer du bist, und mach dich hinweg!« – immer drückender legte sich die Frage auf mein Gemüth: wie ich hinwegzuziehen vermögen würde, ohne auf Elzeburg die Leute, sonderlich Irmela, an mir irre zu machen. Ich fand da keinen Ausweg und nur das Gefühl blieb zurück, daß das Bildniß, an dem ich da schaffte, den Abschied bedeutete, den ich nehmen mußte aber nicht zu sagen wagte. So von mancherlei Gedanken bestürmt, förderte ich schweigend mein Werk und hinter meinem eifrigen Thun suchte ich vor dem

Jungfräulein meinen sorgenhaften Sinn zu verbergen. Aber sie war wohl in meinen Mienen der ungewohnten Traurigkeit gewahr worden, und so ward auch sie schweigsam. Wie in stilles Wundern versunken, sah sie vor sich nieder, wenn ich meinen Blick auf sie richtete, um ihr Conterfey zu gewinnen. Die Nachmittagssonne war nun mehrere Stunden gen Abend gerückt, als ich es, so weit es nöthig war, vollendet hatte. Ich reichte ihr das Bild.

»So will ich ihm denn auch seine Unterschrift setzen!« sagte sie, nachdem sie es betrachtet hatte. Sie nahm den Griffel, schrieb damit auf das Blatt und gab es mir zurück. Ich las: »Irmela zum Schnee!«

»Ja!« rief ich bewegt, »so walte es der reiche Gott vom Himmel, daß nie kein andrer Schnee in die Lenzzeit Eures Lebens falle als der Euch so mit duftenden Blüthen bestreut, und unselig immer sei die Hand, die Euch auch nur Eine zerdrückt, an der Ihr Freude habt.«

»So wohl mir Eures Wunsches«, sagte sie ruhig. »Ich denk' auch nicht, daß ich Jemand wüßte, von dem mir Harm kommen sollte.«

»Und auch von mir, Jungfräulein«, sprach ich da, »denket das nimmer!«

»Nur wenn Ihr Euren Verspruch nicht haltet von wegen des Liedes, den Ihr mir gabt«, sagte sie lachend. – »Doch nun, Meister«, fuhr sie fort, »laßt mich auch die Aventiure sehen, die Ihr zuletzt in das Buch niedergeschrieben und mit Eurer Kunst geziert habt.«

Sie trat zu mir herüber und beugte sich über die Blätter. Es war die Aventiure: `Wie Sifrid Kriemhilde alrêrste ersach`. Da stunden die Worte:

    Der Held in seinem Muthe war da hocherfreut.

> Er trug in seinem Herzen Liebe sonder Leid,
> Daß er der schönen Ute Tochter sollte sehn:
> Minniglicher Weise sie grüßte Siegfrieden schön.
>
> Als er die Hochgemuthe vor sich stehen sah,
> Da erglühte seine Farbe; die Schöne sagte da:
> »Willkommen, Herr Siegfried, ein edler Ritter gut.«
> Da ward ihm von dem Gruße wohl erhöhet der Muth.

Wie sie das las, hatte von ungefähr ihre Hand die meine über dem Buch berührt, ich spürte ihren Odem an meiner Wange und fühlte das Geflecht ihrer Haare an meinem Schlaf. Aber das währte nur einen kurzen Augenblick; es war, als hätte ich nur geträumt. Wieder stund sie vor mir in voriger Ruhe, ihr Angesicht ein klarer Spiegel ihres schuldlos heiteren Gemüthes, nur daß es mir schien, als hätte sich der Lieblichkeit ihres Wesens eine gebietende Hoheit zugesellt.

»Ich muß nun eilen, Meister«, sagte sie freundlich. »Der Abend kommt und schon zu lange wird man droben meiner harren.«

Mit Aufmerken meiner ganzen Seele sah ich ihr nach, wie sie die Laubgänge des Gartens dahin wandelte und die Stufen zur Burghofspforte leichtschreitend hinanstieg. Dann erhub auch ich mich. Aber ich gieng zögernd und langsam wie Einer, der sich zu einem Entschluß gedrängt sieht, von dem Neigung und Wunsch ihn zurückhalten. Wie sehr diese mir zum Bleiben auf Elzeburg riethen, so lang es gieng, und auch hinwieder wie stark Pflicht und Treue mich hinwegmahnten, beides war mir heute wie von ungefähr vor die Seele gehalten. Es war ein schmerzlicher Widerstreit in ihr. Aber wagt auch eines Jünglings Muth und Wille in's Unerreichbare die Fahrt, so war mir doch, sobald ich nur ein Wenig mich besann, diese ganze Welt, in die mich unversehens ein Irrthum geworfen, auf ewig verschlossen: nur unter fremdem Namen hatt' ich hier eine

Stätte und auf der weiten Erde nur eine Heimath, das Kloster, in dem ich erzogen und für das ich bestimmt war. War es nicht die höchste Zeit, mich dahin wieder aufzumachen und mir genügen zu lassen wie an des Mägdleins Bilde, das ich durch eine freundliche Fügung erlangt hatte, so am Bild all' meines Erlebnisses – nämlich an seiner Erinnerung?

Solches bedacht' ich oben in meinem Gemach, dahin ich mich begeben hatte, und heute noch nahm ich mir vor von dannen zu ziehen, sollte es auch fluchtweise geschehen müssen. Aber leider die Einsicht in das, was uns das Beste zu thun ist, und der Wille, ihr zu folgen, bringt nicht auch das Herz zur Ruhe, und solches sein Widersprechen, sei es nun seiner Schwäche oder seines Trotzes ein Beweis, dünkt mich des menschlichen Elends häufigster Ursprung.

So sah ich nun mit gar trüben Blicken, unterm Fensterbogen sitzend, in das Thal und über die Berge hin, welche die heitere Sonne mit goldnem Dufte bekrönte. Eine Landschaft, die wir zum ersten Male erschauen, prägt sich tief in unser Gemüth, aber ich wähne: tiefer noch haftet der Anblick in der Seele, von dem uns die Ahnung sagt: er erfreut uns zum letzten Mal. – Zum letzten Mal! welch' tiefe Schwermuth von solchem Wort über unsere Seele fließt, das erfuhr ich in jener stillen Abendstunde. Aber siehe! da gerieth mir die Kunst, die ich auf Elzeburg von dem Mägdlein erlernt hatte zu erquicklichem Trost. Manche Weise, die ich von ihr vernommen, schwebte mir über die Lippen, und ungesucht, als vernähme sie mein Ohr, kamen mir auch die Töne zu dem Liede, das ich für Irmela aufgeschrieben hatte.

Schon senkten sich unten über das Wiesenthal tiefer die Schatten und der kühler von den Bergen her wehende Hauch mahnte mich an den vergehenden Tag, und daß, wenn der nächste anbräche, ich von hinnen sein müßte. Da man schon seit lange sich von mir keiner Flucht gewahrte, so ward ich auch nicht mehr gehalten wie ein Gefangener, und ich konnte gewiß sein, daß manche Stunde vergehen würde, bevor man sich von meinetwegen beunruhigte. Nur das Bild des Mägdleins nahm ich zu mir und war entschlossen, nach dem Abendimbiß mir eine Gelegenheit zum unbemerkten Enteilen zu ersehen.

Da trat Helmbold in's Gemach.

»Ich bin Euch«, sprach er nach freundlichem Gruß, »ein Bringer unerwarteter und, wie ich wähne, froher Zeitung, auch komm' ich Euch als Bote nicht mit leeren Händen. Seht hier die Gabe, die Euch das Fräulein reichen läßt zugleich als Lohn, den Euch mein Herr, der Graf, bestimmt hat für den Dienst, mit dem Ihr ihm zu Willen gewesen seid.«

Dabei reichte er mir eben das Gewand dar, das ich Irmela hatte zurüsten sehen. Wie ich's verwundert und verwirrt in Händen hielt, fuhr Helmbold fort: »Die Zeitung ist aber diese, daß Briefe gekommen sind vom Grafen, darin er anzeigt, daß er gen Speyer zieht, allda längere Zeit zu verweilen, und daß er dabei aus besonderer Ursach seine Nichte an den Hof des Bischofs zu führen gedenkt. Euch nun, Meister, will er Eurer Haft allhier entlassen haben und gibt Euch frei – und daß Ihr Euch hinfort so schlimmen Gesellen entzieht, als die waren, mit denen man Euch betroffen hat vor Waibstadt, brauch' er Euch nicht zu mahnen. Wäret Ihr aber des fahrenden Wesens satt, so wolle er Euch als Schreiber in seinen Dienst nehmen, weil er ein Vertrauen zu Euch gewonnen, und von wegen Eurer sonderlichen Kunst, mit Feder und Schrift umzugehen, Euch ehrlich halten. – Wenn Ihr dann, Meister, solch' gnädig Anerbieten annehmet, so sollet Ihr mit mir und etlichen Knechten zusammen zu ihm stoßen in Bretten, allwo er jetzo in kaiserlichen Geschäften weilt und Eures Dienstes sogleich brauchen kann. Aber eiligen Auftrag hab' ich von ihm und so dürfen wir nicht säumen; noch heute müssen wir reiten. Habt Ihr doch nun nicht umsonst von mir gelernet im Sattel sitzen.«

»Guter Helmbold«, erwiedert' ich, »es ist so; Eure Botschaft ist mir hochwillkommen. Ich ziehe mit Euch. Über Anderes, was ich meine und sinne, laßt mich zu Euch reden, wenn wir auf der Fahrt sind.«

»Wohl denn«, versetzte er darauf, indem er noch im Gehen auf das mir geschenkte Gewand deutete, »so macht Euch fertig; sobald der Troß zugerüstet ist, müssen wir auf sein!«

Schon drang der Wiederhall der Geschäftigkeit, die bald in der Burg laut ward, in mein Ohr und mahnte auch mich zur Eile. Schnell legte ich das Kleid an, das mir so unerwartet zum Lohne geworden war. Darnach trieb es mich noch einmal, die Stätten der Burg zu besuchen. Wo die Leute mich sahen, riefen sie mir gutes Wort zum Abschied zu; denn sie hatten schon erfahren, daß ich mitzöge. Ich kam an die Gartenpforte, öffnete sie und stieg die Stufen hinab. Die Sonne war nun lang hinunter und das Dämmerlicht der Juninacht umhüllte Laub und Blüthen. Süßer Duft hauchte mir aus den Blumen entgegen, und die Blätter, die ich streifte, netzten mir die Schläfe mit kühlem Thau. Ohne Widerstand zog es mich hin zur gewohnten Stelle. Dort saß ich nieder und sah hinaus in die nächtliche Stille. Tiefer Friede wehte mich von aller Gottes-Creatur an. Mir war es, als ob Ferne und Nähe zusammenflössen in Eines und jegliche Creatur gerne ihre eigne Schönheit verbärge, damit nur die Macht, Weisheit und Güte des Ewigen verherrlicht würde, der sie alle zu seiner Ehre geschaffen. Da gedacht' ich daran, daß es auch des Menschen bestes Theil und reinste Seligkeit wäre, für sich nichts zu sein und zu begehren, sondern nur ganz in Gott zu ruhn; ich gedachte daran, daß für alle Herzensfreude, die mir je geworden, ich Ihm die Ehre schuldig wäre, und daß ich Ihm gerne dienen wollte nach Seinem Willen in allem Gehorsam.

Über solchem Sinnen gewahrte ich vor mir auf dem Tisch die Laute des Mägdleins. Aus dem Dunkel um mich her trat ihr Bild glänzend vor meine Seele. Ich nahm die Laute zur Hand und stimmte zu ihr die Weise von vorhin an. So wenig auch ich daran gedacht hatte, als das Lied entstanden war, so flossen nun meine Herzensgedanken mit Wort und Weise zusammen, und wohl von Grund der Seele klang es hinaus in die Stille:

> Mach' wieder, süßes Vögelein,
> Den Träumer froh;
> Wo wohnest Du, in welchem Hain,
> Ach wo? ach wo?
> Vom Suchen bin ich worden krank,
> Sag' an, sag' an!
> Wann hör' ich wieder Deinen Sang,
> Ach wann? ach wann?

Ja, zum Traumbild, das der Erwachte doch nicht vergißt, ward Alles, was ich hier erlebt hatte, und der wachende Träumer fühlte, es würde ihm nie wieder erscheinen!

Nun war der volle Mond über das Gebirge emporgestiegen; von seinem Licht erblichen die Sterne am wolkenlosen Himmel, aber ringsumher erblitzten in seinem Strahl auf Blättern und Blüthen viel tausend Tropfen. So war mir hier Irmela erschienen und hatte über meine Seele und über die Welt um mich her ein mildes, verklärendes Licht gebreitet. Leise trat ich hinaus in den vollen Schein. Da vernahm ich leichte Schritte, und dort, umglänzt vom leuchtenden Gestirn, trat sie selbst hervor wie ein schimmerndes Traumbild. Als sie auf mich zukam, nahte ich mich ihr mit ehrerbietigem Gruß und dankte ihr für die reiche Gabe, mit der sie mich erfreut hatte.

»Meister«, sagte sie gütig, »es ist nur die Antwort auf Eure Frage um mein Geheimniß. Und ob Ihr wohl Eures behalten habt, so seid Ihr doch nun auch Eures Verspruchs ledig, denn wie er lautete, so habt Ihr auf Euer Singen mich jetzt nicht länger harren lassen. Ich hörte droben Euer Lied und das eben lockte mich hierher. Wohlklingend ist die Weise, die Ihr als die erste mir gesungen habt, doch gar traurig.«

»Es hat auch die letzte sein sollen, Jungfräulein!« erwiedert' ich. »Ihr wißt, ich scheide heut' von Elzeburg.«

»Aber doch nicht für immer«, fuhr sie fort. »Ich denke, Ihr bleibt fortan in meines Oheims Dienst und schon in Speyer nach wenigen Wochen verhoff' ich Euch bei ihm zu finden; denn zum Johannisfest hat er mich dorthin beschieden.«

»Wär' es aber doch vom waltenden Gott anders gefügt«, sagt' ich wieder, »denn ungewiß von einem Tag zum anderen ist des Menschen Vornehmen, so vergesset, Jungfräulein, nicht meiner Bitte und denket nimmer Arges von mir!«

Da reichte sie mir die Hand und sprach: »Das versprech' ich Euch, Meister Diether! Aber ich achte, Ihr seid zu besorglich und habt wohl noch Euer unsicher fahrend Leben im Sinn. Nein, noch manch Lied hoff' ich Euch singen zu hören und manch fröhliches.«

»Das walte der reiche Gott, daß frohen Gesanges immer Euer Sinn begehre!« rief ich da.

»Gott und Seine Engel geleiten Euch!« gab sie zurück, ihre Hand löste sich aus der meinigen und flüchtigen Schrittes eilte sie durch die Schattenwege der Pforte zu. Dort im hellen Mondenlicht sah ich sie noch einmal sich wenden, mir den Scheidegruß zu winken. Dann war ich allein. –

Um Mitternacht brachen wir auf zur Fahrt, so viel ihrer Helmbold zur Reise sich ausersehen hatte. Der Hof hallte wieder von den Rufen der Scheidenden. Als wir durch das Thor über die Brücke zogen, stieß der Thürmer in's Horn und der Gesang erscholl: »In Gottes Namen fahren wir.«

Unten im Thal ließ ich die Anderen hindann reiten und blieb an der Lichtung zurück, von wo aus man die Burg droben liegen sah. Hell erglänzten Dächer und Zinnen im Spiegellicht des Mondes. Aber wo aus kleinem Fenster durch tiefen Schatten ein Lichtschein herniederdrang, dahin richtete ich unverwandt meinen Blick.

Darauf lenkte ich mein Roß herum und sang leise im Weiterreiten:

> Sag' an, sag' an!
> Wann hör' ich wieder Deinen Sang,
> Ach wann? ach wann?

Fünftes Capitel.
Heimfahrt.

nsere Reise führte uns ebendenselben Weg zurück, auf dem ich vor wenigen Wochen unter vermeldeten sonderbarlichen Umständen und wider meinen Willen gen Elzeburg gebracht war. Kein Wunder wär's gewesen, wenn ich das nicht bemerkt hätte; denn wie gar anders sah mich heut' die Welt an und ich sie! Aber wenn auch der liebe Mond so viel heiterer vom wolkenlosen Himmel durch das Laubdach der Bäume zu mir herniedersah denn damals, als ich fast erschrak bei seinem Anblick, und sein heller Schein schier lauter lichte Bilder vor meine Augen brachte: die vom sommerlichen Nebel silbern erschimmernden Waldwiesen, den fröhlichen Zug meiner mannlichen Reisegesellen und endlich mich selber hoch zu Roß und zierlich geschmückt: ich erkannte wohl die Stätte meines vormaligen trübseligen Abenteuers wieder und dachte nur bei mir selber ganz fröhlich: »Was gilt's, die Welt hier außen hat seitdem Pracht angezogen und ich auch!«

Weil denn nun bei mir allerdinge beschlossen war, (auch mir der Gedanke nicht kam, es könnte nicht geschehen) in mein Kloster heimzukehren, so überließ ich mich der stattlichen Freiheit, deren ich hie genoß, mit rechter Lust, und je ferner Elzeburg hinter uns wich, desto mehr wich auch meine nachdenksame Schweigsamkeit, und ich gesellte mich den Andern zu, ritt und redete mit ihnen, als wär' ich des Dinges längst gewohnt.

»He!« rief da Helmbold mir zu und lenkte sein Roß an meine Seite; »das thut mir heut' noch sanft, daß wir Euch dazumal nicht haben entwischen lassen; denn, Meister Diether, man ersieht's wohl, Euch geliebt's viel mehr mit Graf Eberhard's Leuten hier durch den grünen Wald zu reiten, als bei den Waibstädtern zu liegen. Und traun! uns auch. Ihr seid uns Allen ein werther Reisegesell', und auch ein wackerer Reitersmann seid Ihr worden.«

Das bekräftigten die Anderen einmüthig, und Einer sagte, solcher Gewalt und Gefangenschaft, wie ich sie erlitten hätte, würd' er auch nicht gram sein.

Da entstund ein Gelächter, und ich lachte auch und sagte: »Mit den Städtern wär' ich wohl noch allein fertig worden und von der Waibstädter Herberge frei geblieben ohne die Elzeburger.«

»Ja freilich«, sagte Helmbold wieder, »frei wie der Vogel in der Luft und das Wild im Busch immer auf der Flucht ohne Nest und Rast!«

»O«, erwiederte ich munter, »Ihr scheltet mir mein früher Leben zur Ungebühr; es war ganz anders, als Ihr denkt und weit so elend nicht.«

»Hört Ihr's?« rief da Helmbold wieder. »Er hat die Lust zum fahrenden Wesen noch in den Gliedern, und gebt Acht, 's ist ihm schon leid auf des Grafen Roß, schliche lieber zu

Fuß.«

»Hm«, sagt' ich ärgerlich, »was nicht reitet, das gilt Euch nichts.«

> »Ein Mann, sitzt er nur hoch zu Pferd,
> Dünkt zwier sich mehr als Andre werth!«

»So ist's recht!« rief da Helmbold wieder mit Lachen. »Jetzt, Diether, kommt Ihr auf Eure Kunst. Und weil sie trefflich geschickt ist, den Weg zu kürzen, so ist's billig, daß wir des Singemeisters in unserer Mitte genießen. Hebt denn an und laßt uns etwas hören!«

Da stimmten sie alle zu: »Ja, Diether! singt uns vor und herzhaft.«

Weil sie also anhielten, einen Gesang zu heischen, so that ich ihnen den Willen und sang

Das Lied vom Schützen Oswald.

> »Und hätt' ich gegriffen ihn nicht in der Schlucht
> Mit Listen: noch wär' ich vor ihm auf der Flucht;
>   Geweiht
> War dem Tode zu jeglicher Zeit,
> Was lebend sein Pfeil zum Ziel sich ersah,
>   Ob fern, ob nah:
> Den Hirsch im Sprung und den Aar im Flug,
> Herr Oswald der Schütz traf ihn gut genug.
>
> Nun liegt er gefangen im tiefen Thurm,
> Umkrächzt von den Krähen, umheult vom Sturm,
>   Und aus
> Stach ich ihm (baß schmeckt nun der Schmaus
> Und ungekränkt trag' ich die Grafenkron')
>   Die Augen zum Hohn;«
> Graf Otto ruft's laut. »Ich sag's Euch mit Fug,
> Herr Oswald der Schütze traf gut genug.«

Und der Graf ruft wieder, »daß Wahrheit dies:
Auf, holt mir den Schützen hervor vom Verließ!
    Wohlan!
Herr Oswald, du blinder Mann,
Deine Augen zwar sind Dir nun nimmer zu Dank,
Doch das Ohr merkt den Klang.
Nun hab' mir wohl Acht, wie ich schlage den Krug,
Ziel', Oswald, und schieß und triff gut genug!«

Und Oswald lauscht, wo der Klang herkam,
Er lauscht auch, woher er die Stimme vernahm.
    Die Hand,
Schon hat sie den Bogen gespannt –
Hui, schwirrt von der Sehne der Pfeil durch den Saal!
Mit Geschrei sinkt zu Thal
Graf Otto, getroffen in's Herz. »'S war kein Trug,
Weh, Oswald du Schütze, trafst gut genug!«

Als ich geendet hatte, bezeugten sie Alle: Ja, das wär' ein tapfer Lied! und den Sänger lobten sie ausbündig und sagten auch dabei, es wäre doch eine auserwählte Kunst, der ich gedienet hätte.

Unter so gethaner Kurzweil gieng die Nacht bald herum und weil wir auch im Reiten nicht laß gewesen waren, so hatten wir, als wir früh das Morgenlied anstimmten: »Der Tag vertreibt die finstre Nacht«, schon manch' gute Meile hinter uns. Den Tag über, der sehr heiß ward, hielten wir Rast, und erst mit der Abendkühle saßen wir wieder auf. Alle aus dem Troß sahen mich an als einen der Ihren und ich hielt mich auch so. Zwar dacht' ich öftermalen, mich Helmbolden zu offenbaren und gefügen Abschied von ihnen zu nehmen, wie ich mir solches zu thun auch von Anfang der Reise an vorgesetzt hatte. Aber es war immer, als könnt' ich den Weg zu solchem Geständniß gegen ihn nicht finden, und eh' ich mich's versah, war er oder ein Anderer mit einer Scherzrede dazwischen, auf welche ich dann auch (der frohe

Muth trieb mich dazu) die scherzende Antwort nicht schuldig blieb. Und so sah ich's denn zum zweiten Mal licht Morgen werden, als ich zwar Albrecht's Abtei ein erheblich Theil näher war denn Tage zuvor, aber dafür noch ebenso fest auf des Grafen Pferd saß und so dicht unter seine Leute gemengt, daß ich schier selber nicht wußte, wie ich mir heraushelfen sollte und beinah' wünschte, es sprengte uns wieder unversehens eine Aventiure auseinander, wie vormals den fahrenden Leuten und mir geschehen war.

Aber dergleichen begab sich nichts, und weil wir just wieder durch dichten Wald ritten, den ich von Brun's Begleitung her wohl wieder erkannte, so gedacht' ich hier, da es doch einmal geschehen müßte, mich von ihnen zu reißen und für's Erste zu Brun zu entfliehen. Ich erspähte mir also die Gelegenheit und ritt, als geschäh' es von Ungefähr, dem Troß eine gute Strecke voraus, wo der Weg sich krümmte, bis ich vor ihrer Aller Augen entschwunden war. Da saß ich eilend ab, band mein Roß an den Ast des nächsten Baumes und sprang flugs waldein, wo Gebüsch und Gezweig am dichtesten mich verbargen. Zuvor aber hatte ich unvermerkt an den Sattelknopf meines Thieres ein Blättlein geheftet, darauf mein Abschiedsspruch zu lesen stund:

> Nicht weiter folgt Euch Diether mehr,
> Und sang
> Er je, trugt Ihr darnach Begehr,
> Zu Dank,
> So forschet nicht –
> Dieweil er schied
> Mit Weh –
> Wohin?
> Ihn ruft die Pflicht,
> Ernst klingt das Lied:
> »Ade;
> Fahr' hin!«

Es mochte gegen Mittag sein, als ich auf verschlungenen Waldpfaden endlich in die Schlucht gelangt war, von der ich wußte, daß von da St. Wigbert's Kirchlein nicht fern wäre. Wie war ich froh, da sich die Halde vor mir aufthat und die beblümte Wiese mit dem muntern Bergwässerlein, und mir von drüben das Ziel meiner Flucht entgegenwinkte. Wohl klopfte mein Herz stärker, je näher ich die Höhe zur Klause hinanstieg, und die Unruhe meines Gemüths wuchs in der Erwartung, welcherlei Weise mich Brun empfangen würde, wenn er zuerst meiner ansichtig werden würde in dieser Umwandlung. Darum hielt ich mir selbst recht eifrig seine freundliche Zusage vor die Seele, mit der er von mir schied, daß er all'zeit mit willigem Herzen mich aufnehmen wolle, und was er sonst Liebreiches damals zu mir gesprochen hatte.

Und so schritt ich getrost der Klause zu. Aber wie erschrak ich, als ich plötzlich hinter dichtem Gerank von Waldreben und Geisblatt, das sich der Alte seitwärts seiner Behausung zu einer Sommerlaube zurecht gezogen hatte, seine Stimme hörte, laut und fast heftig wie von Jemand, dem die Einsamkeit das Reden mit sich selbst zur Gewohnheit gemacht hat.

»Wohl gesprochen, St. Augustine! Pereant omnia et dimittantur haec vana et inania! conferamus nos ad solam inquisitionem veritatis! Vita haec misera, mors incerta.« [A]

> [A] Hinweg mit all' diesen eitlen und leeren Dingen! Die Wahrheit allein laßt uns suchen. Dies Leben ist elend, die Todesstunde ungewiß.

»Hilf Gott!« sagt' ich da zu mir selbst mit Bangen, »ich höre mein Urtheil; wie werd' ich vor ihm besteh'n, wenn er so gemuthet ist!« Und zögernd schritt ich vorwärts, während er fortfuhr lateinisch zu reden, wie vorhin.

Als ich seiner ansichtig ward, saß er tiefgebückt über ein großes Buch, darin er eifrig las, als straft' und vermahnt' er daraus sich selbst. Ich stund beinah' vor ihm und noch immer hatt' er mein Kommen nicht wahrgenommen. Endlich wagt' ich's und sprach, aber zaghaft kam es heraus:

»Gelobt sei Jesus Christus!«

»In Ewigkeit, Amen«, fuhr er fort und hielt mit seinem Finger die Stelle im Buche fest, bei der ich ihn unterbrochen hatte. Dann erst sah er auf.

»Wie!« rief er da mit höchstem Erstaunen, und schob das Buch zur Seite. »Du, Diether? Du selbst? Bist Du's wirklich? Dich seh' ich wieder und in solchem Aufzug! Treibst Du Mummenschanz mitten zur Sommerzeit; oder bist Du so bald bezaubert, der Du Dich so sicher däuchtest, als ich Dich warnte?«

»Und wie zierlich der Knabe aussieht«, fuhr er fort, nachdem er mich wieder und wieder betrachtet, »ein Herzog könnt' sich mit Dir sehen lassen, so er Dich in seinem Gefolg' hätte, und mit Dir zu Hofe ziehn. Aber nicht zu mir, Diether, mußt Du als ein solcher kommen, wenn Du gelobt sein willst.«

Streng sah er mich an, und dennoch war mir's, als hätt' er ein Wohlgefallen an mir.

»Ihr thut mir Unrecht, Brun«, sagt' ich da, und trat ihm einen Schritt näher, »Ihr thut mir zur Wahrheit Unrecht, wenn Ihr wähnet, ich komme im Übermuth zu Euch und zeige mich Euch in diesem höfischen Kleide, weil ich bethört sei von der Welt Eitelkeit. Sondern gedenket, wie Ihr einst selbst Eure Klause mit des Erzvaters Noä Arche verglichet, da Ihr mir Verirrtem eine Rast hier schufet vor des Wetters Ungestüm. Heut' gleich' ich dem Täublein, das draußen nirgend haften kann, mehr denn damals, und bitte, schleußt vor dem Flüchtigen Euer Fenster nicht zu!«

»Aber«, sagte der Alte hinwieder mit einem scharfen Blick auf mich, »Du hast das Ansehen nicht, als hätte Dir die Welt bei Deinem ersten Ausflug übel gelohnt und reute Dich der Dank, der Dir von ihr geworden.«

»O, Brun!« versetzte ich darauf. »Vergönnt mir nur bei Euch wenige Tage zu weilen und mich zu bergen; ein Anderes begehr' ich nicht. Und wenn ich Euch werde berichtet haben, was mir begegnet ist, so werdet Ihr selbst erkennen, wie ich aus Noth in dieses Kleid gekommen bin und nicht aus Fürwitz, und Ihr werdet mir heim helfen, wohin mein Sinn steht, in's Kloster.«

»Wie?« fragt' er mit Staunen. »In's Kloster begehrst Du zurück?«

»Ja, ich!« betheuert' ich; »heim gen Maulbronn.«

»Nun, Diether!« sprach da Brun, derweil er aufstund und sich anschickte, mich in seine Hütte zu geleiten. »Traun! Seltsames muß sich zugetragen haben, oder Du bist in Deinen Jahren gewitzigter als Viele, wenn in so wenigen Wochen die Welt Dich Unerfahrenen auf ihren Kloben pfeifen konnte, aber nicht länger Dich festhalten, und Du schon gelernt hast, ihres Wesens überdrüssig zu sein. Manch' Einer lernt's mit grauen Haaren kaum! Doch komm und pflege Dein! Du sollst mir hernach erzählen. Und vor wem Du Dich auch zu bergen hast, sorge Dich nicht. St. Wigbert's Schutz ist gut, wem der einmal zugesagt worden ist.«

So war ich denn den Tag über in seiner Klause, und sanft that mir da die Ruh. Mein Wirth trug auf's Beste Sorge für mich und spähte fleißig, ob sich Jemand nahte. Aber den Waldpfad entlang ward nichts sichtbar, als etwa ein Wild, das zum Äsen der Lichtung zuschritt aus dem Dickicht; und außer durch das Geschrei des Hähers oder der Weihe droben in der blauen Luft und den Gesang der Waldvögel aus dem Erlengebüsch am Bach und dessen Rauschen ward die Stille der Einsamkeit durch Nichts unterbrochen.

Über das, was mit mir vorgegangen, vermied Brun jede Frage. Aber als der Abend hereingekommen war und der Alte droben zur Vesper geläutet hatte, rief er mich hinaus und führte mich in seine Sommerlaube. Dort hieß er mich erzählen, was ich erlebt hätte, seit ich von ihm gezogen wäre. Da berichtete ich die Aventiure mit den zween Fahrenden, und wie ich durch sie um Klosterkleid und Briefe gekommen; ich schilderte meinen Strauß mit den Städtern, wie sie an mich wollten und ich mich ihrer erwehrte, ich erzählte auch darnach von Elzeburg, wie ich wäre dahin gebracht worden, wie sie mich für einen fahrenden Singemeister gehalten hätten und wie ich zuletzt mir anders nicht Rath's gewußt, als von der Heerstraße hier zu ihm zu entweichen, daß ich bei ihm, so viel es Noth wäre, stille läge und darnach ungesäumt heimkehrte, woher ich ausgesandt.

Als so mit der Erzählung mein Gemüth all' den Dingen nachgieng, wie sie sich zugetragen, wurden sie selbst in meiner Seele wieder lebendig, als erlebt' ich sie zum zweiten Male. So trachtete ich denn auch darnach, was ich zu schildern hatte, mit rechtem Nachdruck meinem Zuhörer fürzustellen. Der, merkt' ich wohl, hatte so Seltsames zu hören sich nicht versehen, und so bezeugt' er mit Blick und Gebärde, welchen Antheil er am Erzählen nähme und am Erzähler. Ja, ich berichtete Alles, nur Eines, ich war mir selber nicht wissend, welche Scheu mich davon abhielt, verschwieg ich ihm. Ich sagt' ihm nichts von Irmela und meinem Schulhalten, sondern nur, wie ich hätte müssen die Aventiure von Sifride niederschreiben für Herrn Eberhard. Da Brun den Namen des Grafen zum ersten Mal vernahm und den seiner Burg, so horcht' er auf, schien es mir, aber er sagte nichts.

Als ich zu Ende war, sah er mich noch eine Weile schweigend an und wie mit prüfendem Aufmerken, und wieder wundert' ich mich, wie milden Glanzes seine Augen blicken konnten, die doch zu Zeiten so gewaltig ernst und strenge, ja finster hinter den Brauen hervorsahen, die sie tief überdeckten.

»Diether«, hub er darnach an, »Du bist unverbrüchlich dem Kloster zugesprochen?«

Seine Frage kam mir unerwartet und es geschah wohl mit gar zweifelhafter Miene, daß ich zu ihm aufblickte.

»Bescheide mich immer«, sagte er ruhig weiter, »was Du von Deinem Verlöbniß weißt.«

»Nur das«, erwiedert' ich, »daß man mir immer gesagt hat, wie ich noch gar jung als hilfeloser Findling vom Abt um Gottes Willen aufgenommen und zuerst zu Leuten, die des Klosters eigen waren, ausgethan worden sei. Hernach bin ich zu den Brüdern gekommen und für St. Bernhard's Orden ausersehen, dem ich auch, wie sie mir sagen, nach heiligen canonischen Rechten versprochen bin.«

»Wohlan, Diether!« sagte Brun wieder, »ich merke wohl, Du bist durch Gottes Walten ohne Dein Wollen und Zuthun von Deiner Bahn gelenkt. Danke dem reichen Christ, daß Du so geschwind Dich auf den Weg zurückgefunden hast, der Dir der vertraute ist von Kindesbeinen an. Dank ihm auch dafür, daß Du, so wechselsvoll diese Fahrt für Dich gewesen ist, dennoch in Deinem Sinnen und Meinen nicht ein Anderer worden bist, denn zuvor. Aber begehre nie ein Mehreres von der Welt zu sehen! Bist Du jetzt noch unbetrogen geblieben und ungeblendet, so hat sie wohl andere Larven, die noch süßer lächeln, aber die Hölle hinter sich haben. Darum, Jüngling, zeuch zurück in Deinen Frieden, und ich will Dir wohl dazu helfen. – Sollte sich's aber«, fuhr er fort, »anders befinden, als ich halte, und Du hegst ein heimlich Verlangen zurück in das Wesen, dem Du entronnen bist, und Dein waglicher Sinn ist Dir erweckt, o Diether, so vertrau' auch dann Dich mir an und hehle mir nichts!«

Wohl fühlt' ich die Röthe mir in's Angesicht steigen bei solchen Worten. Denn sie erinnerten mich an das, was ich ihm schon jetzt verschwiegen hatte, und ich mußte gedenken, wie leichtlich seine Worte anders lauten würden, hätt' ich ihm Alles erzählt. Um so mehr gieng mir seine redliche Art zu Herzen, und dankerfüllt wagt' ich's, seine Hand zu fassen, und sagte, indem ich sie küßte: »Da sei Gott für, Brun! daß ich so mit frevlem Sinn hinwegtrachte aus dem heiligen Stand, in den ich berufen bin, und Euer treues Mahnen vergesse.«

»So wohl Dir, Diether!« sagte da der Alte wieder, hielt mit einer Hand die meine fest und legte die andere mir auf's Haupt. »So wohl Dir, wenn Du Dein Leben lang vor dem schwersten Streit bewahrt bleibst, dem mit Dir selber. Denn in seinem eignen Herzen hegt der Mensch seinen schlimmsten Feind. Er ist übermächtig und in allen Listen geschickt. Weh' dem Manne, der ihn erst aufgeregt hat! Bittere Schmerzen sind des Überwundenen Theil. Wohl erwählen sich die Meisten unter den Menschenkindern, lieber nachher zu büßen, als vorher dem Streit aus dem Wege zu gehen. Sie achten's für leichter, aber der üble Teufel betrügt sie darin allzumal.«

Wohl hört' ich's am Klang seiner Worte, daß er mit sonderlicher Bewegung seines Gemüthes redete, und als wir nun aus dem Dunkel der Laube hinaustraten, zeigte mir ein Blick in sein gefurchtes Angesicht, daß er da mir von

Schmerzen gesagt hatte, die ihm selber wohl bekannt waren.

Alles war still ringsum. Nur das leise Gesumme der um die duftenden Blüthen des Geisblattes schwirrenden Schmetterlinge nahebei und von unten her das Rauschen des Wassers vernahm unser Ohr. Drüben streifte das letzte Roth die Bergesspitzen, und über die Wiese senkte sich braune Dämmerung, während droben die ersten Sterne erglommen, wie Augen der seligen Engel Gottes sich aufschlagen, in denen die Herrlichkeit seiner Schöpfung sich schöner wiederspiegelt.

Schweigend versenkte ich meinen Blick in die wonnesame Ruhe. Und auch Brun stand ohne Regung und schaute hinaus, als eilten seine Blicke dem schwindenden Lichte des Tages nach.

Noch hielt er mich bei der Hand. Als nach kurzer Weile der letzte Abendschein von den Gipfeln der Berge verschwunden war, wandte er sich zu mir.

»Diether!« sprach er, »laß uns selbander hinangehen, dem Bergwasser nach. Nicht lange, so geht drüben der Mond auf, denn schon hellt sich dort über den Bäumen der Himmel. Ich weile gern in seinem Licht auf der Höhe, wenn unten das Thal im Schatten liegt.« Und er zeigte hinauf.

Mit Freuden folgt' ich ihm, und wir stiegen den Pfad hart am Bach hinan, der bald in Sprüngen von Gestein zu Gestein sich hindurchzwängte, bald sanfter dahinglitt. Da ward zwischen uns wenig geredet. Vielleicht waren von vorhin die Gedanken noch zu lebendig in Brun's Seele. Und auch ich hatte meine Betrachtung. Ich gedachte, wenn ich über mir zu den Sternen emporblickte: wie sie beständig in ihrer ersten Pracht scheinen unverändert, so oft nur die Wolkendecken sich vor ihnen hinwegthun; wie ich's dagegen nun erfahren, daß über das menschliche Gemüth sich Schatten legen, von denen es nimmer geneset, und dann trat vor meine Seele der Garten, den jetzt dieselbe gestirnte Nacht umfieng, und ich wünschte, sie, die mich dort zum letzten Mal gegrüßt hatte, möchte niemals weniger heiter zu den Lichtern droben hinaufblicken, als diese zur Stunde hernieder zu ihr.

Rauher ward unser Weg, von manchem Felsblock behindert und so von Baum und Gestrüpp beschattet, daß ohne des Alten Führung mein Fuß nicht vermocht hätte, weiter zu dringen. Aber der leitete mich sicher bei der Hand und zog mich ihm nach. So klommen wir empor, bis wir zu einer moosigen Felsplatte kamen, von wo der Ausblick frei war in die Waldeinsamkeit ringsum. Hier sah man weithin die Züge des Gebirges mit endlosen Waldungen, gleich Wellen eines dunklen Meeres fern und ferner sich dehnend, und unter uns das Kirchlein mit Brun's Clause und tiefer das Wiesenthal. Alles lag da vor uns ausgebreitet im Dämmer der Sommernacht. Da stieg drüben der Mond hinter den Bergen hervor und erhellte die Höhe, die wir erstiegen hatten.

»Laß uns hier«, sagte Brun, indem er sich setzte, und mich einlud zu thun wie er, »laß uns hier der Betrachtung pflegen und dazu das Silentium halten! Ort und Stunde sind geschickt dazu.«

Nach diesen Worten verharrt' er schweigend und blickte in die Tiefe vor uns hinunter, als stiegen von dort Gestalten zu ihm auf, dicht vor seine Seele hin; je zuweilen wandt' er sein Haupt und fuhr mit der Hand über Stirn und Angesicht, als begehrte er sie nicht länger zu schauen und spräche zu ihnen: »Vorüber, vorüber!«

Wie er so, als mich däuchte, geschlossenen Auges da saß, im vollen Mondlicht regungslos, und nur unterweilen im Hauche der Nacht sein Barthaar sich bewegte, so mußt' ich denken beim Anblick der mächtigen Felsblöcke umher, die durch eine Riesenhand hier zersprengt und verstreut zu sein schienen: Er wie diese Steine, jetzt so friedlich beglänzt vom sanften Mondlicht – von welchen Stürmen und Ungewittern, die über sie ergangen, könnten sie wohl berichten!

Immer tiefer indeß sanken unter uns die Schatten und immer höher rückte der Bergeshang in den Glanz, der uns umfloß. Es war, als wollt' er hienacht mit seinen Strahlen zwischen Farn- und Baumgezweig manche feuchte Kluft besuchen, die sonst im ewigen Dunkel lag.

Da ich so dieses Spieles des freundlichen Lichts gewahrte, wie es emsig immer weiter seine güldnen Fäden zog, siehe! da blitzte mir etwas aus einer Höhlung nicht weit von uns entgegen, darin das Mondenlicht sich hell und heller spiegelte, als hätt' es einen unverhofften Fund gethan und wollte den mir mit Freuden zeigen.

Es waren nur wenige Schritte dahin und die Neugier trieb mich hinzugehen. Ein gülden Ringlein lag da am wohlbeschirmten Ort und seltsam beigesellt dicht neben eine Eidechse, als hätte sie des Schatzes zu hüten. Da ich näher zusah, merkt' ich, sie war todt und ihre Vorderfüße hatte sie gekreuzt über ihrer Brust. Ich wußte wohl, daß Solches die Art dieser Thierlein ist, wenn sie gestorben sind, aber es däuchte mich, als waltete hier mehr als ein Ungefähr, und Ring und Thier wären Hüter eines Geheimnisses.

Der Ausruf des Erstaunens, der mir entfuhr, ob dem unerwarteten Anblick, weckte den Alten aus seinen Träumen. Auf seine Frage, was es gäbe, brachte ich den Ring herbei und sagte ihm von der Eidechse hart daneben, und wie es mir geschienen hätte, als wäre dieser Hort ihr und sie könnte nicht von ihm lassen auch im Tode nicht, und hätt' an ihm eine große Schuld auf sich; darum läge sie da so ausgestreckt mit gekreuzten Armen gleich einer armen Seele, die Buße thut.

Mit Hast griff Brun nach dem Ringe und hielt ihn prüfend gegen das Mondenlicht.

»Joconda!« rief er dann und ein Seufzer aus tiefstem Herzen gesellte sich zu dem Namen. »Ach, und nie wird die arme Seele genug büßen um Deinetwillen!«

»Euer Gemüth ist in große Bewegung gebracht durch den Ring«, sagt' ich und trat zu ihm.

»Wohl, Diether!« erwiedert' er, nachdem er eine Weile schweigend vor sich hin gesehen, »weiß ich um dies Kleinod. Frage nicht, wie ich's erfahren. Besser vielleicht bliebe die Geschichte von ihm so jungen Ohren verschwiegen; aber da das Licht dieser Mondnacht durch Dich diesen Reif herwiedergebracht hat, sollst Du hören, wie sie sich zutrug, und dann gedenk' auch Du in heil'gen Stunden der armen Seele, von der Du sagtest, und bitte Gott im Himmel für sie, daß ihre Buße recht gethan sei und ihm wohlgefalle!«

Wieder schwieg er eine kurze Weile. Dann winkt' er mir, mich zu ihm zu setzen, und hub also an zu erzählen.

Die Geschichte, so Brun Diethern erzählte.

Es ist manches Jahr her, Diether, da lagen in Welschland deutsche Kriegsvölker vor der Stadt Bologna. Aber sie konnten sie nicht gewinnen, ob sie gleich die Stadt berannten und mit Einschließung lange und hart ängstigten. Da mehrte sich die Erbitterung täglich auf beiden Seiten, und wer weiß, wieviel Jammers und Elends da noch zugefügt und erlitten wäre, wenn göttlicher Wille es nicht gnädig abgewendet hätte. Denn die deutschen Herren, so das Heer führten, hielten es endlich aus trefflichen Ursachen für wohlgerathener, die entstandene Fehde gütlich zu vertragen. Und so ward denn den Städtern entboten, daß sie, was Leute hohen Ansehens und klugen Raths wären, aus den Ihren verordneten, damit man sich miteinander der Sachen annähme, wie sie beizulegen.

Unter den deutschen Rittern, die da den Herren, wenn sie zur Berathung zusammenkamen draußen im Lager oder drinnen in der Stadt, zu Schutz und Beistand zugesellt wurden, war Einer, den Jedermann solcher Ehre vor Andern für würdig auserkannte. Bruno war sein Name, er hatte in allen Dingen, die dem Manne wohl stehen, den ersten Preis. Er war edler Gestalt und reichen Gutes; sein Wuchs war hoch und sein Ansehen stattlich und gebietend; sein Arm eben so tapfer zu streiten, wie sein Geist hell und auch, wo es schwierige Entscheidung galt, das Richtige zu treffen, geschwind. Dazu hatte er die sonderliche Gabe, die Gemüther der Menschen, welche er wollte, für sich zu gewinnen und die Vorzüge, die ihn zierten, so zu brauchen, daß sie in Andern nur Bewunderung schufen und Freude ihrer mitzugenießen, und Willigkeit ihm zu dienen. Darum war's kein Wunder, daß Bruno sich der Macht bewußt war, die er über die Menschen hatte, noch, daß er ihrer brauchte. Sein hochfliegender Geist war es nicht anders gewohnt, als daß seines Gleichen sich ihm unterordnete. In so hohen Ehren und von jedem Glück, dessen er begehrte, umgeben, war Bruno bis an den Mittag seines Lebens gekommen. Aber gewohnt, Alles, wonach ihm sein Trachten stund, wie spielend und nur zur Übung seiner überlegenen Kraft zu erreichen, glänzte sein Angesicht noch im ungedämpften Feuer der ersten Jugend.

Doch, Diether, all' diese hohen Vorzüge waren ihm verliehen, nur um in seinem Herzen die schlimmsten Kräfte groß zu ziehen, ihm selber unbewußt, ihm zur Unseligkeit und Andern. In so langen Jahren des Gelingens seiner Pläne und der aus seinem Thun wachsenden Ehre war er sicher geworden, daß recht wäre, was ihm gut däuchte, und während er Andere berieth und leitete, wachte er nicht über seine eigenen Wünsche.

Die Zeit kam, ihn auf die Probe zu stellen, Diether! und Du wirst sehen: er bestund die Probe nicht.

Unter den Edlen Bologna's war Einer auserlesen vor Allen. Wie die Sonne am Frühlingstage heraustritt aus den Thoren des Morgenroths, ihren Lauf zu beginnen mit Freuden, so schritt Guido, noch prangend im Thau der ersten Jugend, die Bahn der Ehre und des ruhmvollen Thuns hinan. Ihn konnte Niemand sehen, ohne ihn zu lieben. Und nur wenige Male hatten Bruno und Guido bei den Berathungen, die zum Frieden helfen sollten, sich gegenübergestanden, als der deutsche Mann mit sonderlichem Wohlgefallen sich hingezogen fühlte zum welschen Jüngling. Der aber war ihm bald mit der vollen Hingabe seines jugendlich entflammten Herzens zugethan, und wiewohl die Beiden in dem, worüber sie zu rathschlagen hatten, sich nur als Feinde betrachten durften, so sah Bruno doch, wie der Jüngling mit zunehmendem Eifer sich jegliche Gelegenheit zu freundschaftlicher Zwiesprach erlas und wie er zu ihm aufsah, als dem Manne erfahrener Ehre und erwiesen in jeder edlen ritterlichen

Tugend. Solches sah Bruno mit Freuden, und was er vermochte, des Jünglings Herz an sich zu fesseln und sein Vertrauen zu gewinnen, davon unterließ er nichts, denn er liebte ihn. Schöneren Bund sah man wohl selten, als da diese Freundschaft erblühte zwischen den Beiden, gleichwie eine Blume sich aufthut, lieblich im rauhen Nordsturm, und wenn, nachdem man Raths gepflogen, Guido an Bruno's Seite durch Bologna's Straßen schritt, ihn zu geleiten, so blieben wohl die Leute stehen, die vorübergiengen, und sahen mit Bewunderung den Beiden nach.

Nicht lange, so erbat sich Guido vom Rath die Gunst, Bruno in sein Haus zu führen, und weil er Bürgschaft leistete und die Hoffnung auf nahen Vergleich und Frieden sich mehrte, so ward ihm solches verwilligt. Er wohnte im weiten Palast allein mit seiner Schwester. Seinem Schutz hatten die Eltern, die beide unlange an der Pest gestorben waren, Joconda übergeben. Treuerer brüderlicher Hut ward nie eine Schwester anvertraut, als die Liebe war, mit welcher Guido über Joconda wachte, und wie zwei nachbarliche Pflanzen einem Licht entgegenwachsen, gepflegt von einer Hand und genährt von einer Quelle, so waren diese Geschwister. Oft schon hatte Guido zu Bruno von seiner Schwester gesprochen, und wenn er ihrer gedachte, leuchtete sein Auge von brüderlichem Stolz. Ja, Alles was von süßer Zärtlichkeit und Weichheit in der Seele des Jünglings wohnte, ward mit einem Namen gerufen, mit dem Namen: Joconda. Von ihr hatte er Bruno auch gesagt, daß sie aus Verabredung beider Väter mit einem Jünglinge zu Pisa verlobt wäre, und daß, wenn ruhige Zeiten wiederkehren, auf die Hochzeit gedacht werden sollte.

Vornehmlich also, daß Bruno seine Schwester sehen möchte und sie ihn, den Freund, den er sich gewonnen, führte Guido diesen in seines Vaters Haus. O, wäre es doch nimmer geschehen, Diether! Oder wäre einer von den

Blitzen, die an jenem Abend bei Bruno's Rückkehr aus der Stadt vom Himmel flammten, auf ihn herniedergezuckt! Freundlich war zwar das Grüßen, das zwischen dem Freunde des Bruders und der Schwester geschah, aber unsäglich Weh und großen Jammer hatte es hinter sich. Und hätte Guido bei jenem ersten Gruß das sanfte Erröthen im Angesicht seiner Schwester und in Bruno's das frohe Erstaunen über ihre große Schönheit besser verstanden, fürwahr, er hätte sich nicht, wie er that, des Anblicks im brüderlichen Stolz gefreut, sondern ganz andere, schreckliche Weissagung darin erkannt.

Von Stund an war Bruno's Sinn von heftiger Liebe zu Joconda erfüllt und allein darauf gerichtet, ihre Liebe sich zu gewinnen. Klugheit, Ehre und Treue riefen ihm zu, abzulassen und nicht zu begehren, was Gott ihm versagte. Denn heilig war Guido die Pflicht, dem Verlobten die Schwester zu erhalten. Aber ein Sturzbach wäre mit einem Strohhalm eher aufzuhalten gewesen, als Bruno's Gemüth mit allen Einreden der Pflicht und des Gewissens vom Trachten nach dem, wovon es jetzt einzig entflammt war. Nun erst däuchte er sich ein Ziel gefunden zu haben, werth, all' seine Kräfte daran zu setzen, und wie er sich der Gewalt der Leidenschaft, die ihn beseelte, ganz überließ, so zeigte auch Liebe, die Zauberin, Alles, was er in ihrem Dienste that oder dachte, in einem hellen, reizenden Lichte, aber die dunklen Abgründe seines Herzens, aus denen sein Trachten hervorgieng, ließ sie ihn nicht sehen; ja jeglich Hinderniß und jegliche Gefahr, welche auf dieser seiner Bahn ihn bedrohte, steigerte nur mehr seinen verwegenen Muth.

Ohne Arg trat Joconda dem Freunde ihres Bruders gegenüber und voll heiteren Vertrauens. Aus Wahrheit ihres Herzens stimmte sie in Guido's Lob, wenn er Bruno's Tugend lobte, und wie sie immer sorgloser seinem Worte lauschte und seines Kommens immer gewohnter ward, so ward sie von der süßen Macht der Liebe bezwungen wie unvermerkt, und da sie das Geheimniß ihres Herzens von dem Einzigen errathen sah und solches aus Scheu ihrem Bruder verschwieg, da hub sich allererst auch ihre Mitschuld an. Und von Stund an ward sie glücklich, als schwebt' ihr Herz in Wonne, durch Bruno's Liebe, die dem Fluge des Adlers glich, über alle Höhen sich schwingend – und elend zugleich. Die Heimlichkeit ihres Bundes und seine beständige Gefahr trieben ihr geängstet Herz nur um so mehr, sich Bruno zu vertrauen und seiner Führung, dessen Zuversicht und Kühnheit nur zu wachsen schien wie eines seines Auges und seiner Hand sicheren Steuermanns, wenn er das Schiff durch tosende Brandung lenkt.

Bald kamen sie heimlich zusammen zu süßer Zwiesprach. Wohl wußte Bruno, daß er damit wider Ehre und Treue den Freund betrog, aber er achtete es nicht und fuhr fort, den Arglosen zu täuschen.

Und wenn er wußte, sie harrte seiner, so galt ihm Nichts die Bedrohung der feindlichen Wächter an den Thoren und ihr Geschoß, sondern vermummt in der Dämmerung schlich er hindurch bis unter die Hallen der Paläste und harrte seiner lieben Trauten.

Da hörte ihr Ohr manch süßes Wort, wenn er kam, und manch heißen Schwur, wenn er von ihr schied, und die Todesgefahr, in der er schwebte um ihretwillen und die er verlachte, drängte ihr Herz immer näher an seines.

O! wohl mag der Jüngling sich hüten, wenn starke Leidenschaft ihn beseelt, daß ihr Wirbel sein leicht erregtes Herz nicht überwältigt und sein Lebensschifflein rettungslos in die Brandung reißt. Doch wehe dem gereiften Manne, wenn die Liebe seines Herzens ihn von Pflicht und Ehre scheiden! Er muß seinen Wünschen ganz entsagen oder er fällt der finstern Macht anheim, die alle seine

Tugenden verzehrt und alle seine Kräfte in ihren Dienst nimmt, um ihn und durch ihn zu verderben.

So, Diether, ward Bruno's Liebe verderblich für Joconda, für Guido, für ihn selbst!

Schuldvoll war diese Liebe schon mit ihrer ersten zarten Regung und fluchvoll mußte sie endigen. Ihr stand kein Engel göttlichen Heiles und göttlichen Schutzes zur Seite.

Die Fehde ward vertragen, der Friede geschlossen.

Just am Tage der Fastnacht ward er feierlich verkündigt. Die Thore der Stadt wurden aufgethan und unter dem Geläute der Glocken erscholl der Ruf der Freude von Deutschen und Welschen wie aus einem Munde. Da überließ sich Jeglicher mit ganzem Herzen dem frohen Gefühle der wieder erlangten Sicherheit, und die, so sich bis dahin so hart befehdet hatten, zogen in munterem Gedränge verbrüdert durch die Straßen der befreiten Stadt, und weil man so lange in Furcht gelebt und der Freude entbehrt hatte, so war auf diesen Tag die Stadt zu ausgelassener Lustbarkeit gerüstet. Da man Gott gedienet hatte und das Tedeum in der Kirche St. Petronii verklungen war, wurde auf dem Rathhause von den Herren Bologna's den edelsten unter den Rittern eine stattliche Bewirthung gethan, indeß das Volk außen auf Straßen und Plätzen seine Kurzweil hatte. Zum Abend sollte die Stadt, wie es in Welschland Brauch ist an Freudentagen, mit Fackeln und bunten Lichtern erleuchtet und zu Ehren der Fastnacht Schimpfspiel und Mummenschanz gehalten werden. Daß nicht etwan von den Städtern den Deutschen, welche hineinkamen, ein Übel geschähe, hatte der Rath jegliche Störung des Friedens mit Todesstrafe bedroht; so war auch den Deutschen verboten, die in der Stadt weilen wollten, an dem Tage Waffen oder Wehre zu tragen.

So war da auf Aller Angesicht Freude und Jubel. Vor Andern erschienen Bruno und Guido hochbeglückt, da sie sich trafen an der Kirchthür, als man die heilige Messe gelesen. Droben im Festsaal saßen sie bei einander und wie stolz schien Guido, allen den Herren es zeigen zu können, welchen Freund er sich gewonnen habe! Und wahrlich! Bruno ward da als ein Muster ritterlicher Tugend und höfischer Sitte auserkannt. So edel war sein Wesen, so zierlich und klug seine Rede, daß Jedermann im Saal auf ihn achtete.

»Treue und Freundschaft auf ewig!« rief ihm Guido zu, als man wieder die Becher gefüllt hatte und ergriff seine Hand.

»So sei es!« that ihm der Angeredete Bescheid und schlug ein: »Treue und Freundschaft auf ewig!«

Und indem sie sich mit den Augen zuwinkten, setzten sie die Becher an die Lippen.

»Halt!« rief da Guido, dessen Herz vor Freude überwallte. »Harre noch, Bruder, ehe Du trinkest den Trunk der Treue; es gilt noch ein Wort: »Joconda!«

Und Bruno hörte dieses Wort, Diether, und er las seine Bedeutung in der Seele des Jünglings, der es aussprach, aber er zögerte nicht und rief den Namen auch und trank den Becher bis zur Neige.

Ward ihm denn die Frucht des Weinstocks nicht zum Feuer in seinen Gebeinen, da er diesen Becher dem Bruder zutrank, den er an diesem Tage so treulos zu betrügen entschlossen war? Erstarb ihm nicht jener holde Name auf den Lippen, den er in einem Athem mit dem Bruder auszusprechen wagte, obwohl er wußte, daß er damit schändlich log?

Aber Bruno's Angesicht blieb heiter wie zuvor und kein

Laut seines Mundes verrieth das Vorhaben, von dem sein Herz jetzt einzig erfüllt war.

Als die Bewirthung zu Ende war, und man das Rathhaus verließ, gab er vor, wegen nöthiger Geschäfte hinaus in's Lager zu müssen, und mit trüglichem Wort ward er eins mit Guido, daß er ihn dort an bestimmter Stelle aufsuchen möchte gegen Abend, dann selbander in die Stadt zurückzukehren, das Fest zu beschauen und an der Lust des Volkes Theil zu nehmen. So trennten sich die Beiden.

Bruno hatte einen Waffengenossen, der ihm in Allem ergeben war.

Adelbert wußte um Bruno's Liebe; er wußte auch, daß heute die Flucht geschehen sollte, und gerne war er bereit, dazu zu helfen. Die Stadt Bologna hat ein Thor, das ist vor andern klein, und Wenige ziehen hindurch. Die Straßen, die dahin führen, sind gar enge und einsam, so auch die Landstraße, wenn man das Thor hinter sich hat. Das däuchte ihnen am sichersten da hindurch zu entkommen. Weil an dem Tage auch unter den Rittern und Fußknechten einer auf den andern wenig Acht hatte, denn nach der langen Belagerung überließ sich Jedermann der ungewohnten Lust, und keiner mißgönnte sie ihm, so ward verabredet, daß Adelbert mit Rossen und einem Häuflein Knechten, wenn es würde völlig dunkel geworden sein, nach dem Thor S. Rocco aufbrechen und allda seiner harren sollte.

Zur selben Stunde barg der tiefste Schatten eines Pfeilers der Kirche des heiligen Petronius Bruno's vermummte Gestalt. Er hatte sich angethan, als einer, der an der Lustbarkeit theilnehmen wollte, und auch sein Angesicht war verlarvt. Er drückte sich hart an's Gemäuer und regte sich nicht. Mit Eifer forschte sein Auge durch das Dunkel, und so Schritte sich nahten, schlug sein Herz stärker, indeß sein Ohr ohne Aufhören auf das Getön der Orgel und die Stimme des Priesters drinnen in der Kirche lauschte, wo man die Vesper sang. Aber seine Seele war da fern vom Verlangen nach Gott. Sie war nur bei der, die er jetzt drinnen im Gotteshause wußte und mit der er eins geworden war, heut zu entfliehen. Hier von dieser Stelle aus sollte es geschehen.

Der heilige Dienst war zu Ende. Hunderte giengen an dem Harrenden vorüber, ohne sein zu achten, aber als jetzt zögernd und mit kaum hörbaren Schritten eine verhüllte Gestalt sich nahte, so bewegte auch er sich wie mit freudigem Schreck ihr einen Schritt entgegen.

Als er leise ihren Namen nannte und sie mit heißer Inbrunst umschlang, fühlte er, wie sie zitterte, und da sie nach kurzem Geflüster jetzt hinaustraten und das Licht festlich erhellter Häuser ihr Angesicht traf, so fiel es ihm auf, wie bleich es war und wie schön. Der Stolz und das Glück, solch ein Weib sich gewonnen zu haben, stählte seinen Muth und sein Vertrauen zu sich; sein Gang war so sicher und sorglos, als suchte er keine andere Fröhlichkeit als die, welcher die Menge nachgieng, die an ihnen vorüber wogte. Manchen neckischen Zuruf mußte er hören, wie man dergleichen treibt zu solchen Zeiten; er erwiederte jeden Scherz mit Lachen und beschleunigte seine Schritte.

Schon hatten sie die Straßen, die am meisten belebt und am hellsten erleuchtet waren, hinter sich; durch die engen Gassen, die heute noch stiller waren denn sonst, kamen sie dem Roccothore näher. Bruno mäßigte Joconda zu lieb seine Eile, denn nachdem sie bis dahin unerkannt und unaufgehalten geblieben, war er keiner Hinderung ferner gewärtig.

Da, als sie in die letzte Gasse einlenkten, die zum Thore führte, that sich unweit von ihnen die Thür eines Hauses auf, und hervor kam lärmend eine Schaar Vermummter mit Fackeln und Windlichtern als solche, die auch noch zum Feste ziehen wollten. Der Ort, da die Flüchtigen an ihnen vorüber mußten, war gar enge und so geriethen die beiden in die helle Beleuchtung ihrer Lichter. Alsbald ward Bruno von dem Kecksten unter ihnen angeredet.

»Eure Dame, Freund«, rief er, »wird's Euch wenig danken, daß Ihr sie so früh hinwegführt vom Fest, das schönen Frauen so vieles zu schauen gibt.«

»Kehrt um und kommt mit uns!« riefen die Anderen da und umringten die Beiden, als wollten sie in ihre Mitte sie nehmen.

Da Bruno ihrer nicht achtete und ohne sich aufzuhalten weiter schritt, so ward dadurch der Übermuth der trunkenen Gesellen nur noch mehr erregt.

»Das macht: er ist eifersüchtig, Nicolo!« sagte wieder einer, »und mißgönnt Bologna den Anblick seiner Schönen.«

»Er hat wohl Grund dazu«, erwiederte der Angeredete, »wenn das Angesicht der Dame hält, was ihre reizende Gestalt verspricht.«

»O, hebt den Schleier!« riefen sie, und hatten das Ansehen, als wollten sie Joconda näher treten.

Wie die Erschreckte sich dichter an ihren Begleiter anschmiegte, so stieß der mit gewaltiger Faust den, der sich zumeist herangedrängt hatte, zu Boden, und ein deutscher Fluch entfuhr seinen Lippen, indem er durch die nun wieder geöffnete Bahn weiter schritt. Einen Augenblick waren die Zudringlichen zurückgewichen, aber die Überzahl und das Gelage, von dem sie kamen, machte sie kühn, und mit dem Ruf: »Wie! die deutsche Bestie will uns schlagen und wider ergangenes Gesetz beleidigen?« drängten sie sich auf's neue heran und vertraten den Weg.

Da reckte sich Bruno in die Höhe und drohend rief er, daß es laut erscholl: »Ha, ihr welschen Hunde, wem sein Leben lieb ist, der lasse uns hindurch!« Und es würde ihn wohl keiner aufgehalten haben, wenn er allein gewesen wäre, aber, wie er die Zitternde an seinem Arme fühlte, so stund er unschlüssig, ob er jetzt das Äußerste thun sollte seinen Gegnern gegenüber, die fortfuhren, durch Toben und Schreien sich Muth zu machen. Inzwischen war vom entstandenen Gelärme die Straße an beiden Seiten in Aufruhr gebracht. Lichter erschienen, Fenster und Thüren wurden aufgethan und eine Menge Neugieriger strömte herbei.

Da sah Bruno den Augenblick höchster Noth gekommen; während rings um ihn das Wuthgeschrei wider den Deutschen die Luft erfüllte, umfaßte er fest Joconda, entschlossen, sich mit Gewalt hindurchzuschlagen. Aber das wäre sonder Zweifel Beider Verderben gewesen, wenn nicht da vom Thor aus Rettung gekommen wäre. Denn da dort Adelbert und seine Leute, die mit Eifer nach dem Wege suchten, von dem Bruno zu ihnen stoßen sollte, nun hörten, wie sich von da Geschrei erhub und vernahmen den Ruf wider den Deutschen, so drangen sie eilend in die Stadt hinein. Sie sprengten unter das Gedränge, und unter ihren Hieben rechts und links stoben die Welschen auseinander. Die nun Bruno bedrängten, wie sie das neue Getümmel hinter sich hörten und die streitbaren Stimmen der Deutschen, wandten sie sich, die Meisten, um zu entfliehen, Etliche, um sich zur Wehre zu setzen. Da gewannen die beiden Flüchtigen, auf die nun Keiner mehr Acht hatte, Raum, und froh der ihnen ungedacht gewordenen Hülfe eilte Bruno dem Thore zu.

Wohl wankten Joconda's Schritte an seiner Seite, aber er wies sie hin auf die Nähe ihres Zieles, und die Hoffnung belebte ihre sinkende Kraft. Nun traten sie unter den Bogen des Thores. Aus dem dichten Dunkel, das da herrschte, sah Bruno's scharfes Auge, wie von draußen eine Gestalt ihnen entgegenschritt. Als sie zum Thore hinaus traten, gieng diese Gestalt hart an ihnen vorüber in das Dunkel des Thores, das die Beiden eben hinter sich ließen.

Eilig waren die Schritte der sich Begegnenden, und der Abendhimmel, wenn auch vom Mondenlicht erhellt, war regentrüb; so konnte Bruno das Angesicht des an ihm Vorübergehenden nur einen Augenblick sehen. Er hatte nicht Acht darauf, denn sein Gemüth war auf Anderes gerichtet, und doch war es ihm, als hätte er in diese Augen schon geblickt. Verstummte da nicht plötzlich der Hall der im Thorbogen dröhnenden Schritte hinter ihm? Als er zurücksah im Weiterschreiten, stund, so schien es ihm, im Thor noch immer die Gestalt, als sähe sie ihm nach.

Etwa hundert Schritt vom Thor am Wege war eine vorlängst verfallene Kapelle. Allda sollte Adelbert mit den Rossen und Knechten halten.

Als Bruno dort Niemand fand, denn sie waren Alle, da der Streit sich in der Stadt erhoben, von da gewichen, so rief er laut das Wort, bei dem sie unter einander übereingekommen waren sich zu erkennen, wie man pflegt, wenn man zu Felde liegt. Alsbald erscholl die Antwort näher vom Thor her und Bruno gedachte da die Rosse zu finden. Er wandte sich also zurück und ließ indeß Joconda an der Kapelle. Da er unweit dem Thore war und auch schon den Tritt der Rosse hörte, die herzu gebracht wurden, sah er wieder dieselbe Gestalt von vorhin im Schatten des Thores und noch an derselben Stelle und wieder war's, als suchte sie nach ihm. Da zerriß eine Wolke und das Mondenlicht ergoß sich hell. Wie es mit voller Klarheit Bruno beleuchtete, der hier außen vor der Stadt die Larve von seinem Angesicht gethan hatte, drang an sein Ohr aus dem Dunkel des Thores ein Aufschrei, den er nimmer vergessen hat; es war ein Schrei des heftigsten Zornes und auch der unsäglichsten Trauer. Und mit diesem Aufschrei löste sich die Gestalt aus der Finsterniß der Beschattung, darin sie bis jetzt geharrt, und stürzte ungestüm auf Bruno zu, der eilend sich den Rossen näherte, welche jetzt ihm zugeführt wurden. Er wandte sich und sah in des Anstürmenden Angesicht. Nicht länger als bis man eins zählt, sah er hinein. Aber er ward von einem Blick getroffen, der so gethan war, daß vor ihm ein Teufel aus der untersten Hölle hätte zur Umkehr oder der hehrste der heiligen Engel zu Fall und Verstockung gebracht werden können. »Bruno!« hörte er sich rufen. Aber er sagte nichts und packte mit mächtigem Griff den sich zwischen ihn und die Rosse Drängenden. Da hub sich ein Arm gegen ihn und ein Dolch blitzte im Mondlicht. Doch im Nu hatte Bruno den Stahl der Hand entwunden, die ihn führte, und stieß ihn tief in seines Gegners Brust. »Schwester!« rief der mit versagender Stimme und brach lautlos zusammen.

Starr stund Bruno, in der Hand die Waffe, mit welcher der tödtliche Streich geschehen war.

Die Mahnung der Knechte, sich zu eilen, und ihr Ruf, daß das Fräulein käme, brachte ihn zu sich.

Geschwind verhüllte Bruno des Erschlagenen Angesicht, und als Joconda neben ihm stund und zitternd auf die klaffende Wunde deutete, da sagte er. »Es galt mein Leben und das Gelingen unserer Flucht, Joconda, oder seines. – Hinweg, hinweg!«

Doch auch seine Stimme bebte und war tonlos, und er fühlte eine eisige Kälte in seinem Gebein.

»Hinweg, hinweg!« riefen da wieder die Knechte und vom Thor her hörte man Getümmel.

Noch wenige Augenblicke, und die hurtigen Rosse trugen die Fliehenden auf verschlungenen Wegen durch die Nacht. Bald hatten sie die Stadt weit hinter sich. Aber Bruno war's noch immer, als schlüge das Brausen der empörten Volksmenge laut und lauter an sein Ohr und würden die Sturmglocken gezogen und ihre ehernen Stimmen riefen vernehmlicher und immer vernehmlicher: »Mord, Mord!«

Es ist nicht noth, Diether, Dir von den Tagen zu berichten, die nun folgten, welcherlei sie gewesen sind für die Beiden: Tage der Flucht, Gefahr und Noth.

Bologna's Rath und Volk forderte Rache für den Friedensbruch und die Blutthat. Bruno's Leben ward in ihre Hand gegeben, er ward all' seiner Güter beraubt und schlagen durft' ihn, wer ihn fände. Mit großem Verlangen trachtete er darum aus Welschland hinweg und auch weil er keine Ruhe fand unter dem Himmel dort und die welsche Zunge Pein schuf seinen Ohren; wenn er nur erst wieder deutsche Tannen ersähe und deutschen Laut vernähme, wähnte er, würde sein Gemüth sich entledigter fühlen und frei. Unter großen Mühseligkeiten ward die Flucht gethan. Aber endlich kamen sie an in deutschem Lande und fanden Rast und Bergung auf der Burg Adelberts. Allda gedachte Bruno zu harren, ob etwa der Sache Rath würde und seine Freunde für ihn Gnade erwirkten beim Kaiser. Aber als der Sommer herum war, gelangte Zeitung an ihn, daß das Urtheil wider ihn bestätigt und all' sein Lehn vom kaiserlichen Vogt eingenommen wäre. Da zeigte es sich, was die treue Liebe eines Weibes vermag. Joconda schien nur das Ungemach zu fühlen, was Bruno bereitet war; ja sie theilte seine Sorgen, als trüge sie den größeren Theil der Schuld daran, und über das eigene Elend ließ sie nie eine Klage laut werden. Da ward seine Seele durch solche Geduld mächtig ermuthigt und durch ihre Zuversicht, darin sie nicht wankte, daß bessere Tage nahe wären. Aber so oft sie ihre Rede zu ihrem Bruder hinkehrte, was wohl täglich geschah, und dabei gedachte, wie gewißlich sie hoffte, er würde ihr noch verzeihen; und wenn sie dann fragte, ob von ihm noch keine Kunde gekommen: dann trat vor Bruno's Seele jedesmal das blutige Bild des Erschlagenen und jenes Wort ward wieder laut in seinem Herzen, das die Sturmglocken Bologna's ihm nachgerufen hatten in der Nacht, da die Flucht geschah. – Dann wandte er sich und sein Blick ward finster und immer finsterer, je beweglicher sein Weib ihm Trost zusprach; denn sie wähnte, das sehnende Verlangen der Freundschaft nach Guido und ihr heimliches Entfliehen beschwere ihm den Muth also. Bruno aber, wie oft er's auch beschlossen hatte, und wie gewiß er erkannte, daß es einmal geschehen müßte, gewann das Herz nicht, ihr zu sagen von Guido's Tod.

So kam der Herbst heran, und wie den Beiden der gute Bote noch immer verzog, so wollte Joconda nicht länger leiden, daß Bruno ferner in träger Ruhe seine Tage versäße und allein fremder Hülfe harrete. Wenn er selber sein Vermögen brauchte, so würd' es nicht vergeblich sein; oder warum sollte für ihn kein Mitleid vorhanden sein, der bis dahin so werth gehalten worden und dessen Ritterdienste dem Kaiser selber nicht unbekannt geblieben. Und weil zu der Zeit ihnen Kunde geworden war, daß die Majestät zu Costnitz Hof hielt, so lag Joconda ihrem Gemahl mit vielen Bitten an, dahin zu ziehen, als Bittender seine Sache zu betreiben, Sühne zu bieten und Gnade zu suchen. Es war schier ihm eine Bußfahrt, die da ihm zu thun vorhanden war, und schwer ward es ihm, den stolzgewohnten Sinn dahin zu kehren. Denn er mußte ohne Geleit ziehen und verhohlen, daß es nicht schiene, als gedächte er sich wider das Urtheil mit Gewalt zu setzen, das ihm gesprochen war. Sein Weib wollte nicht von ihm weichen in keiner Fährniß und Noth und zog mit ihm. Das geschah ihr zum Leide. Denn da sie auf dem Wege waren, kam ihre Stunde. In großen Schmerzen gelangte sie, von Bruno geführt, in eine Höhle, die sie da erspähten, denn sie wanderten im Waldgebirg. Allda genas sie eines Sohnes. Als Bruno mit Weh und Wonne das feine Knäblein in seinen Armen hielt, da hatte es ein Mal, gestaltet wie eine blutende Wunde. Er erschrack des Anblickes, doch sagt' er nichts.

Wie groß nun die Noth in jener Höhle war, läßt sich leicht ermessen, und Bruno, da er sah, daß er ihm und den Seinen anstatt Honigs lauter Gallen erlesen hatte, hub an, seinem Leben feind zu werden. Der Fürst der Höllenschlünde sandte ihm einen bösen Geist des Unmuths und der Ungeduld.

Da ward auch Joconda ihm nicht mehr zum lichten Engel, das Banner der Hoffnung, des Heils und der Ehre ihm fürzutragen. Selber im Elend zu sein und im Ungemach auszuharren ohne Murren, hatte sie ihr hoher Sinn gelehrt und ihre starke Herzensliebe; aber da sie das Kind, das sie gewonnen, in gleiches Weh verschlungen sah, verzagte sie, und gegen die mütterlichen Sorgen aufrecht zu bleiben, gebrach ihr die Kraft. Da hört Bruno sie oft, über ihr Kind gebeugt, weinen und desselben jammerhaftes Loos beklagen. Dann trat er nicht hinzu, ihr Trost zu sagen mit liebem Wort, sondern er wandte sich hinweg mürrisch, daß sie vor ihm ihren Jammer ausließe, der wohl gleich sehr zu klagen hätte oder mehr. Und einst in solcher Stunde, da sie ihres Bruders gedachte, und wie er ihrer Noth sich gewißlich erbarmen würde, da murmelte er, die Hoffnung auf Guido wäre verloren.

Joconda sah ihn fragend an.

»Der Todte, dessen Anblick vor Bologna's Thor Dich erschreckte« – hub er an, und finster waren seine Brauen zusammengezogen, da er redete.

»War mein Bruder?« schrie sie auf.

Bruno nickte und sah zur Erde.

»Und Deine Hand war's, die ihn schlug?« keuchte sie schwer athmend und richtete sich hoch empor.

»Die Liebe zu Dir bezwang mich also, daß ich's that,« sagt' er, düster blickend wie vorhin.

»So Fluch Deiner Liebe!« hört' er sie rufen, und schrecklich klang ihre Stimme. – »Fluch Deiner Liebe, Fluch jeder Augenweide, damit ich geschmückt war, sie zu wecken, und Fluch jeglichem Wort und Lächeln, dadurch das höllische Band sich knüpfte!«

»Halt ein, Joconda!« rief Bruno entsetzt. »Du fluchst Dir und unserem Kinde dort.«

Da war sie mit einem Sprunge hin zum schlafenden Knaben, riß ihn vom Lager und umschlang ihn fest mit ihren Armen. So stund sie drohend, der Löwin gleich, die ihr Junges vertheidigt. »Nimmer soll dies Kind, das Deine Blutthat mit dem Kainsmal des Brudermordes gezeichnet hat, Dich mit dem süßen Vatersnamen rufen lernen, den Du mit Trug und Mord Dir erschlichen; und zuvor müssest Du mich erschlagen wie meinen Bruder, ehe Deine Mörderhände je wieder den Knaben berühren oder mich.«

Er wagte nicht, sich ihr zu nähern, noch Antwort zu geben auf ihre wilden Worte; ihre Blicke schienen ihm wie Blitze, daß er nicht zu ihr aufzusehen vermochte. Aber flehend streckte er seine Arme aus nach ihr.

Da stürzte sie, als litte ein Grauen sie nicht mehr nahe bei ihm, ehe er's hindern konnte, an ihm vorbei hinaus in die Wildniß.

Als er mit Schrecken ihr nacheilte und sie mit Namen rief, wandte sie sich und rief: »Wag's, mir zu folgen, so wird der Abgrund hier zu meinen Füßen mich und das Kind zerschellen.«

Und er zweifelte nicht, wie er sie sah, daß sie thun würde nach ihren Worten. – Als ob eine neue Kraft ihr verliehen wäre, klomm sie behende, dem gescheuchten Wilde gleich, den Bergeshang hinan, und droben auf vorspringendem Felsgestein sah sie noch einmal hernieder, bog ihr Haupt, das wirr das schwarze Haar, vom Winde aufgelöst, umwehte, zurück und reckte ihren Arm abwehrend gegen den Genossen ihrer Schuld. Dann hub sie das Kind, das sie trug, hoch gegen den Himmel und war verschwunden. –

Bruno hat Tage und Nächte nach ihr gesucht, gerufen, geweint; aber nur die Felsenwände hallten ihren Namen zurück. Er hat sie nie wieder gesehen, noch erfahren, ob die Beiden in der Einöde des Gebirgs verschmachtet oder den wilden Thieren des Waldes zum Raub geworden sind, oder ob die Mutter sich und ihrem Kinde eine Ruhstatt gefunden hat. Da hat auch Bruno seinen Namen erlöschen lassen im Gedächtniß der Menschen und für sein Theil erkannt, sich ganz zu Gott zu gesinden und sein Herz zur Buße zu kehren, daß er der Hölle im Tode entfliehen möchte.

Die Höhle aber nieden St. Wigbert's Kirchlein mit der Klause, darin jetzt ich hause, Diether, die ist's, darin sich zutrug, was ich Dir erzählte, und hier auf dem Gestein, da wir sitzen, sah Bruno sein Weib zum letzten Mal mit der Gebärde des Grauens vor ihm und des Flehens um Erbarmen zu Gott für ihr Kind. Und der Ring, den Du fandest, ist Joconda's; sie hat ihn hier von sich gethan, das Siegel und Zeichen ihrer schuldvollen Gemeinschaft. –

Und nun weißt Du, Diether, warum ich Dich bat, der armen Seele vor Gott zu gedenken, von der Du sagtest, da Du den Reif erblicktest und das Thierlein daneben.«

Allhier endet die von Brun erzählte Geschichte.

»Gnade der milde Christ nach seiner Gütigkeit denen Allen, so in Unglück gerathen sind – und uns!« sagt' ich, und gar sehr war ich bewegt im Herzen von der Geschichte, die ich gehört hatte.

Wohl trieb's mich, noch ferner mit Brun davon zu reden, und von Bruno, was denn aus ihm geworden, ob er noch lebe und wo er weile. Aber ich ersah, der Alte wollte ungefragt sein, denn er stund auf und sagte: »Auf, Diether! – Schon ist Mitternacht vorüber, denn sieh, der Mond neigt sich auf seiner Bahn dort den Bergen zu. Kühl hat sich der Nachtwind aufgemacht und der Thau fällt stark. Lang' schon solltest Du, junger Knabe, unter Dach geborgen sein.«

Und so stieg er mir voran den Bergeshang abwärts. Wie wir schweigend giengen und über uns die Wipfel der Tannen rauschten, bald lauter, bald leiser und sich gegen einander bogen, und unter uns die Wellen brausten, jetzt heller klingend, jetzt dumpfer murmelnd, war mir's, als erzählten auch sie sich in der Sommernacht die traurige Mär' von dem ewigen Geheimniß des Menschenherzens, das wähnet, das Paradies zu gewinnen, und die Schmerzen der Hölle sich bereitet.

Bald lag ich auf meinem Lager drinnen in der Klause. Ich weiß nicht, wie mir da geschah und ob ich schon eingeschlafen war oder just die Augen zum Schlummer sich senkten: ich sah Brun nahe bei mir stehen und unverwandt mich betrachten.

Zuweilen beugte er sich hernieder und bewegte seine Hand, mich zu berühren. Dann wich er wieder ein wenig zurück, als scheute er sich zu thun, wozu doch sein Sinn ihn zog, oder er fürchtete, ich möchte erschreckt werden und erwachen. Nach einer Weile ließ er ab von diesem Streit. Aber eine größere Unruhe schien in seiner Seele sich anzuheben. Es war, als ob mein Anblick davon die Ursache wäre. Er sah noch einmal lang' nach mir hin, schauderte dann jählings zusammen und sank in seinen Sitz nieder, sein Angesicht von mir gewendet und mit beiden Händen verhüllend.

»Nein, nein, HErr!« hört' ich ihn murmeln. »Nicht dieses Bild jetzt neben die süße Erinnerung!«

Ein breiter Strahl des Mondes drang durch das dichte Gitter der Bäume draußen und das kleine Fenster und glitt durch den engen Raum hin zur Wand dem Alten gegenüber. Wie es dort hell das Bild der Gottesmutter umspielte, ward sein Blick, da er sein Haupt wieder erhob, dorthin gelenkt. Irgend etwas an dem Bilde mußte ihn erschrecken. Denn er erzitterte auf's Neue. Und doch konnt' er nicht widerstehen, dahin zu blicken, was der lichte Schein ihm wies.

»Und Du drohest immer wieder«, sagt' er dabei mit Flüstern, »und ewig blutet die Wunde?«

Da sah ich ihn aufspringen und das Schwert aus der Seite des Bildes ziehen, darin es stak. Er trat damit in das Licht und ließ den Stahl darin blitzen.

»Ja«, rief er dann mit leisem Stöhnen, »sie sind noch immer da – die blutigen Flecken, und keine Zeit hat Rost genug, sie zu verzehren!«

Und jetzt schwang er die Waffe mit wilder Gebärde, und es hatte das Ansehen, als wollt' er sie gegen sich selber richten und es schüfe ihm Mühe, davon abzulassen, und ich hört' ihn dabei klagen: »Verloren all' – all' verloren!«

»Hilf, Herr!« dacht' ich. »Er ist von Sinnen kommen!« und richtete mich in die Höh'.

Da wandt' er sich und wie er mich ersah, schüttelte er heftig sein Haupt, streckte die Arme gegen mich und rief mit drohender Stimme: »Du da? Du bist der Bringer schrecklicher Dinge! Du weckst auf zur Mitternacht, was mit Mühe begraben war!«

Und als ich weiten Auges und sprachlosen Staunens voll nach ihm blickte, rief er wieder: »Sieh nicht so her mit diesen Augen! Es ist nicht! Es ist Lug auch dies, und nimmer heilt die Wunde!«

Aber plötzlich sprang er auf mich zu, und, eh' ich's hindern konnte, hatte er von meiner Schulter das Linnen gestreift, das ich trug. Als er, die Waffe in der Hand, sich dicht über mich beugte, wähnt' ich nicht anders, denn daß der Rasende mich morden wollte. Und ich schrie laut.

Im selben Augenblick aber war er zur Seite meines Lagers in die Knie' gesunken und seine Arme hielten mich umschlungen. »O Gott, o Gott!« rief er mit einer Stimme, weich wie die eines Kindes. Und seine Hand strich mir kosend über Stirn und Wangen und seine Thränen tropften auf mich nieder. »Schlaf, Diether, schlaf!« sprach er wieder, »kein Schrecken des Ortes müsse Dir nahen, und Engel des Friedens müssen Dich beschirmen.«

Darnach ergriff er meiner Hände eine und hielt sie an sein Herz, als würde von der Berührung der Sturm sich legen in seiner Seele. Als er so gethan, beharrte er eine Weile, wie mich däuchte, im Gebet, bekreuzigte dann sich und mich, stund auf und gieng der Thür zu. Bevor er hinausschritt, kehrte er sich noch einmal zu mir und sagte wieder: »So schlaf denn, Diether! und zürne dem Alten nicht um sein wirres Wesen, damit er Dich erschreckt hat; Du siehst, es ist vorüber.«

Aber wie hätt' ich nach dem Allen vermocht, jetzt nach seinem Wunsch zu thun. Mich trieb's dem Alten nach zu seh'n. Ich erblickt' ihn durch's Fenster, wie er ein nahes Gestein erstieg, unter dem das Wasser breiter und stiller dahinfloß als anderwärts. Dort stund er eine kurze Weile unbeweglich und warf die Waffe, die er mit sich genommen, hinab in die Tiefe. Vorgebückt sah er ihr nach, wo sie versunken war. Dann gieng er festen Schrittes die Höhe hinan. Ich konnte nicht ersehen, wohin er seinen Weg nahm.

Aber da ich leise das Fenster geöffnet hatte und, wie ich mich hinauslehnte, den ersten bleichen Schimmer des Tages über die Berge aufdämmern sah, tönt' es wie ferner Gesang in mein Ohr. Und bald unterschied ich heilige Klänge und Orgelton.

Da trat ich hinaus.

Laut und lauter ertönte der Gesang und deutlicher erscholl der Orgelton; und jetzt schwangen sich die Töne auf, wie nächtliche Nebel aus der Tiefe zu lichten Morgenwolken werden, und ich hörte vernehmlich den Lobgesang St. Ambrosii. Aus voller Brust stimmt' auch ich ein und sang die sel'gen Klänge mit. Da schienen mir die Waldvöglein, die davon erwachten, auch mit uns Gott zu loben in ihrer Weise; und wie ich hinaufsah nach St. Wigbert's Kirchlein, gieng der erste Sonnenstrahl über sein Dach, die nächtlichen Schatten entflohen und ich grüßte das süße Licht.

Sechstes Kapitel.
Widerstreit.

ewißlich ist's nichts Sonderliches, daß ein müßiger Mann den Sonnenstrahl betrachtet, der durch's Fenster strömt und die Stäublein darin, wie sie hin und wieder schweben. Und ich durfte müßig sein in jener Nachmittagsstunde, da ich im Chor unserer Kirche ins Gestühl niedersaß dem Bilde gegenüber, das ich eben vollendet hatte. Es war die Nachmittagsstunde eines heißen wolkenlosen Sommertages, unlange vor dem Feste St. Johannis Baptistae; auch in der Kirche war die Luft fast schwül, draußen regte sich kein Laub, und nur das Flattern geängsteter Schmetterlinge unterbrach die Stille, die durch die Wärme aus ihren Puppen heute hervorgelockt sein mochten und nun, die Freiheit suchend, gegen die Scheiben flogen, oder auch, weil sie die bunten Gläser für leuchtende Blüthen hielten. Sonderliches also war es nicht, daß ich malmüder Mann der sommerlichen Ruhe rings umher behaglich mitgenoß, die Hände ineinander gelegt hielt und den spielenden

Sonnenstrahl betrachtete, der drüben vom Fenster her hart neben mir auf das Schnitzwerk am Gestühle gieng. Doch ich betrachtete ihn und betrachtete ihn auch wieder nicht. Mein Auge blieb daran haften, aber meine Gedanken thaten nicht also. Er war ihnen wie eine Brücke, auf der sie die Fahrt nahmen, woher er kam: hinaus in die Weite. Allda besuchten sie manche wohlbekannte Stelle. Es war, als ob derselbe Sonnenstrahl sie ihnen beleuchtete, den jetzt meine Augen hier in der Kirche vor sich sahen.

»Zeuch in Frieden zurück in Dein Kloster!« hatte Brun gar freundlich zu mir gesagt zur Letze, da wir schieden, und hatte wie zum Segen seine Hand erhoben. – »Zeuch zurück, Diether, in Deinen Frieden, und auch die Erinnerung an all' das, was Du auf Deiner Fahrt hier bei mir und anderswo erlebt, störe ihn Dir nicht! Jeder Tag hat seinen Ruf zu gewohnter Pflicht. Überhöre keinen; und in solchem Gottesdienst wird Dir allzeit die Gegenwart freundlich bleiben auch im Ernst und in der Mühe, sie wird Dir nicht verleidet werden durch ungeduldiges Hinausschweifen in die Zukunft, noch wird, was in der Vergangenheit hinter Dir liegt, Dein Wünschen und Wähnen zu eig'ner Qual gefangen nehmen!« Dann hatt' er mir auch gesagt, ich sollte die Aventiure, so mir begegnet war, und all' meine Fahrt als das ansehen, wozu sie mir auch ursprünglich bestimmt gewesen: als etwas, das nicht mich angienge, mein Sinnen und Meinen, sondern allein nur meine Kunst, mit ihr desto besser Gott zu dienen.

Nach solchem Rath hatt' ich denn treulich gethan, und mich däuchte, er war mir trefflich gediehen.

Ich hatte mir fürgesetzt, von Allem, was sich mit mir zugetragen hatte, so es möglich wäre, gegen Niemand im Convent zu reden: ich würde denn gedrungen dazu. Denn ich wußte wohl, daß dann des Fragens kein Ende sein würde, auch des Spottes nicht und des Verdachts. Nur wie ich vor Abt Albrecht bestehen sollte mit meiner Beichte, wenn er mich vor sich erfordern würde zur Rechenschaft von meiner Reise und von dem, was ich ausgerichtet – das schuf mir Noth. Mein Bleiben auf Elzeburg, und daß ich mir die Verwechselung so lang gefallen ließ, die Ursach' auch, aus der ich dahin gerathen, meine Gesellung zu den zween Fahrenden: wie konnt' ich denken, dies Alles dem Gestrengen so glimpflich fürzubilden, auch wenn ich dabei der besten Kunst brauchte, die ich vermöchte, daß er darob seine Gunst nicht von mir wendete, mich hart anließ' und gar in die Geißelkammer schickte zur Pön und Büßung.

Damit aber war es mir viel besser gerathen, als ich mich deß versehen hatte. Denn da ich wieder gen Maulbronn kam und in den Klosterhof trat, und die Brüder, eine gute Zahl, mich sogleich umringten, so Viele meines Kommens wahrgenommen, und ich von allen Seiten hörte: »Salve, Diethere!« oder: »Quid novi?« oder: »Heah, Diether, wie hast Du ein ander Aussehen gewonnen auf der Fahrt!« und da beinahe ein Getümmel entstund von der Menge der Herzulaufenden und dem »Diether«-Rufen – so merkt' ich allsogleich, daß es heut an Abt Albrecht's Regiment fehlen müßte, denn es war die Stunde des Tages, da sonst keiner der Brüder, zwingende Ursach' ausgenommen, sich in Hof und Kreuzgang zeigen durfte. Wie ich denn des Abtes drohende Gestalt nirgend aus einer Pforte oder zwischen Pfeilern hervortreten sah, fragt' ich nach ihm. Da thaten sie mir Bescheid, daß er, hochwichtige Rechte unseres Klosters zu verfechten, gen Pforzheim gezogen wäre, allda mit etlichen hohen weltlichen Herren zu handeln, die sich unterwunden, unseres Stiftes Privilegien anzutasten. Unser Prior, dem er zumeist vertraute, wäre auch mit ihm, und so möcht' ich mich um deswillen nichts besorgen, sondern unter ihnen bleiben und von meiner Fahrt erzählen. Da sagt' ich ihnen, vom weiten Wege wär' ich übermüde, und ob sie nicht wüßten, daß zu dem Willkomm', damit man den Waller begrüße, bevor Allem sich die Atzung schicke, die man ihm erbiete. »Und wenn Ihr mir die gegönnt habt«, sagt' ich, indem ich dem Refectorio zuschritt, »so seid gefüge und laßt mir heute die Ruhe, die ich Wegmüder wohl mir verdienet habe.« Da meinten Etliche, ich wäre wohl gar stolz worden, die Meisten aber lachten und sagten, man sähe, daß ich in des Bischofs Pfalz die höfischen Sitten erlernet hätte.

Nun ward mir nicht um ein Kleines sänftiglicher zu Sinne, daß ich dergestalt heut und morgen des Erscheinens vor des Abtes hellem Auge überhoben war; und wie ich mich der Brüder, sonderlich der Neugierigen unter ihnen auch ferner erwehrte, ihnen von meinen Aventiuren nichts zu verrathen, auch dazu ward mir Rath. Denn andern Tages früh, sogleich nach der Matutin, überkam ich den Befehl, den der Abt für mich zurückgelassen hatte: ich sollte, sobald ich von meiner Fahrt heimgekommen, schier ungesäumt mich an mein Malwerk in der Kirche machen und dasselbige also fördern daß die Verzögerung, so ihm durch mein Abwesen widerfahren, nach Möglichkeit wiederum eingeholt würde.

Behender, dünkt mich, bin ich nie auf's Gerüst hinangestiegen, als dazumal, und lieber hab' ich nimmer darauf mit Stift und Pinsel geschafft, noch eifriger. Und das nicht allein darum, weil ich, so lang' ich droben weilte, vor aller Bedrängniß durch lästige Frager geborgen war; – denn Niemand durfte mich aus sonderlichem Untersagen des Abts da heimsuchen, er mußte denn zu Hilf' und Handreichung von mir begehrt sein – sondern ich erfand auch eben da, wie weise Brun bei meinem Abschiede mir gerathen. Ja, noch trefflicher wies sein Rath sich mir aus, als er wohl selbst gedacht hatte. Denn diese Arbeit, dazu jeder Tag mich rief, lenkte freilich all' meine Gedanken auf sich und forderte mein Vermögen, es gänzlich daran zu kehren. So wurde mein Gemüth vom unruhigen Schweifen durch sie heilsam zurückgehalten. Aber da bewies Frau Kunst an mir Unmüßigem noch eine besondere Tugend. Denn sie versagt denen, die sie meinen und minnen, nichts von Allem, wonach sie Herze tragen, und freiet sie doch zugleich von vergeblichem Sehnen darnach und seiner Unlust. – Sie läßt die Seele der Dinge, daran sie hängt, genießen, als wären sie beständig gegenwärtig, und kein Herbst drohte den Blüthen und keines Todes brauchten sie sich zu entsetzen; damit mein' ich gar nicht, daß die, so einer edlen Kunst rechte Jünger sind und mit solcher Gotteskraft begabt, Leid und Mühe in der Übung solcher Gabe nicht kennen: der Wiederhall von der Menschheit Weh und Wonne, ja von Himmel und Hölle ertönet wohl lauter in ihrem Herzen als in anderen; aber das sag' ich, daß die Bilder der Dinge in ihrem Gemüth sich spiegeln können in all' ihrem unterschiedlichen Licht und Glanz, und dennoch das Herz davon nicht verwirrt wird, sondern in der Stille bleiben kann und edlen Freiheit.

Also, ist mein Wähnen, geschah auch mir in jenen Wochen nach meiner Wiederkunft, da ich das Bild malte im Chor vom englischen Gruß. Ohne Absicht gerieth es mir da nach dem Bilde, das ich von den draußen erlebten Maientagen in der Seele trug, und je eifriger ich allen Fleiß zu meiner Arbeit kehrte, desto näher brachte sie mir das Erlebte, und Vergangenheit und Gegenwart, Thun und Betrachtung flossen in Eins zusammen und störten sich nicht. Da geschah's auch, daß, wie ich die sel'ge Gottesmutter auf das Bild gebracht hatte, die hehre Fraue Irmela's Züge an sich trug, und ich hielt's nicht für sündlich, sondern setzte mit Freuden die Glorie um's Haupt aus lauterem Golde; denn ich gedachte, daß wir ja auch das

Heiligste nicht anders bilden können, als indem wir Gottes Creatur dafür zum Gleichniß erkiesen. Ich malte aber auch unter das Laub, so die heilige Maria überhängt, ein Gezweig blühenden Flieders und zu der Lilie im Gefäß that ich ein Reis mit röthlich schimmernden Apfelblüthen. Solches und Anderes fügt' ich hinzu, nach dem Bildniß, das ich von Elzeburg mit mir gebracht hatte.

Als es nun Alles vollendet war, mit größerem Fleiß und eifrigerem Trachten das Beste meines Vermögens zu thun, als ich je zuvor an ein Bild gekehrt, däuchte mich's wohl gerathen und ich dachte: »Was gilt's! Schwerlich hätte Abt Albrecht dem welschen Bilde, nach dem er mich ausgesandt, eine bessere Zierde für unsere Kirche verdankt, als er nun gewonnen hat!«

Mit solchen Gedanken saß ich nieder in's Gestühl an jenem Vormittag mit dem Behagen Eines, der sein Werk vollbracht hat und nun ganz der Ruhe genießt. Aber da zog der Sonnenstrahl meine Betrachtung hinweg vom Bilde und lenkte sie hinaus, und zum ersten Mal nach meiner Heimkunft, dünkt mich, stieg in mir die Frage auf, ob ich wohl für immer von dieser bunten Welt draußen und von Elzeburg und ihrem Ingesinde sollte geschieden bleiben. Irmela's Zuversicht kam mir in Gedanken, die sie bezeugte, da sie mir beim Scheiden die Hand bot, daß sie mich um die Sonnenwende zu Speyer wieder zu sehen gedächte, als ihrem Ohm gesindet. Ich mußte auch gedenken, wie sie sagte, sie verhoffe noch manche Lieder von mir zu hören und fröhliche. »Wie wird sie sich verwundern«, dacht' ich, »wenn sie vernimmt, ich sei entschwunden«, und ich fragte: »ob sie dann auch meiner Bitte sich erinnern wird, die ich that, nimmer schlimm von mir zu halten?« Und ich wünscht' es mir also. – »St. Johannistag ist nahe«, dacht' ich wieder, »nun wird das Mägdlein auf sein gen Speyer; leichtlich ist sie schon allda. In der Kurzweil' und im fürstlichen Glanz des Hofes wird sie die enge Burg am stillen Wiesenthal bald vergessen haben – und, eitler Diether, noch bälder Dich!«

Da wandte ich mich hinweg vom Sonnenstrahl, denn er, so schien's mir, lockte meine Gedanken auf diese Bahn, und ich beschloß, solchem Sinnen nicht ferner nachzuhangen. Brun's gedachte ich und seiner Mahnung, da er mich von sich ließ; ich gedachte auch der traurigen Geschichte, die er mir erzählt hatte. Wie war er doch selbst von ihr so bewegt worden und wie eindringlich warnte sie mich! Am Tage nach jener Nacht, da ich ihn so gar verändert und erschreckend gesehen, hatte er Alles dessen, was er da gethan und gesprochen, nicht mehr gedacht, als wär' es von ihm vergessen wie ein Fiebertraum, aber mit viel freundlichen Worten hatte er meine Lust gelobt in's Kloster zurück und sie gemehrt. Auch hatt' er mir gesagt: diesmal sollte unser Wiedersehen nicht aufgespart bleiben, bis ich auf's Neue eine Verwandlung leiden und die Flucht geben müßte, denn dann würd' er und gewißlich ich auch sie nimmer wünschen; sondern um meinetwillen wollt' er unterweilen aus seiner Waldestiefe herfürtauchen und mich heimsuchen im Kloster. Einem alten Waldbruder würde der Convent den Eingang nicht versperren. Um den Johannistag wollt' er mich sehen. Dessen gedacht' ich jetzt und wie übelgethan es von mir wäre und Zeichen eines unverständigen Sinnes, wenn ich des treuen Berathers vergäße, den ich mir gewonnen hatte, und außer seiner Gunst von meiner Reise sonst noch etwas mehr begehrte, als was sie mir droben für mein Bild eingebracht hatte. – »So will ich denn«, sagt' ich bei mir, »in dieser Sommerzeit nur des Alten harren und sonst nichts suchen zu schauen von Allem, was jetzt das Sonnenlicht mir gezeigt.«

Ich hatte mich wohl kaum erhoben und gedachte die Kirche zu verlassen, als ich im Laienchor feste und eilige

Schritte hörte, und gleich darauf durch das Lettnerpförtlein Abt Albrecht und hinter ihm der Prior sichtbar wurden. Er war immer ein Herr von wenig Worten, und so mocht' er auch von Andern keins zum Überfluß hören. So fragt' er nach kurzem Gruß allsogleich, wie's mir mit dem Bilde gerathen wäre. Ich verneigte mich und wies hinauf. Er betrachtete das Werk aufmerksam und rief dann nach kurzer Weile:

»Ei, Diether! Das ist Dir trefflich gerathen, und an dem Eifer, mit dem Du daran geschafft hast, vermerke ich mit Freuden, wie fördersam Dir die Reise gewesen ist. Zwar«, fuhr er fort, » ich sehe, Du hast von dem Deinen hinzugethan, aber ausbündig herrlich muß das Muster sein, nach welchem Dir hier dies Bild unserer lieben Frau gelungen ist, und nicht zuviel nach meinem Wahn hat man mir die hohe Kunst des welschen Meisters gerühmt.«

Und er betrachtete wieder das Bild.

»Wir sind wohl zufrieden mit Dir«, sagt' er dann noch, indem er sich zu mir kehrte – »erwarten nun aber, daß Du nicht minder Eifer und Kunst an dem Werke beweisest, das Dir noch zu thun vorhanden ist. Hier, weißt Du, sollen die heil'gen drei Könige fürgestellt werden (und er zeigte auf die Stelle der Wand), wie sie gezogen kommen, den Gottessohn anbeten und ihre Gaben opfern. Dies sei das Bild, Diether, das Du nun angreifest. Und ohne Verzug! Denn wenn Du Profeß thust, muß zu mehrerer Ehre solcher Feier all' diese heil'ge Zier von den Wänden auf Dich herniedersehen, der durch Gottes Gabe und Gnade sie dahin gebracht hat.«

»So eben zur Stunde, ehrwürdiger Vater«, sagt' ich bescheiden, »hab' ich das Letzte dort am englischen Gruß gethan.«

»So ruhe heut«, sagt' er wieder, »und heb morgen mit den

heil'gen drei Königen an.«

»Noch weiß ich nicht, wie ich's am Besten angreifen mag, und die Königliche Pracht fürzubilden dünkt mich schwer zu sein, der ich des ritterlichen Wesens wenig erschaut habe.«

»Doch mancherlei davon, Diether, ist sonder Zweifel Deinem Auge kund worden auf Deiner Fahrt, und wie hier am englischen Gruß der Gewinn spürbar ist, den Deine Kunst aus Deiner Wanderung gezogen, so verhoff' ich, wird auf dem Bild von den Weisen aus dem Morgenlande noch mehr davon sichtbar werden. – Wohlauf, Diether! sei Dir heute Freiheit gewährt, durch Feld und Wald zu streifen. Brauch' solcher Muße, dem Werke nachzusinnen, das Dir nun obliegt. Ist es nur erst in Deiner Seele lebendig, so werden die Hände bald nachfolgen, es zu gestalten. Nur zögere nicht und laß Deine Kraft nicht erlahmen. Was etwan durch Dich von Gebhardus Episcopus aus Speyer mir entboten ist, darüber sollst Du mir berichten, wenn ich Dich mit Nächstem darum vor mich fordere. Denn zur Zeit liegt Anderes zu Recht zu bringen uns hart an.«

Damit winkt' er seinem Begleiter, hub zu Gruß und Segen die Hand gegen mich, und als ich aufsah, schritten sie schon das Pförtlein hinaus, durch das sie gekommen waren.

Da verließ auch ich die Kirche. Nach des Abtes Rath und dem Antriebe meines eigenen Herzens eilt' ich die Klostermauern hinter mir zu haben. Wacker waren meine Schritte, da ich den Weg hinan schritt gen Bretten, und doch hatt' ich kein Ziel. Mich trieb's nur zur Bewegung, und zu rasten wär' mir unmöglich gewesen. Und ob ich gleich mit allem Fleiß mein Gemüth dahin zwang, über das Bild zu sinnen, das ich allsofort zu malen anheben sollte, so gelang es mir damit nicht, meine Gedanken zur Ruhe zu bringen und zum stillen Aufmerken, wie meine Hand das

Alles gestalten möchte. Sondern immer wieder schweiften sie hinaus und zurück in die Welt, der ich ungedacht eine Weile zugesellt gewesen war. Ja, das Sinnen über das Malwerk selber, so mir aufgetragen war, half ihnen heute auf diesen Weg. Denn so oft ich mir die heiligen Waller fürstellte mit ihrer reichen Pracht, und mit ihnen den reisigen Troß; immer wieder waren es da Gestalten von Elzeburg, die dahin zogen, zierlich geschmückt, und dann schienen sie mir mit ihren Fähnlein zu winken, als grüßten sie herüber und riefen: »Irmela der Herrin fahren wir entgegen!« Dann war's, als müßt' ich selber mich zu ihnen gesinden und ich sähe mich da auch unter dem Troß.

Da sprach ich zu mir: »Diether, es taugt Dir heut hier außen nicht, mach' Dich zurück in die Abtei, schleuß Dich ein in Deine Zelle, nimm Kohle und Stift zur Hand, und hefte Dein Auge stracks nur auf's Papier, so werden die schweifenden Gedanken zur Ruhe kommen!« Aber dem Willen folgte die That nicht, und statt umzukehren, schritt ich fürbaß, als würde ich vor mir stärker gelockt.

Nun machte der Weg, den ich zog, eine Wende und lenkte zwischen felsigten Bergen in ein Thal hinein, das mit grünem Wiesenplan gar freundlich sich vor meinen Blicken aufthat. Hier wandelt' ich zumeist schon im Schatten, der die Hitze des allgemach sinkenden Sommertages milderte, indeß droben auf den Höhen das röthliche Gestein, von hellem Grün dicht belaubten Buchenwaldes umgeben, im Glanze der Sonne desto leuchtender herniedersah. Mir zur Seite floß ein rauschendes Wasser. Seine Wellen hüpften in Sprüngen dahin, als lüden sie mich ein auszuschreiten ihnen nach, und wüßten mir noch Schönes zu zeigen. Und fürwahr! darin trogen sie nicht. Denn nicht gar lange war ich das Thal hindurchgezogen, da that sich mir ein Bild auf, unmaßen lieblich dem Auge anzusehen. Hier waren die Bergzüge noch höher, aber sie stiegen zu beiden Seiten sanfter hinan und hatten in ihre Mitte, als wollten sie es beschirmen mit Riesenarmen, ein Dörflein genommen. Das hieng an der Lehne eines waldigen Hügels, aus dem ein Felsen steil emporstarrte. Auf diesem Felsen ragte eine bethürmte Burg, gar trutzig über die Dächer unten hinausschauend in die Ferne, dem wachsamen Hirten gleich, der sich bewehrt hat, seine Heerde vor dem Wolf zu schirmen. So friedlich und sicher lagerten sich hier die Häuser an den Bergeshang, der die Burg trug, dicht zusammengedrängt, und nur hie und da lugte noch ein Dach weiter unten im Thal zwischen breitwipfligen Nußbäumen hervor. Rebenpflanzungen und Ackerfelder bis oben an den Waldrand der Berge, wohlbestellte Gärten und fette Weiden um's Dorf her bezeugten, daß es diesem Winkel der Erde nicht am Segen des Himmels, noch am Fleiß der Menschenhände fehlte.

Froh überrascht von dem unerwarteten Anblick hielt ich meine Schritte an. Noch besser sein zu genießen, klomm ich einen Pfad hinan, der die Höhe aufwärts führte zur Seite meines Weges. Da gewann ich bald vom Vorsprung eines Felsens ein herrliches Lugaus. Burg und Dorf und Gärten und Wiesen, in vielen Schlingungen vom fließenden Wasser durchzogen, und weiterhin ringsum die Höhen, hier sanfter anschwellend, dort schroffer emporsteigend, zumeist herrlich prangend mit reifenden Saatfeldern und weitästigen Obstbäumen, dazu die mächtigen Waldungen, die oben die Bergrücken bekrönten und auch, wo Schluchten und Klüfte waren, bis unten zur Wiese sich hinabsenkten: Dies Alles übersah ich nun mit einem Blick und es däuchte mich, als schaut' ich ein Bild, gemalt von des besten Meisters Händen. Da zog sich auch der Weg, den ich gegangen war, weiter zwischen Wiesen und Gärten an dem Burgberg vorbei in das Dörflein hinein. Drüben, wo es zu Ende war, ward er wiederum sichtbar, wie er zum Thal hinausführte, das da als in einem Bogen sich abschloß. Die Straße theilte sich dort, so daß ein Arm zur Rechten des Wassers blieb und mit diesem zugleich, sich allgemach krümmend, hinter einem Berge verschwand, der da steil aus dem Wiesengrunde emporstieg. Quer durch diesen Wiesengrund linkswärts zweigte sich von dem ersten Weg ein zweiter ab; den führte eine stattliche Brücke über das Flüßlein, und darnach schien er in das Gebirg gen Mittag hinaufzuleiten. –

Wie ich so all' dies mit Muße von meiner Höhe aus betrachtete und mich recht eine Freude durchdrang über die stille Herrlichkeit der Gotteswelt vor mir, da ward mir's gewiß: Dies wäre mir nicht vergeblich gezeigt. »Könntest Du«, sagt' ich zu mir, »Etwas ersinnen, was wohlgefälliger anzuschaun wäre und würdiger, die Stätte vorzustellen, da die heiligen Könige dem Gotteskinde und seiner Mutter begegnen – als hier dies bergumschlossene Gefild? He, Diether! Nun präge Dir all' diese Augenlust recht tief ein in Dein Gemüth nach Gestalt, Licht und Farbe; denn traun! wenn jetzt der Abendstern schon erblinkte und schickte seine Strahlen von dort oben: auf eine minder wonnesame Welt, wähn' ich, säh' er nicht hernieder, als damals der Wunderstern, der über Bethlehem stille stund.« Solches sagt' ich zu mir und ließ meinen Blick über Alles wandern, was da zur Weide vor ihm ausgebreitet war. Drüben vom Abend her, wo der Weg hinausführte aus dem Thal, quoll zwischen den Bergen, die dort ein wenig auseinanderwichen, ein breiter Strom goldenen Lichtes herein und streifte die Baumwipfel des Waldes und traf auch die Zinnen der Burg. Von da, dacht' ich, sollte nun die reisige Schaar heranziehen, so die Helden der Gottesminne geleitet, und wie würden sie voll Freude jauchzen, wenn sie hier das Ziel ihrer Fahrt ersähen. Und wieder stellten sich die Gedanken von vorhin ein, wie ein erwünschtes Ding es doch wäre, wenn ich selber da heute so mitreiten könnte über Berg und Thal, und zöge durch die geschmückte Welt zur Sommerzeit. –

Träumt' ich da, oder befieng ein Zauber meine Sinne, der mir zum Spott vor's Gesicht brachte, was doch nicht war?! Denn siehe! Dort drüben auf dem Wege zum Thal hinein kam's hervor, zuerst nur undeutlich zu sehen zwischen den Waldbäumen, dann glänzend im Sonnenlicht, ein reisiger Zug, stattliche Reiter voran und, wie ich am blitzenden Zierrath erkennen konnte, den Mannen und Rosse trugen, herrlich geschmückt. Wappenherolde schienen die Vordersten zu sein, denn sie waren reich in Purpur und Gold gekleidet; sie trugen ein Banner, und von den Häuptern ihrer Pferde nickten bunte Federbüsche; ihnen folgten gewappnete Knechte zu Fuß und andere reitend auf Rossen, die auf's Zierlichste aufgezäumt waren. Darnach kamen Ritter und Herren, alle prächtig angethan, nicht gerüstet, sondern als hätten sie sich einem Feste entgegengeziert und an Seide, an Sammet und an köstlichen Fellen und Borten nichts gespart. Unter ihnen war auch Einer, der saß gemächlich auf weißem Zelter: nach Hut und Gewand sah er aus wie ein hoher geistlicher Herr; Diener führten sein Thier. Nach diesen kamen Saumthiere, mit allerlei Gezeug und Geräth hochbeladen, wie zur Lagerung und Hofhaltung, zu Gezelt und Küchenwerk bestimmt, und letzlich zog ein bunter Haufe allerlei Volks hinterher, wie sich allweg solcher Leute genug zusammenfinden, wo immer es etwas zu schauen, vielleicht auch zu gewinnen gibt. So entfaltete sich dieser Zug, aus dem Walde herfürkommend, und war nun ganz sichtbar auf dem Wege, den er erfüllte.

Schon wähnt' ich, sie würden ihre Fahrt etwan hinein in's Dorf nehmen und hinauf zur Burg oder an mir vorüber; aber da sie an die Scheide des Weges gekommen waren, wandten sie sich linkswärts zur Brücke und zogen da die Straße quer durch's Thal in das Gebirg' hinauf. Staunend ruhte mein Auge auf all' der ritterlichen und lustsamen Pracht, wie ich zuvor ihres Gleichen nie ersehen hatte, und haftete so viel möglich an jedem Einzelnen, bis auch der Letzte aus dem Zuge hinter den Bergen verschwunden war. Das war bald geschehen und drüben war mir der Weg wieder so einsam wie vordem.

Wohl durft' ich mich da fragen, ob's Wirklichkeit gewesen wäre, was ich erschaut oder nur Wahn und Einbildung. Doch solcher Zweifel ward mir bald benommen, denn ich sah zween Knappen zurückkehren sogleich darauf, und als solche, die zu einer Botschaft ausgeschickt sind, die Straße heranreiten, welche in's Dorf führte. Sie mußten frohe Märe zu bringen haben und selber frohen Muthes sein; denn Alt und Jung, so auf der Dorfstraße zusammen kam, durfte die fremden Gäste fragen und gewann, wie ich an dem Winken und Rufen der Leutlein wahrnahm, schier guten Bescheid. Der eine der Beiden lenkte seitwärts hinan zur Burg, der andere ritt weiter fürbaß.

Als ich sah, daß er den Weg zog, den ich gekommen war, und also an mir vorüber mußte, stieg ich behend von meiner Warte hinab, und da er nahte, schritt ich ihm entgegen, grüßte ihn mit Züchten und fragte, ob er mich wohl bescheiden wollte, welcherlei Herren das gewesen wären, die da mit also stolzer Pracht hindurchgezogen, und was wohl ihrer Reise Ziel. Auch sagte ich noch dabei: ich hielte wohl, es müßten vor Andern auserlesene Ritter sein, und gewißlich war's ein hohes Freudenfest, dem sie in solchem Schmuck entgegenführen.

Da erwiederte der Gefragte: »Ihr habt meiner Treu mit Beidem das Richtige getroffen, wenn anders eine Hochzeit ein Freudenfest ist und ein Bischof und Grafen und Herren ihr Bestes thun, sie stattlich auszurichten.«

Darnach sagt' er mir, daß sie von Speyer kämen, dahin die

junge Braut zu geleiten, welche Conrad, dem Neffen des Bischofs Gebhard, bestimmt wäre. Der Bischof selber führte ihr den Bräutigam zu, und manch' Edler wäre noch in seinem Gefolge. Hier unweit sollte die Begegnung stattfinden und einen herrlichen Empfang wollte man der Braut und ihrem Geleite bereiten. »Da wird es,« schloß er, »an Ehr' und Herrlichkeit nicht fehlen, noch an edler Lustbarkeit und ritterlichem Spiel, wie es Brauch ist in deutschen Landen, wenn man höfische Tugend und milde Sitten beweisen will; so wird's auch Euch nicht reuen, geistlicher Bruder, wenn Ihr anders Euch solchem Weltwesen nicht ganz widersagt habt, da das Fest mitzuschauen und nach Eurem Theile seiner Freude mit zu genießen. Gewiß! Ihr bringt genug der Erinnerung heim, davon noch lange zu zehren hinter den Mauern Eures Klosters.«

Darauf trieb er sein Roß an und trabte von dannen. Das war mir leid, denn was er mir berichtet hatte, gieng mir näher zu Herzen, als er's denken konnte, und gerne hätt' ich von ihm noch mehr erfragt.

Aber der ritterliche Zug und was ich von ihm erkundet hatte, das kam mir auf meinem Heimwege nicht aus dem Sinn. Wieder waren meine Gedanken nach Speyer gelenkt, wo ich um diese Zeit auch weilen sollte, wenn ich nicht von den Elzeburgern mich losgerissen hätte, und ich fragte mich, ob Irmela wohl schon allda wäre mit ihrem Ohm oder ihr diese hochzeitliche Fahrt gälte. Schalt ich mich dann wegen solchen Fragens, das mir doch zu nichts diente als zur Mehrung meines unruhigen Muthes, so half solche Scheltung nichts. Denn immer wieder sah ich vor mir die Ritter und Mannen und plagte mich mit der Frage: »Ist's Irmela, der sie entgegen ziehen?« –

So war denn mein Zweifel und meine Unruhe groß, da ich

spät gen Maulbronn zurückgelangt war, und vor Herzensschwere und Widerstreit in meiner Seele durchwachte ich diese ganze Nacht. Ich erfand in mir die heftigste Lust, noch einmal mich aufzumachen und unter dem Volke das Fest mit zu schauen, ob ich da die Elzeburgerin sehen möchte, vielleicht als die, der zu Ehren all' diese herrliche Pracht gezeigt ward. Und ich sagte mir, daß es ja nichts Arges wäre, das mich triebe, der Gelegenheit zu brauchen, das Mägdlein unvermerkt wieder zu sehen, ja, daß freilich das Gegentheil verwunderlich sein würde, und Zeichen eines blöden Sinnes; ich fand auch, daß jenes Thal mit der ragenden Burg noch einmal zu erschauen und dann das ritterliche Fest, mir weidlich am Bilde zum Guten gedeihen würde. Hatte mich doch der Abt selber dahin gewiesen, draußen zu suchen und mich umzuschauen, wie ich dem neuen Bilde am besten rathen könnte. Wenn mich aber so mein Sehnen schuldlos däuchte und daß es nicht noth wäre, meinem dahin gerichteten Gemüthe zu wehren, so warnte mich alsdann eine andere Stimme in meinem Herzen gar ernstlich, als wär' es doch nur eine Versuchung, die mich hinauslockte, um mich in Schaden und Unseligkeit zu stürzen.

Und eine Bangigkeit kam über mich, als ob es mir übel gerathen würde, so ich hinzöge. Als es aber lichtmorgen worden war und ich im Klostergarten der würzigen Luft genoß, da schöpfte meine Brust auch, däuchte mich, wieder frischen Lebensmuth, und es schien mir, die ruhelose Nacht hätte mich furchtsam gemacht, und ich sah nichts Schlimmes in meinem Wunsche.

Zwar an jenem Tage that ich ihm noch nicht Genüge. Sondern, wie sie mir in der Erinnerung lebte, zeichnete ich die Gegend, die ich gestern mir zum Bilde auserwählt, mit allem Fleiß, und auch die heiligen Wallfahrer mit ihrem Troß entwarf ich auf der Stelle, wo mir der festliche Zug erschienen war. Unmüßig war ich den ganzen Tag, daß ich morgen die Versäumniß mir desto weniger zum Vorwurf zu nehmen brauchte. Was ich dann an auserlesener Pracht und zierlichem Schmuck beim Feste sehen möchte, das wollt' ich mir wohl in der Erinnerung bewahren und für's Bild verwenden. Denn nur einen halben Tag gedacht' ich aus zu sein und den nächsten wieder im Kloster meiner stillen Arbeit obzuliegen. Je fester nun so mein Wille sich dahin kehrte, die Spiele mit anzusehen, die der Braut zu Ehren sollten gefeiert werden, und mich des Dinges weiter zu erkunden, und je mehr ich dabei Irmela's gedachte, ob und wie ich sie wohl wiederfinden würde, desto heiterer schien mir die Fahrt, die ich vorhatte, als wär' ich auch zum Feste geladen, und mich däuchte, wenn ich zu Roß da hinauf zöge, so hätt' ich das auf Elzeburg also erlernet, daß ich keinem der Herren zur Schande da sein würde.

In solchem Muthe machte ich mich denn Tags darauf, noch ehe man Mittags zur Speisung im Refectorio zusammenkam, von dannen. Dem Pförtner sagt' ich, meiner Kunst zu Dienst müßt' ich aus sein und am Abend würd' ich wiederkehren. Daß mir solche Freiheit verstattet war, mehr als den Brüdern, deß waren sie gewohnt im Convent, und so ward ich auch heute nicht weiter gefragt und schritt ungehindert durch die geöffnete Pforte.

Draußen in einem der letzten Häuser, die um's Kloster gebaut sind, wohnten alte Leute, die der Abtei hörig waren. Es war ein Ehepaar, Mann und Weib wohlbetagt. Ihnen gieng ich nie vorbei, ohne einzutreten in ihre Hütte oder wenigstens durch's Fenster sie zu grüßen. Es geschah immer zu ihrer großen Freude; denn in meinen jungen Kinderjahren war ich in ihrer Pflege gewesen, und noch immer hegten sie eine sonderliche Liebe zu mir. Bei ihnen hatt' ich, da ich von Brun wiederkam, das köstliche von Irmela mir geschenkte Kleid niedergelegt. Denn Brun zwar, der mir einen klösterlichen Rock angezogen hatte, dem ähnlich, den ich sonst zu tragen gewohnt war, wollte, daß ich das zierliche Gewand bei ihm für immer zurückließe. Aber da ich wünschte, es zu behalten, weil mir zu meiner Malkunst solch' auserwähltes Kleid leicht noch nütze werden könnte, so willigte er ein und ich trug's im wohlverhüllten Bündlein mit mir. Niemand hätte mir wehren können, es mit mir in's Kloster zu nehmen und mit dem anderen Geräth und den Kleinoden meiner Kunst zu bewahren, aber ich hatt' es doch für viel gerathener gehalten, um alles Verdachts desto lediger zu bleiben, es nicht allsogleich mit hinein zu bringen. Und so hatt' ich Irmela's Gabe bei den Alten in Verwahrung gethan.

Zu ihnen gieng ich denn hinein, und gerne gaben sie mir, wie ich's heischte und unversehrt, das wohlverwahrte Kleid zurück. »Mir ist's bestimmt zu tragen«, dacht' ich. »Zwar die Kunst, mit der ich mir's verdient zum Lohn, gedenk' ich nicht mehr zu üben; aber wenn je, so mag es mir noch einmal dienen heute auf dieser Fahrt. Ist ihr Ziel heimlich, so sichert mir wohl dies Kleid, wenn's Noth ist, meine Heimlichkeit.«

Und so nahm ich's mit mir.

Siebentes Capitel.
Beim Feste.

s war noch hoch am Tage, denn ich war rüstig zugeschritten, als ich wieder zur Seite des Baches das Thal durchzog, von dem aus ich zum Dorf gelangen sollte, das so sicher sich lagert um die bethürmte Burg. Je näher ich dem Orte kam, desto merkbarer ward es, daß heut den Leutlein und der Gegend umher ein seltner Festtag angebrochen war, den mit zu feiern Keiner versäumen wollte, der wohl auf war und gerne fröhlich. Allerlei Volk zog, wie ich wohl sah, demselben Ziele nach wie ich; und gar am Orte selbst, als ich darkam, fand ich der fremden Gäste viele. Die Lustbarkeit der Herren mußte wohl bekannt worden sein aller Orten ringsum. Da waren Junker und Knechte, Bürger und Bauern, auch fahrende Sänger, Luftspringer, Gaukler und Hebräer, und was sonst Leute dem Gewinne nachgehn, wo müßiges Volk sich zusammenfindet, das die Lust an der Kurzweil der Sparsamkeit vergessen läßt. Alle zogen sie hindurch der Brücke zu jenseit des Dorfes, und auch von drüben ward der Haufe durch Gäste vermehrt, die den Weg zogen, auf dem ich die Herren hatte quer durch's Thal reiten sehen.

Ich hatte mich, da ich durch's Dorf schritt, Bauern zugesellt. Von ihnen erfuhr ich, daß heute Morgen die Braut und ihr Geleite unweit des Ortes angelangt und vom Bischof und den Herren mit ihm herrlich empfangen worden wäre. Alsbald hätten die Speyerischen die Ankömmlinge zum Lustlager geführt, das sie zugerichtet, allda zu rasten und die Begegnung fürstlich zu feiern.

Wie die Braut geheißen würde und woher sie käme, konnt' ich nicht erkunden; doch bezeugten sie, das volle Lob, das edlen Sitten und prangender Jugend gebühret, würde von der Sage der Leute ihr zuerkannt.

Unser Weg führte uns im Bogen aus dem Thal eine nicht kleine Höhe hinan. Weil die Bauern da oben zu ihrem Ackerwerk hinaufziehen mußten, wie sie mir sagten, so war die Straße breit und sanft ansteigend bereitet und gemächlich aus ihr zu schreiten. Hoher Buchenwald zu Seiten unseres Weges hinderte den Ausblick. Um so mehr war ich betroffen von der weiten Fernsicht, die mir sich darbot, da ich auf dem Scheitel des Berges angelangt war und aus dem Wald in's Freie trat. Da sah man weithin Gebirg' und Land, und unten vor sich das muntere Thal mit Burg und Dorf auf und nieder, wie es von den Bergen anmuthig umkränzt war. Aber auf dies Alles blieb mein Blick nur einen Augenblick hingelenkt; denn das Bild, das ich in der Nähe vor mir sah, nahm all' mein Aufmerken gefangen.

Da lag vor mir weit hingestreckt ein Wiesenplan, der beinahe die ganze Breite des Berggipfels einnahm. Sonst besuchte diese Stätte wohl nur der Hirt mit seiner Heerde, wenn er sie hinauf zur Weide trieb, oder auch die Bauern kamen dahin zur Grummetzeit, und wenn sie auf den anliegenden Feldern ackern oder ernten wollten. Aber heut' gieng's auf der Höhe ganz anders, lärmend und fröhlich zu. Zu Haufen stunden da die Menschen umher, thaten sich gütlich und hatten ihre Kurzweil, die gekommen waren, das Lustlager der Herren und Ritter und was dabei an Festlichkeiten vorkommen würde, mit anzusehen. Da verführte männiglich, wie es zu geschehen pflegt, wenn die Menge müßig ist und in Erwartung neuer Dinge, ein Getöse rings um mich her, da ich unter sie schritt, daß es schier in meinen Ohren erbrauste. Ich merkte bald, daß der Meisten Augen und Sinne nach jener Seite gerichtet waren, wo ich gleich anfangs, da ich die Aue übersah, das Lager der Herrschaften wahrgenommen hatte.

Da war unter einem Nußbaum, der hoch und weit seine dichtbelaubten Äste streckte, und etwas in der Mitte der Bergwiese stund, von seinem Stamme aus ein Überdach aus buntem Gewebe gespannt mit purpurnen Quasten, das vorne Stäbe trugen, die in Gold und Silber erglänzten. Unter diesem Überdach zur Erde waren Teppiche gebreitet mit schimmernden Borten; darauf stunden Sessel, die auch mit kunstreich gesticktem Zeuge überdeckt waren; als das Meisterlichste aber in zierlicher Arbeit und reicher Pracht mußte Jedermann die Decken auserkennen, so von der Höhe des Daches zur Erde niederhiengen und hinten den Raum abschlossen: sie schienen aus lauter Seide, Purpur und Gold gewebt zu sein. Als ich mit Staunen all diese edle Kunst betrachtete und Einen, der mir zunächst stund, fragte, was wohl des Gezeltes Bedeutung wäre, sagt' er mir, das wäre für die Braut bestimmt, von da aus den Spielen zuzuschauen, die zu ihren Ehren würden gehalten werden. Die reichen Decken aber hätte der Bischof aus seiner Hofhaltung von Speyer hergeführt. Daß ich da wieder vom Bischof Gebhard hörte, schuf mir wenig Freude, und mahnte mich daran, daß ich sicherer anderswo weilte, als wo er mir begegnen könnte oder ich ihm; doch er kannte mich ja nicht von Person, und wie sollte mich Irgendwer aus der Menge herausfinden, so ich mich nur klüglich hielt. Zudem wuchs mir heftig die Neugier, da ich von der Braut hörte, ihren Namen zu erkunden und ob es wohl Irmela wäre. So lugt' ich denn mit Eifer nach vorn, vielleicht da unter den Knechten, die hin und wieder liefen, einen vom Elzeburger Gesinde zu erkennen. Mit meiner hohen Gestalt sah ich, wenn ich mich ausreckte, leicht über die Häupter der Meisten. So erblickt' ich denn, ungehindert von dem Haufen, der mich umdrängte, Alles, was da für die Herren und ihre Gäste hergerichtet war. Ich sah reiche Gezelte und unter grünem Gezweig Tische, das Mahl zu halten. Seitwärts im Schatten des Waldraines stunden Rosse und Saumthiere, mit Halftern an die Äste der Bäume gebunden, oder an eingezäunten Stellen grasend.

Unweit von da waren von Brettern Tische und Bänke für die Knechte hergerichtet, und unterschiedliche Rauchsäulen, die hie und dort hinter Bäumen emporstiegen, ließen erkennen, daß man zum Mahle rüstete; wie denn auch jetzt schon unter einer schattenden Buche ein Schenke aus einem großen Faß Jedermann, der aus dem Volk da hinzutrat, den Becher oder Krug füllte. Wiewohl nun da die Geschäftigkeit der Diener um die Zelte und Tische groß war, und auch ritterliche Herren, in reichem Schmuck gekleidet, sichtbar wurden, so konnt' ich doch aus der Menge Keinen unterscheiden als einen Solchen, den ich vordem schon gesehen hätte. Aber all' dies Wesen und Leben vor mir erschien meinen Neulingsblicken doch so werth der Betrachtung, daß ich nur immer unverwandt hinstarrte und mit Herzklopfen nach den Zelten, ob etwan aus deren einem die Braut schreiten möchte.

So mocht' ich höher denn sonst mich gereckt haben, gar

nicht achtend, ob ich nicht auch selbst ringsum Allen so bemerkbar würde, als ich hinter mir eine Stimme vernahm, von der ich gewiß war, daß ich sie nicht zum ersten Mal hörte.

»Sieh dort den Mönch, der mit uns briet
Dein Gänslein, eh' uns Krumholz schied.«

Darauf kam die Antwort:

»Wie Dir sein Kleid auch wohlgerieth:
Ihm liebt nicht mehr, Gesell, Dein Lied.
Drum fort, daß er uns nicht ersieht!«

Geschwind hatt' ich mich bei dieser Wechselrede, deren Sinn mir nur allzuverständlich war, umgewandt; aber gar eilig befolgte das ungleiche Paar den Rath des Kleinen, und nur noch einen kurzen Augenblick sah ich die Beiden, wie sie sich mit Ungestüm durch die Menge hindurch drängten, in der sie sogleich darauf verschwunden waren. Da mußt' ich bei mir lachen, daß hier Jemand vor mir die Flucht gab, dem doch selber nichts mehr Noth that, als unbemerkt zu bleiben und unerkannt. Und so gedacht' ich hinfort fürsichtiger zu sein und mich sorglicher unter dem Haufen verborgen zu halten.

Aber da geschah es, daß, mir zum Wenigsten ganz unerwartet, drüben um die Gezelte eine Bewegung nicht kleine entstund und Diener in bunten Röcken unterschiedlicher Farben, wie die Sitte ist bei solchen Festen der Ritterschaft, hervorsprengten und mit Stäben, die sie in Händen schwangen, die umherstehenden Leute zurücktrieben, daß vor uns der ganze Platz frei würde. Wie nun von den also Bedrängten der Eine hier und der Andre dahin lief, und ich, des Dinges ungewohnt, zuerst nicht wußte, wohin ich mich wenden sollte und hernach öftermalen immer wieder an einen Wärtel gerieth, der mich dann mit Schelten zurücktrieb, so fiengen die Leute an über dies Spiel zu lachen, was mich noch mehr verwirrte, so daß ich endlich gar nicht mehr durch die Vordersten durchbrechen konnte und Allen sichtbar vorn unter den Ersten stehen bleiben mußte.

Doch im nächsten Augenblick waren Aller Augen nur vor sich nach den Zelten gerichtet, sich nichts entgehen zu lassen, was da vorgieng. Da traten zuerst die zween Wappenherolde hervor, die ich schon unten im Thale gesehen hatte, stellten sich an den Eingang des einen sonderlich geschmückten Zeltes, richteten ihre Banner auf, setzten ihre Hörner an den Mund und ließen die ertönen, daß es ringsum aus dem Wald und trüben von den Bergen wiederhallte. Da ward Alles still, und heraus traten aus demselben Gezelt der Bischof Gebhardus Spirensis, auf dessen Ornat ein Kreuz mit Edelsteinen funkelte, das da an güldner Kette ihm an der Brust befestigt war, und ihm zur Seite ein junger Ritter, stolzen und strengen Aussehns, über dessen Schulter nach fränkischem Schnitt an seidnen Schnüren ein Mantel hieng von Sammet und köstlichem Zobel. Dieser Ritter, so hört' ich, war Gebhard's Neffe, reich an Gütern und aus fürstlichem Hause; ihm hätte der Ohm selber die Braut geworben, die jetzt gen Speyer geleitet würde, und Wunder hörte man von dem Mahlschatz sagen, der ihr bestimmt wäre.

Während dem schritten die Beiden, die Herolde voran und in ihrem Gefolge Herren und Junker und dem Zuge zur Seite Knechte mit Hellebarden oder gezogenen Schwertern, einem gegenüber aufgeschlagenen Zelte zu. Allda machten sie Halt und zween Edelknaben giengen hinein. Alsbald stießen die beiden Herolde wiederum in ihre Hörner, daß es laut erscholl. Da wurden die Zeltvorhänge zurückgeschlagen und heraus ward die Braut geführt; ihr folgten Dienerinnen. O, ich erkannte sie wohl und Den, der sie an der Hand führte, ob auch gleich, seitdem ich sie zuletzt gesehen, eine große Veränderung mit ihr vorgegangen war! Ihre Schönheit, däuchte mich, war strahlender geworden: nicht Dank der Pracht, welche die Maid da trug; denn Wer mochte noch dem seidenen Gewande mit den gestickten Borten, dem edlen Gesteine am purpurnen Gürtel und dem sonstigen Geschmuck einen Blick gönnen, wenn er nur einmal dies Angesicht geschaut hatte, das da vom Schleier umwallt leuchtete, wie wenn Lilien und Rosen zusammenstehen. Sondern was nach meinem Wähnen ihrer Schönheit zur Erhöhung diente, war, daß sie all' der Zier, mit der man sie heute sah, nicht zu begehren noch zu bedürfen schien, und daß sie auf die Herrlichkeit, die sie hier umgab, kein größeres Aufmerken hinkehrte, wie mich däuchte, als damals auf ihre einfache Tracht, in der ich sie in Elzeburg zu sehen gewohnt gewesen war. Und dies eben schien mir als eine Veränderung in ihrer Seele, daß sie an der gegenwärtigen Pracht keinen größeren Antheil nahm, die doch, als ich wähnte, vor wenigen Wochen über den geringsten Theil dieser Augenweide der kindlichen Freude viel gezeigt hätte.

Als die Maid hervortrat, neigte sich vor ihr Ritter Conrad mit zierlichem Gruß, den sie mit Züchten erwiederte, wie sie auch mit Ehrerbietung vor den Bischof trat. Da ward von allen Seiten ein freundlich Grüßen gethan. Darnach trat der Bischof der Braut zur Seite, sie zu geleiten, als der die größte Ehre an diesem Tage gebührte, und zu ihrem Ohm Eberhard gesellte sich der Bräutigam. Hernach folgten die Andern in ihrer Ordnung. So begaben sie sich allsammt nach dem Sommerzelt, das am Nußbaum ausgespannt war, wo auf den Sesseln Irmela in der Mitte und ihr zu beiden Seiten der Bischof und der Graf sich niederließen. Hinter sie stellte sich Conrad und sonst zween oder drei der Edelsten aus Gebhard's Gefolge. Die Andern alle, Ritter, Junker und Knechte, ordneten sich, ein Jeglicher, wie ihm gebührte, diesen Herrschaften zur Rechten und zur Linken.

Wie ich das Alles betrachtete, wundert' ich mich, wie wenig doch Irmela, der zu Genieß dies Gepränge bereitet war, die Glückseligkeit einer Braut sehen ließ; wie selten sie des Mannes achtete, der ihr zum Gemahl erkoren war, und nur wenn er mit ihr redete; wie liebevoll sorglich aber oft ihr Ohm sich zu ihr wendete und wie freundlich jedesmal ihr Angesicht lächelte, wenn er's that, als sollt' er nicht zweifeln, daß sie ganz glücklich wäre.

Nun gab der Bischof ein Zeichen, die Diener geboten dem Volke Stille und einer der Herolde trat vor, verneigte sich gegen die Herrschaften im Gezelte und rief dann, zum Volk gewandt, mit lauter Stimme folgendermaßen:

»Nachdem es seiner bischöflichen Gnaden geliebt hat, ihren Neffen, den trefflichen Ritter Conrad, von Gernstein zubenannnt, auf seiner fröhlichen Brautfahrt hierher zu begleiten, haben Sie zu mehrerer Ehre dieses Tages und zur Erhöhung werther Lustbarkeit nach alter Sitte öffentliche Spiele halten wollen. Und weil denn die vieledle Braut« (hierbei neigte der Herold sich gegen das Fräulein) »der preislichen Singekunst sonderlich zugethan ist, lassen Seine bischöfliche Gnaden zuvörderst Alle, die in der Singekunst etwas vermögen und sich deß getrauen, hiermit zum Wettkampf entbieten, darin ihr Bestes zu versuchen. Ein Kranz und silberner Becher ist der Preis. Die holde Braut selber wird die Gabe darreichen Dem, den sie als Sieger auserkennt.«

Darauf schwieg dieser Herold und trat zurück an seinen Ort. Da winkte der Bischof einem Edelknaben, der hinter im stund. Der kam hervor, bog vor Irmela das Knie und bot ihr in silbernem Gefäße, das er in Händen trug, ein weißes Blatt und Griffel dar. Sie nahm Beides, reichte es aber hinter sich dem Gernsteiner. Der besann sich nicht lange, beschrieb das

Papier und legt' es wieder in die Schüssel. Nun gieng der Knabe, nahm das Blatt heraus und übergab es dem andern Herold. Nachdem dieser gethan, wie der erste, entfaltete er das Papier, erhub seine Stimme und las, was da geschrieben stund:

»Woraus die Herzensliebe zumeist Gedeihn gewinnt!« Das ist's, worauf die Singer Antwort geben sollen, wer die beste findet. Wohlauf denn, wer hoher Ehren begehrt! – Zum Sinnen ist eine kurze Frist verstattet!«

Dies schien mir nun eine geschickte Zeit, mich von der Stelle hinweg zu machen, auf der ich stund. Nicht allein des Bischofs wegen, wenn ihn etwa die Lust ankäme, nach dem Klösterling zu fragen und mich vor sich zu bescheiden, sondern ich scheute mich nicht weniger, in dieser meiner Tracht von der Jungfrau Irmela erkannt zu werden; und nahe genug war ich ihr da. Ich sucht' also und fand, da nun eine Zwischenzeit, bis sich das Wettsingen anheben sollte, gegeben war, eine Gasse durch die Menge und war bald im Walde ihr entgangen. Aber vom Schaun der Herrlichkeit wie von der Erwartung, was nun folgen sollte, war mein Gemüth so erregt, daß es mir eine Pein schien, dem Spiele fern zu bleiben. Auch war mir, ich wußte selber nicht warum, Irmela's Anblick hier im festlichen Glanz so leid wie lieb gewesen, aber ein sehnendes Verlangen zwang mich zurück, sein ferner zu genießen.

So hieng ich zwischen der Lust, mich wieder hinzukehren, und der Sorge, durch meine Tracht in Beschwerniß zu gerathen. Da vernahm ich von ferne den Schall der Hörner und den Ruf des Heroldes, daß das Spiel begönne. Alsbald sucht' ich mir einen sicheren Versteck unter überhängendem Gestein. Daselbst legt' ich meinen Klosterrock ab, verbarg ihn wohl und kam in der Singertracht herfür, die ich mir in Elzeburg zum Lohne verdient hatte.

Eilig kehrt' ich nun zurück und mischte mich unter's Volk wie vorhin, nur daß ich so weit wie möglich von meinem ersten Standorte fern blieb und mich weislich nicht unter die Vordersten drängte.

Schon hatte das Wettsingen seinen Anfang genommen und unter den Zusehern, acht' ich, merkte Keiner eifriger darauf, als ich. Wie viel Singer vortraten, ihr Vermögen zu erproben, weiß ich nicht. Sie zeigten Alle ihre beste Kunst. Auch der Lange, mein einstiger Reisegesell, der mich mit in die Waibstädter Händel gebracht hatte, kam, sich Kranz und Becher zu ersingen. Ich bückte mich, da er in den Kreis trat, denn mir schien, als säh' er sich sorglich um und schritte nur zögernd hinzu; aber der Kurze hinter ihm, sah ich wohl, trieb ihn vorwärts mit Ermunterung und Spott. Wohl durfte sich der Fiedler sehen lassen, denn Frau Aventiure war ihm, nach seinem Kleid, das er jetzt trug, zu urtheilen, hold gewesen, wenn er's anders seiner Kunst verdankte. Daß die nicht kleine war, ward auch am Spruch offenbar, den er hören ließ. Lautes Lob erscholl, da er zu Ende war.

Derweilen saß Irmela, das Haupt ein wenig auf den linken Arm stützend, und regte sich nicht. Ihre Augen waren gesenkt, und nur selten ließ sie einen Blick über den Singer gehen, der vor ihr stund. An dem Allen war zu spüren, wie aufmerksam sie auf das Gesungene hörte, und wie sie nachsann über das, was ihr Ohr vernahm. Doch ihr Eifer, Alles recht zu erfassen, schien mir kein anderer, als den sie damals erzeigt hatte, da sie von mir die alten Mären vernahm, von Sifrit, dem kühnen Recken. Sie hatte wohl Freude daran, aber Herz und Sinn giengen ihr dahin nicht. Sie achtete auf die Kunst, die da bewiesen ward; aber ihr Gemüth, schien es, war nicht vertraut mit dem, was sie hörte. Daß sich das Fräulein also erzeigte, däuchte mich verwunderlich und nicht so gethan, wie ich mir's von einer jungen Braut gedachte, die zu ihrem Trauten Herzenliebe trüge.

Nun wuchs aber auch mir unterm Hören der Eifer um die Sache, der sich da die Singer beflissen. Sie gaben auf die Frage, so ihnen gestellt war, unterschiedliche Antworten. Der Eine rühmte Ehre und tugendliche Sitten, als wodurch der Liebe Gedeihn erwüchse; der Andere strich dazu die Freude aus und hochgemuthes Leben; ein Dritter Herzensreinheit und Treue falschesfreie; ein Vierter glückselige Schönheit und frohe Jugend. Und zuletzt wandten sie immer ihren Spruch auf das Brautpaar vor ihnen, als bei dem solche Gaben und Tugenden im Überschwang zu finden wären, und ließen es ihm an keinem Lobe fehlen. Doch davon schien sich Irmela nichts anzunehmen, nicht zwar aus Stolz, sondern als wüßte sie nicht, warum sie solchen Ruhm sonderlich werth halten sollte.

Da rief der Herold wieder, ob noch Einer da wäre, der sich des Singens unterwinden wollte. Denn so Viele zuerst in den Ring getreten waren, die hatten nun Alle das Ihre gethan und stunden seitwärts, des Richterspruches harrend. Wie Alles stille blieb, geschah es, als ich wahrnahm, zum ersten Male, daß Irmela ihre lichten Augen aufhub und frei umschweifen ließ über die Menge.

Da schlug mir mein Herz hoch auf, denn mir war's in dem Augenblick nicht anders, als erwartete sie mich zu sehen. Und so that ich ohne Wahl einen Schritt vorwärts. Wie diese meine Bewegung nun gerade auf den Ruf des Herolds geschah und nach meiner Tracht die Leute mich wohl für einen Singer halten konnten, der zu diesem Feste seinen besten Schmuck angelegt, so wichen sie seitwärts und riefen den vorn Stehenden zu, das Gleiche zu thun und mich durchzulassen. Da war auch schon ein Diener zur Stelle und schuf mir Raum, mich in den Ring zu geleiten.

Noch stund ich im Zweifel, was ich thun sollte. Aber als ich nach dem Herrensitz hinblickte und sah, wie Irmela, das edle Kind, mit Freuden mich gewahrte und mit stummem Gruße mir zu winken schien, da hätte keine Scheu und kluge Fürsicht mich zurückgehalten; und nur heftiges Sehnen überkam mich, ihr noch einmal nahe zu sein, wohl zum letzten Mal, und mit der Kunst, durch die ich ihr werth geworden war und die ich ihr verdankte, ihr zu gefallen und sie zu grüßen auf Nimmerwiedersehn!

So beschloß ich denn, wohl darauf zu achten, daß ich mich nicht verriethe, nahm all' meinen Muth zusammen und schritt, dem Diener nach, ziemlicher Weise in den Kreis. Vor der Laube angekommen, neigte ich mich vor Allen und vor der Richterin in diesem Wettspiel sonderlich. In ihrer Miene las ich freilich ein fragendes Staunen über mein plötzliches Verschwinden und meine unerwartete Wiederkehr; aber war da ein Zweifel, so ward er überglänzt vom freundlichen Willekomm, das, wiewohl nur leise, mir ihr Auge sagte. Davon gewann mein hochsteigendes Herz Vertrauen zu meiner Kunst, und wie ich schon zuvor während dem Hören mein Sinnen auf die Frage gelenkt hatte, darauf im Liede zu antworten war, so fügten sich jetzt Wort und Weise in meiner Seele selbst zu einander.

Ich ließ mir von einem der Singer, die da gesungen hatten, eine Laute reichen, griff in die Saiten und that ein kurzes Vorspiel. Darauf hub ich an und sang also:

> Wo tief im Herzen Minne wohnt,
> Als Siegerin darinne thront,
> (Bedenkt es wohl, ihr zarten Kinde!)
> Da ist auch Leid ihr Ingesinde.

> Wahr ist's, was man seit Alters spricht:
> Die Liebe läßt vom Leide nicht;
> Und doch ist Lieb' des Leides Feind.
> Vernehmet nun, wie das gemeint!
>
> Die Rose kehrt ihr Angesicht
> Allzeit empor zum Sonnenlicht,
> Das macht sie also wonnig roth,
> Die Finsterniß brächt' leiden Tod.
> Doch streckt sie unter feuchtes Moos
> Die Wurzeln rief in dunklen Schooß.
> Dich lacht sie an mit rothem Munde
> Und haftet doch im finstren Grunde,
> Aus dem ihr Kraft und Leben quillt:
> Das ist der Liebe Ebenbild!
>
> Es bringt das Leid der Liebe Pein,
> Doch ohne Leid kann Lieb' nicht sein,
> Es liebt die Lieb' Leid zum Gedeihn.
> Und wird vom Leid ihr Noth geschafft,
> Doch zieht sie Nahrung draus und Kraft.
> Drum, wer der Minne Flug will wagen,
> Der darf dem Leid sich nicht entschlagen;
> Denn will er's auf das Leid nicht wagen,
> Muß er der Lieb' auch sich entschlagen.
> Wer jemals diesen Weg gefahren,
> Lobt meinen Spruch gewiß als wahren.
> Ward er von Leid' in Liebe wund,
> Werd' er von Lieb' in Leid' gesund!

Als ich ausgesungen hatte und an den Gebärden Graf Eberhard's, mit denen er sich zu seiner Nichte hinüberneigte, wahrnahm, daß ich von ihm auch wohl erkannt war, gedacht' ich ungesäumt in die Menge zurück zu fliehen und mich so davon zu machen. Ich hatte aber kaum die Laute Dem wiederum gegeben, aus dessen Hand ich sie empfangen, und suchte nun durch die Singer, die da stunden, hindurch zu kommen, nachdem ich mich ziemlicher Maßen vor den Herrschaften verneigt: da geschah es, daß allum ein Rufen sich erhub und männiglich mich bedeutete, daß ich doch stille hielte; denn zur Stunde würde es verkündigt werden von wegen des Preises, wer ihn davontragen sollte. Derweilen ertönten auch schon die Drommeten der Herolde auf's Neue und im Volk entstund eine freudige Bewegung; Alle winkten mir, hinter mich zu blicken, und da ich denn mich umsah, war einer der Knechte mir zur Seite und lud mich ein, mit ihm zu gehen. Es nahm ihn Wunder, wie er sah, daß ich zauderte, ihm zu folgen, und so ergriff er mich am Arme, daß er mich zwänge, weil er nicht anders denken mochte, als daß ich mich aus großer Blödigkeit also erzeigte. Da lachten die Leutlein, wie sie vorhin über mich gelacht hatten, und Einer sagte, man sähe da eine seltne Tugend, daß ein Meister der Kunst begehre, aber ihres Lohnes nicht. Nun lachten sie noch mehr und hatten so ihre Kurzweil.

Da hub ich mein Haupt empor, und schritt, weil es so sein mußte, dem Diener nach stracks vor mich, zurück in den Ring. Aber wie ich da das theure Mägdlein ersah, freundlich mir winkend und mit dem Kranze mein harrend, das wirrte mich nicht wenig, und ich fühlte die Röthe, die mein Angesicht übergoß: die Ehre, die mir bereit war aus ihren Händen vor allem Volk, höhete meinen Muth, aber sie drückte zugleich mich nieder, als der ich ungedacht sie überkam, ich wußte nicht wie. So schritt ich gesenkten Auges vor das edle Fräulein hin und bog da in höfischer Zucht das Knie.

Wie sie mir den Kranz auf's Haupt setzte, streifte von ungefähr ihre Hand meine Stirn; da erzuckte mir von der leisen Berührung das Herz und ich blickte auf zu ihr. Indem ließen Spielleute, die da hinter dem Gesinde der Herren stunden, ihre Fiedeln und Lauten erklingen, und zum Saitenspiel schallten Flöten und Cymbeln, daß es ein helles und liebliches Getöne gab.

»Solche Ehre, Meister, dankt Ihr Eurer Kunst,« sagte Irmela, indem sie sich über mich beugte.

»Nein, Herrin, Eurer Güte, so ist sie mir werther,« erwiedert' ich, und Niemand außer uns zween hörte, was da zwischen uns gesagt ward.

Nun trat ein Edelknecht mit dem Kleinode herzu, daß die Maid mich damit begabte. Sie aber sprach zu mir: »Diesen Becher will ich Euch zuvor credenzen, dann sollt Ihr ihn aus meiner Hand empfahn.«

Darauf erhuben sich die Herrschaften von ihren Sitzen, daß sie zu den Tischen giengen und sich am Mahle erletzten, ehe die ferneren Freudenspiele mit Stechen, Laufen und Tanzen angestellt würden. Ich aber, als ich wieder aufrecht stund, wußte nicht, was ich erwählen sollte: Die Klugheit rieth mir von hinnen zu weichen, aber Sinn und Gemüth hielten mich fest an der Stelle. Da nickte auch der Herr Gebhardus mir gnädigen Beifall, und ich sah, daß Graf Eberhard sich anschickte, mit mir zu reden; aber weil just die Herren alle aufbrachen und der Bischof sich zu ihm wandte, daß sie selbander hinweggiengen, so ward der Graf von mir geschieden und dadurch mein Herz ein Merkliches erleichtert; denn gewißlich wär' ich seines Forschens wenig froh worden.

Während man so sich aufmachte, schritt Irmela unterm Überdach der Laube herfür an mich heran, grüßte mich und sprach: »So ist's denn doch also geschehen, wie ich sagte, da Ihr von Elzeburg schiedet, Meister Diether, und Ihr habt uns mit Eurer Kunst gedient.«

»Ja, vieledle Jungfrau,« erwiedert' ich, »und am hohen Freudenfeste Euch zu Ehren, zu dem ich ungedacht gekommen bin.«

»Und nachdem Ihr von den Elzeburgern ungedacht

entwichen seid,« sagte sie hinwieder und lachte.

Da sah ich die Maid inniglich bittend an: »O lasset, warum ich's that, als eine Heimlichkeit meines Herzens verschlossen darinne bleiben, und wenn ich heut für immer von Euch scheide, so glaubet, daß Euch in Freuden und Glückseligkeit zu leben Diether ohne Unterlaß von Gott erwünschet und dem ganzen himmlischen Heer.«

»Wohl,« sprach sie da, »so sei es darum und Ihr möget Eure Heimlichkeit bewahren; ich will nicht arg von Euch denken, wiewohl sie groß ist.«

Damit hielt sie mir mit Gütigkeit ihre Hand entgegen, daß ich sie an den Spitzen der Finger erfaßte. Das geschah behende und mit Scheu, aber mein Gemüth gewann davon eine Freudigkeit.

Doch da nahete der von Gernstein. »Man harret Euer«, sagt' er zur erkiesten Braut mit höfischer Gebärde, und führte Irmela den Tischen zu; mich aber streifte sein Blick herrisch und unmuthig. Da merkt' ich, daß er überstolzen Sinnes war. Aber die Maid an seiner Seite schien deß nicht zu achten; sie kehrte im Gehen ihr Angesicht noch einmal freundlich zu mir hin und sagte: »Gedenket des Bechers zeitig genug und kommet, wenn wir zu Tische sitzen, daß ich ihn Euch credenze.«

Damit giengen die Beiden hindann und mir schien's, als wäre er unmuthig, daß sie mir das Gespräch gegönnt hatte.

Nun erhub sich eine nicht kleine Bewegung um die Tische, wo die Herrschaften das Mahl halten sollten, und unfern davon, wo den Knechten die Bewirthung bereitet war. Auch das Volk zerstreute sich hierhin und dorthin nach Gefallen, die Meisten, um sich zum Imbiß zu lagern, den sie mit sich gebracht, oder der Verehrung nachzugehen, die der Bischof in seiner Mildigkeit Jedermann spenden ließ, der ihrer begehrte. So kamen auch Viele an mir vorüber, wiesen auf meinen Kranz und preiseten mich öffentlich wegen meiner Kunst und des Lohnes, der ihr geworden. Manche wunderten sich dabei, daß ich da also stille stund, wie ein Verlassener, und meinten, mich hätte die Huld, die ich genossen, allzu blöde gemacht.

Da gedacht' ich daran, daß es hochnoth wäre, mich davon zu machen, bevor mich Einer von vorhin wiedererkennte, der mich da im Klosterrock gesehen hatte. Zudem trieb mich auch der Anblick der beiden Fahrenden hinweg, die ich unweit gewahrte, wie sie mit Fleiß auf mich achteten, als solche zwar, die darüber nicht von mir gesehen sein wollten.

Ich säumte also nicht länger und schritt in den Wald, wo ich das wenigste Volk wahrnahm. Da wär's gewißlich mir das Nöthigste und Fördersamste gewesen, wenn ich sogleich den Versteck aufgesucht hätte, in dem ich vorhin meinen langen Rock verborgen, hätte den angethan und mich davon gemacht. Aber da ich am Waldessaum mich sicher wähnte und unbeachtet, sah ich mich noch einmal um, ließ meinen Blick über all' das bunte Gewimmel schweifen und lugte über die Zelte und nach den Tischen hin, Irmela im Geist noch einmal zu grüßen. Da fühlt' ich, daß es mir schwer ward, von dem Allen Abschied zu nehmen, und wie ich doch dieses Mal als ein Anderer in's Kloster heimkehren würde, als der ich von dannen gezogen war. So stund ich mit eifrigem Aufmerken der Augen und doch in vielerlei Gedanken.

Da rief mir, eilend herankommend, ein Diener zu, und sagte dabei, wie er mich am Gezelte vergeblich gesucht und eine Botschaft an mich hätte. Ich trat herzu und fragte: »welche?«

»Von meinem gnädigen Herrn, Herrn Conrad von Gernstein«, erwiederte er, »der Euch durch mich entbieten läßt, es sei nicht von Nöthen, daß Ihr das ersungene Kleinod aus der Hand des Fräuleins emphahet, Ihr möget es Euch von des Bischofs Kämmerer holen, zu dem ich Euch geleiten soll. Auch wünscht mein Herr Euch nicht über Tische zu sehen, sondern begehrt, daß Ihr Euch unverweilt von diesem Feste scheidet, maßen es Euch schon genug des Genießes eingebracht habe. Auf daß Ihr Euch aber anderswo desto baß gütlich thun könnet, läßt er Euch hier einen Goldgulden reichen.« Damit hielt er mir das Geld dar.

Das kränkte mich, daß ich angesehen ward als Einer, der nur bloß auf den Lohn sah, und der Ritter denken sollte, wenn ich nun gienge, ich hätt' ihm um sein Geld den Willen gethan. Darum sagt' ich verächtlich: »Behaltet Euren Gulden, und laßt Euren Herrn wissen, mir liegt am Kleinod alleine nichts und an seinem Gelde noch minder! Und wenn ich dahinten bleibe, daß er mich über Tisch nicht sieht, wohin das Fräulein mich entboten hat, so bewegen mich andere treffliche Ursachen.«

»Das Lob Eurer Kunst, fahrender Bruder«, sagte der Knecht spöttisch wieder, »macht, daß Ihr Euch zu hoch vermeßt. – Besinnet Euch: nehmt's Geld, holt das Kleinod und geht!«

Darauf hielt er mir auf's Neue seinen Goldgulden hin und lachte. Da schwellte der Unmuth mein Herz, zumal ich sah, wie Leute herangekommen waren und auf uns Acht hatten, und ich stieß das Geldstück aus seiner Hand, also daß es zur Erde rollte.

Wie nun der Bote betroffen dastund, denn er hatte sich von mir deß nicht versehen, so ward nun er den Umstehenden zum Gelächter und einer von ihnen rief ihm zu: »Fahrt säuberlich, Freund, mit dem Singemeister, denn er hat die Art nicht, als geliebt' es ihm, mit Euch zu scherzen!«

»Dafür trägt er den Kranz«, sagte ein Anderer, »der gibt ihm also hohen Muth.«

Zu solchen Worten wollte des Gernsteiners Knecht auch nicht müßig bleiben, sondern gedachte sein Botenbrot an mir wohl zu verdienen. Er griff also nach einem dürren Stecken, der da nahe bei einem Baume lag, sprang damit auf mich zu und indem er rief:

»Solch' unartigen Knaben gebührt die Ruthe, sie bessere Zucht zu lehren!« strich er mich, bevor ich mich wenden konnte, über den Rücken. Da enthielt ich meinen Zorn nicht länger, drang auf den Mann mit Ungestüm, eh er sich bedachte, und stürzte ihn mit Wucht zur Erde, daß er stöhnend um Hilfe rief.

Er that es nicht vergebens, denn die Menge lief herzu, und darunter war auch von den Gernsteiner und Speyerischen Knechten ein ziemlicher Haufe. Wie die nun von ihrem beleidigten Gesellen die Ungebühr vernommen hatten, die ihm von mir geschehen war, so wär' ich gewißlich ohne Aufenthalt in ihre Hände gerathen, und sänftiglich hätten sie mir nicht mitgespielt, wenn da nicht gegen die Anstürmenden mir eine unverhoffte Rettung gekommen wäre.

»Laßt Euch rathen und tastet uns den Singemeister nicht an!« so hört' ich eine Stimme, die ich wohl kannte; und wie ich seitwärts blickte, woher sie kam, sah ich Helmbolden und Andere mehr vom Elzeburger Gesinde. Die brachen durch den umstehenden Haufen und drängten die, so auf mich einwollten, von mir ab, also daß mich ihrer Keiner verletzen durfte. Solches verdroß die Gernsteiner und ihre Genossen nicht wenig, daß sie den Schimpf nicht strafen sollten, der ihrem Gesellen widerfahren war, und sie bedroheten die Elzeburger laut, wenn sie ihnen nicht Raum gäben, mich zu greifen. Die aber wollten auf sie nicht hören, trutzten ihnen und sprachen mir zu: »Diether, fürcht' Dich nit; denn wir gedenken Dir's wohl, daß Du vormalen unsrer Sippe gewesen bist.«

Und so waren sie als eine Mauer um mich herum.

Alsbald entstund zwischen diesen Knechten ein nicht kleiner Zank um meinetwillen und ein feindliches Drängen hin und wieder, wie es die Streitlust erhöht und Brauch ist, wenn es bald zum Hauen und Stechen kommen soll.

Das war denn sonder Zweifel auch hier ganz nahe, und statt des Freudenspiels, das sie halten sollten, waren sie dabei, sich hitzig zu bestreiten. Aber wie der Lärm wuchs und der Haufe der Gaffer sich mehrte, konnte das Getümmel um mich her auch dem Wahrnehmen der Herren nicht entgehen. Vielleicht auch hatte einer aus dem Gesinde dem Ritter von Gernstein Botschaft dessen gebracht, was sich zutrug. Denn just, als die Knechte auf beiden Seiten das Beste thaten, sich kampflich anzurennen und des Scheltens und Höhnens übergenug verführten: trat Herr Conrad, dem etliche Ritter zur Seite giengen, eilend zwischen sie und gebot ihnen mit drohender Stimme, von einander abzulassen. Er und seine Begleiter hatten Mühe, die Hadernden auseinander zu bringen. Aber sie durften auf die Länge den Herren nicht trutzen. Als nun der ärgste Sturm sich gelegt hatte, ließ der Gernsteiner seine Leute zornmuthig an und schwur theuer bei seiner ritterlichen Ehre, an ihnen den Schimpf zu strafen, den sie da gegen das Gesinde seines werthen Gastes verübten. Da trat der Bote vor, den der Ritter an mich geschickt hatte, berichtete mit vielen beweglichen Worten, wie es ihm ergangen wäre, wie unehrerbietig ich des Herrn Verehrung, die mir zugedacht gewesen, verschmäht, den Überbringer mit Hohn gereizt und zuletzt übel zu Boden gestreckt hätte. Nun schrieen die Andern wieder, bloß mich hätten sie zu greifen begehrt, die ihrem Gesellen von mir zugefügte Schmach gebührend zu rächen, und auch meine gegen ihren Herrn bewiesene Hoffahrt zu strafen. Aber die Elzeburger hätten ihnen ohn' Ursach gewehrt und den überdreisten Singer schutzweise umringt. Da sah sich der Herr Conrad zornigen Blickes nach mir um und zugleich auch, als wär' es ihm eben recht, daß er so eine Sache wider mich hätte, mich in Schmach zu bringen.

»Komm heraus da!« rief er mit gebietender Stimme mir zu, als er mich erblickte.

Ich trat festen Schrittes vor und sah ihn gerad an, als ich vor ihm stund. Seine linke Hand stützte er gegen seinen Schwertgriff, und mit seiner rechten strich er gemächlich den Bart über seinen Lippen, die er verächtlich zusammenzog.

»Das also ist der Meister Nirgenddaheim, den seine überzarte Kunst durch Hoffahrt zum Narren gemacht hat!« sagt' er spöttisch lachend.

»Herr!« sagt' ich darauf, »Eure Jungfrau Braut hat den Narren mit diesem Kranz gezieret.«

Daß ich dergestalt vor ihm Irmela's und ihrer Gütigkeit gegen mich gedachte, trieb die hellen Zornflammen in des Stolzen Angesicht.

»So unwerther bist Du, Lotterbube, ihn zu tragen!« rief er voll Grimm und schlug mit seinem Handschuh mir nach dem Haupte, daß der Kranz herunterfiel und das Haar mir wirr um die Stirn wehte. Drauf streckt' er seinen Arm aus und rief weiter: »Heb' Dich hinweg, und ohne Säumen, eh' ich noch meinen Knechten gebiete, Dir den Rücken zu bläuen, wie Du's um Dein übermüthig Unterfangen verdient hast!«

Das war mir unerträglich, daß ich so vor Aller Augen von ihm wie ein Ehrloser geschlagen sein und mit Schmach und Schimpf hinweggetrieben werden sollte. Und so reckte ich mich hoch empor, sah ihn wild an und rief ihm wüthend zu: »Wär' ich bewehrt, Herr, wie Ihr: bei Gott, dem Hohen! der Schlag sollt' Euch gereuen, mit dem Ihr mich schlugt und Ihr dürftet mir so nicht drohen!«

Da griff er nach seinem Schwerte, es zorneifrig wider mich zu zücken. Als ich's sah, erfaßte auch mich eine Wuth, daß mir Alles gleich galt, nur nicht ungerochen zu bleiben an seinem Überstolz. Ich hub meinen Arm hoch und drang auf ihn ein.

Wohl sah ich, wie er vor'm unerwarteten Angriff, der ihn bedrohte, sich zurückbog und hastiger nach mir ausholte; aber das war ihm nicht mehr von Nöthen. Denn schon fühlt' ich mich aufgehalten und von den Knechten gepackt, die herzugelaufen waren, den Frevel, der ihrem Herrn bevorstund, zu hindern. So Viele umringten mich, und so sicher waren ihre Griffe, daß wie ich auch mich wand, ich in keinerlei Weise aus der Gewalt ihrer Fäuste mich lösen konnte.

»Bindet ihn«, befahl da der hart beleidigte Ritter, »und bewahrt ihn wohl, den Gauch, der bereit war, sich an mir zu vergreifen; und im tiefsten Kerker meiner Burg mög' er verschmachten!« Ich wußte, daß sein Haß gegen mich tödtlich war, und dennoch wollt' ich ihn nicht um Erbarmen bitten. Ich hätt' es nicht gethan, auch wenn ich da den grausamsten Tod an der Hand gehabt hätte.

Aber Gott verschaffte in dieser meiner höchsten Noth, daß eine Fürbitte für mich laut ward, wie süßere mein Ohr nicht vernehmen konnte. Denn an der Seite des Bischofs war Irmela herzugekommen und hatte kaum den Jammer ersehen, in dem ich schwebte, als sie an den Ritter sich wandte, und ich merkte wohl, wie sie bleich war und ihre Stimme erbebte in mitleidiger Sorge um meinetwillen.

»Gilt Euch etwas meine Bitte, Herr Conrad«, sprach sie, »so begnadet den Singer, wie schwer auch seine Fehle sein mag, mit der er Euch erzürnet hat, und laßt ihn frei!«

»Ihr thut Eurer Ehre zu nahe, Werthe!« sprach er unwillig, »so Ihr die Macht Eurer Fürbitte für einen Solchen einlegt. – Kommt! Laßt uns nicht länger durch ihn das Fest gestört sein!«

Damit winkt' er den Schergen, die mich hielten, daß sie mit mir thäten nach seinem vorigen Befehle, und gab den Herren ringsum ein Zeichen, mit ihm zur Lustbarkeit zurückzukehren, indem er sich zur Braut gesellte, sie zu den Tischen zu geleiten. Die aber stund noch unbeweglich: in ihrem Herzen bestritt die maidliche Scheu den sehnlichen Wunsch, mir zu helfen. Aber wie sollte das geschehen? Noch einen Augenblick, so war ich in Banden gefesselt und zu jammerhaftem Ziel hinweggeführt.

Indem waren Andere bereit, meine Errettung aus des Gernsteiners Gewalt zu Handen zu nehmen; wie wohl ihnen das übel und mir zu großem Leide gerieth: nicht die Elzeburger, die noch da stunden; denn sie durften Angesichts der Ritterschaft nicht wagen, sich für mich ferner einzulegen. Aber die zween Fahrenden stürmten in Eile herzu und verlegten dem Bischof, der sich eben zum Gehen anschickte, den Weg.

»Würdiger Herr!« riefen sie mit Hast, und so daß Einer des Andern Rede ergänzte, wenn ihm darüber der Odem ausgieng, »Würdiger Herr! Ihr dürft nicht leiden, daß Dieser weltlichem Gericht überantwortet werde – Ihr dürft nicht! Der Singer ist nicht, wofür er das Ansehen hat. Wir können's mit Schriften darthun. Er gehört der heiligen

Kirche zu – ist dem Kloster zugesprochen – ist geistlich! Der Abt von Maulbronn hat über ihn Gewalt!« –

Auf diese Worte entgieng mir aller Trost, meine Kraft verließ mich und die Scham, daß ich so zu Schanden ward, schlug mich nieder. Alle mußten es mir ansehen, daß es sich also hielte, was Jene von mir bezeugten, und als der Herr Gebhardus sich zu mir wendete, mich zu fragen, ob ich etwas vorzubringen wüßte wider der Beiden Zeugniß, wagte ich nicht zu antworten, noch die Augen zu erheben. Nur, als ich den Gernsteiner höhnisch sagen hörte: »Ein verlaufener Mönch, Irmela!« zwang mich der Schmerz aufzusehen und ich erbebte, ob ich auch in ihrem Angesicht nur Unwillen und Verdammung finden würde, oder ach! nur ein wenig Mitleid untermischt. Doch als ich flehentlich zu ihr hinüber blickte, kehrte sie sich von mir hinweg, und mit bitterem Weh' im Herzen ließ ich meine Arme wieder sinken, die ich nach ihr erhoben hatte, und die Sinne wollten mir vergehen vor kläglicher Kümmerniß.

Derweilen hub der Bischof an, mit großer Strenge Befehl zu geben, daß ich, bis der Sache weiter gerathen wäre, unten in die Burg in Gewahrsam gebracht würde; denn der Herr derselben war des Speyerischen Bisthums Hintersasse. Das sollte ohne Säumen geschehen, damit das Fest nicht länger Verzögerung erlitte; Tags darauf wollt' er das Nöthige vornehmen. Die Fahrenden hieß er zu fernerer Bekundung zur Stelle bleiben.

Als der Bischof Solches über mich verfügt hatte, begab er sich mit den Übrigen von der Ritterschaft, die um ihn waren, hinweg, und auch der Troß und die Menge verlief sich allgemachsam; aber Wunders hatten sie genug über das, was sich mit mir zugetragen.

So ward ich denn als Gefangener des Bischofs von dannen geführt, ein kläglicher Mann. Die Leute, so uns auf unserem

Wege begegneten, blieben stehen und beklagten meine Jugend; sie mußten denken, ich wär' als Schächer ergriffen und würde zur Richtstatt geschleppt; denn gewißlich so war mein Aussehen. Mich reute zu leben, und die Welt vor mir war verwandelt. Die Läuber des Waldes erschreckten mich mit ihrem Rauschen, der Himmel über mir hieng wie ein härener Sack, und als wir in's Thal hinabkamen, dessen lieblich Bild sich so licht meiner Seele eingeprägt hatte, lag es vor meinen Blicken wie überdeckt mit einem schwarzen Schleier.

Im Dorf, als wir hindurchgiengen, that sich manches Fenster auf, und Männer und Frauen lugten nach mir aus; sie fragten wohl auch nach meiner Missethat, welche das wäre. Da sagten meine Schergen, um Übermuths willen und Frevels gegen den heiligen Stand wär' ich gefangen auf des Bischofs Geheiß; »So gnad' ihn Gott«, hört' ich dann, »nun ist ihm das Pochen und die weltliche Lust vergangen.« Kinder, die auf der Straße spielten, wichen vor mir scheu hinweg und liefen zur Seite hin zu ihren Müttern, die auf ihren Armen die kleineren trugen. Sie huben sie wohl dann in die Höhe, daß sie mich besser ersehen möchten, und wiesen auf mich und mahnten ihre Kinder, nicht auch bös zu werden, auf daß es ihnen nicht widerführe wie mir.

Dies Alles sah und hört' ich, ob ich gleich meine Blicke tief zur Erde senkte und meine Ohren vor Allem, was um mich her vorgieng, in dieser martervollen Stunde zu verschließen trachtete. Denn des Menschen Herz, wenn es recht unselig ist und ganz trostlos, hat die Art an sich, auch wider Willen für seinen Jammer Nahrung zu suchen, sich um so mehr zu kränken und zu betrüben.

Wir waren zur Wegscheide gekommen, wo der Anstieg zur Burg hinauf sich abzweigt. Festlich flatterte von des Thurmes Zinne zu Ehren der Fröhlichkeit des Tages das

Speyerische und des Burgvoigts Banner. Mich sahen sie an, wie Fahnen, die in der Krypte um eine Tumba traurig wehen, und schaudernd lenkte ich meinen Blick hinweg und folgte mit Seufzen meinen Führern den steilen Pfad hinan. Wir waren nur erst eine kleine Strecke zur Höhe gedrungen, als ich hinter mir vom Wege her mich laut mit Namen rufen hörte.

Ich wandte mich, und: »Brun! ach, Brun!« – mehr konnt' ich vor inniglichem Leide nicht sprechen.

Er aber stund an seiner Stelle als Einer, der sich über meinen Anblick schier entsetzte; seine Brust keuchte und seine Stimme war gedämpft, wie unter der Last tiefen Grams.

»Also muß ich's doch mit diesen meinen alten Augen sehen, was mich so manchmal im Traum erschreckt hat, und was abzuwenden ich zu Gottes Gnade in allen meinen Gebeten für Dich gefleht? Diether, Diether – was hast Du gethan? Welch' Herzeleid schaffst Du mir?! Ach, ich soll nicht Frieden finden – nimmer – nimmer!«

Seine Klagen jammerten meine Schergen, und einer von ihnen hub an und erzählte, wie es mit mir ergangen wäre; wie ich oben beim Feste vor allem Volk das Beste im Singen vermocht, wofür mir das Fräulein den ausgesetzten Preis zuerkannt hätte; darnach wär' ich in Händel gerathen, zuerst mit dem Troß der Herren, sodann hätt' ich des Bischofs Neffen zum Zorn gegen mich gereizt, bis es von Ungefähr an Tag gekommen wäre, daß ich dem Kloster entronnen; so hätte der Bischof geboten, mich gefangen hinwegzuführen, daß nachfolgends mir mein Recht geschähe.

Auf diese Worte meint' ich, Brun würde mit harter Scheltung mich strafen, wie ich das reichlich von ihm verdiente; aber er that davon nichts, sondern das Leid, darin ich stak, nahm er auf, als trüg' auch er daran einen Theil der Schuld. »O, ich konnt's denken, konnt's denken!« murmelte er etliche Male und strich sich mit seiner Hand in tiefem Sinnen die Stirn.

Dann rafft' er sich auf und fragte, ob es ihm verstattet wäre, noch einmal mich zu umfahen; und als sie ihn beschieden: Ja, das dürfte geschehen! so stieg er hinan uns nahe, und mich ließen sie los, daß ich ihm entgegen schreiten konnte. Da umfieng er mich mit seinen Armen ganz liebreich, und ich konnte die meinen nicht um ihn schlingen (denn sie waren mir rücklings gebunden) und hätt' es doch so gern gethan, ach! nur einen Augenblick: ich Verstoßener!

Er aber sprach: »Diether, ich gedachte, Du solltest vor diesen Versuchungen bewahrt bleiben; ich sah, daß sie Dir drohten. Nun erkenn' ich: es sollte nicht sein, daß es nach meinem Dünken angienge. – Heute war ich in der Abtei, Dich heimzusuchen; man sagte, Du wärest haußen und daß ich Deiner harren sollte. Aber mich trieb's hinweg, und die Sage der Leute von dem Feste hier lenkte mich her. – Jetzt kommen Rath und Warnung zu spät. Gott gnade uns nach Seiner Langmüthigkeit und Geduld! Diether, fahr wohl! Du siehst mich am frohen Tage wieder oder auf Erden nimmer mehr!«

Als er darauf mich küßte, fühlt' ich eine Zähre aus seinem Auge auf meiner Wange; sie hieng da noch, als er schon hinab war und, ohne sich noch einmal umzukehren nach mir, eilig durch das Dorf fürder schritt. Oft hab' ich später Gott dem Hohen gedankt um diese Zähre, daß ich sie nicht hinwegwischen konnte mit meinen gebundenen Händen (vielleicht hätt' ich's sonst gethan) und also nur die Luft des Himmels ihn berühren durfte – den gebenedeiten Tropfen, das schmerzlich köstliche Vermächtniß. –

Achtes Capitel.

In Haft.

roben in der Burg über dem düstren Eingangsthore war die Pförtnerswohnung. Ich erfuhr's, noch ehe wir unter den gewölbten Bogen schritten. Denn wiewohl die Thorflügel offen stunden, hielten wir doch vor ihnen mit Gehen still, und einer der Leute, so mich gefangen führten, rief zum kleinen Fenster in der tiefen Mauer hinauf. Auf seinen Ruf lugte alsbald ein Weib hernieder, so alt und greise, daß man's schier nicht erdenken konnte, sie möchte je jung und glatt ausgesehen haben; die fragte mit keifernder Stimme, was man schon wieder begehrte, das Thor wäre ja offen und Keiner gehindert, hindurch zu gehen; ob denn sie allein heute, da Alle ihre Ergötzung hätten, der Ruhe entbehren sollte und nicht ein Wenig stille sitzen.

»Wir kommen ja nicht allein, Mutter!« sagte der Knecht wieder, »begehren auch nicht Eures Dienstes für uns. Wir bringen Euch einen Gefangenen, den Ihr mit allem Fleiß hüten sollt, wie unser gnädiger Herr Euch scharf einbindet; denn der Bischof Gebhard selber hat ihn hieher verordnet.«

»So gnade mir Gott und der heiligen Nothhelfer ganzer

Hauf', als ich da nicht unterscheiden kann, ob ein Fremder unter Euch ist. – Ich hör' das Mäuslein rascheln im Thurm, aber meine Augen sind trüb.«

Nach diesen Worten verschwand sie und eines alten Mannes Gesicht ward an ihrer Stelle gesehen. Das war nicht minder welk und greis als das ihrige und verwittert, wie das Gemäuer, aus dem es hervorlugte.

»So bringt ihn herauf!« sagte der Alte mürrisch, nachdem er einen Blick nach mir gethan, und zog dann seinen Kopf wieder zurück.

Eine hölzerne Stiege außen an der Mauer führte in die Wohnung der Leute. Als wir durch das Thor geschritten waren und ich oben auf der Stiege ankam, stund die Alte schon in der geöffneten Thür.

»So jung, so jung und schmuck dazu!« sagte sie, indem sie mir hereinwinkte und mit ihrem Gesichte mich ganz nahe musterte; dann zu den Knechten gekehrt: »Ja, die Augen wollen nicht mehr, aber die Ohren sind scharf; doch mit meinem tauben Alten zusammen, der sieht wie ein Luchs: das thut's.« Zu diesen Worten verzog sie ihren zahnlosen Mund zum Lachen.

Indem hatte der Alte mit Mühe eine schmale Thür aufgeriegelt, die auf mehreren Stufen aus dem Gemach der Alten in einen dunklen Gang führte. Wirklich mußt' es wohl wahr sein, was das Weib von ihres Mannes scharfem Gesicht gerühmt hatte; denn selbiger gieng, nachdem ich geheißen war ihm zu folgen, so sicher seinen Weg da hindurch, daß ich, der ich mit meinen Füßen tastete, hinter ihm verzog. Nun schloß er mir eine zweite Thür auf und öffnete den Raum, der mir zur Haft bestimmt war. Die Alte brachte mir Brot und Wasser, und dann giengen die Beiden, ohne ferner mit mir ein Wort zu reden, und schlossen die

Thür hinter sich.

So war ich allein und von aller Welt abgeschieden; selber das kleine Stücklein Himmel, von dem durch die schmale Maueröffnung dürftiges Licht hereindringen sollte, war durch häufige Spinnweben zwischen den Eisenstangen mir so verdeckt, daß er grau schien und trübe.

In dieser Einöde brach mein Schmerz, der so lange stumm gewesen war, mit aller Macht hervor, und ich wehrte ihm nicht. Ich hub bitterlich an zu weinen und zu klagen, nannte mich unselig und den Elendesten unter allen Menschen. Mein waglicher Sinn und mein froher Muth waren nun gänzlich niedergelegt und gar hin, dagegen Seel' und Leib lauter Zagheit und Blödigkeit.

Ja, ich war in schwere Sünde und Untugend gerathen und darinnen verharret beinahe vom ersten Tage meiner Fahrt aus dem Kloster bis hierher. Ich war mit Lug und Trug umgegangen und dessen gewohnet worden in Elzeburg, ich hatte meine Lust daran gehabt auch hernach und damals belacht, was ich jetzt so kläglich beweinen mußte. Dazu waren Hoffahrt gekommen und eitler Stolz auf meinen Witz und die Kunst, von der ich nie hätte erfahren sollen, daß ich sie besäße. – Ach, und nicht allein mich, sondern alle die, so mir zumeist Gutes gönnten, denen ich dienen sollte und zur Freude helfen nach Pflicht und allem Vermögen, hatt' ich bitter gekränkt und in Leid gebracht; mußte nicht Irmela irre an mir geworden sein und Brun mich verachten und der Abt, dessen Vertrauen ich so grob getäuscht hatte?

»Wie wird mir's im Convent ergehen, wenn da meine Missethat auskommen wird«, rief ich, »wie wird Albrecht's strenger Eifer für die Ehre der Abtei mich treffen, der ich den Namen des Klosters in allen frommen Ohren stinkend gemacht habe?« Und dann trat vor mich der Gedanke an all' die Schmach, an Spott und Schande, die mein warteten; an ödes, dumpfes Gefängniß, an Geißel, Kasteiung und Einsamkeit. Dem gegenüber stellte sich wieder die Erinnerung an das bunte Leben der sonnigen Welt, das mich so fröhlich angelacht hatte, und der Wunsch, nach ihren Ehren zu trachten, und Irmela's süßes Bild. Da gedacht' ich auch, daß der Abt selber mich auf den Weg gedrängt hätte, wo sich diese Welt mir aufgethan, daß sie mich nach Elzeburg gezwungen hatten und die erste List mir nothweise aufgedrungen war.

War's nicht doch ungerecht, daß ich nun so hart dafür büßen und darum in Schande und Strafe kommen sollte, um was draußen mir Lohn und Lob gewiß war! Und ich dachte des seligen Augenblickes, da ich vor Irmela kniete und den Kranz empfieng; ich dachte auch der Huld, mit der sie für mich bat, und ihrer Traurigkeit zuletzt, da sie es nicht mehr konnte.

»O, daß ich sie noch einmal bitten könnte, mir nicht zu hart zu zürnen, daß ich ein Wort nur der Vergebung aus ihrem Munde vernähme!«

Aber meine Seufzer hallten von den dumpfen Mauern wieder, die mich umschlossen, und mir blieb nichts, als mit meinem Jammer wider mich selbst zu wüthen in unmächtigen Klagen.

O, der Seele, die in Nöthen schwebt, wird schlecht gelohnt, so sie sich in Zweifel verfängt und nicht vermag, sich stracks zu Gott zu kehren.

So wünscht' auch ich, daß ich nie geboren wäre und zu solchem Unglück gespart; ich that des kläglichen Jammers immer mehr und des Scheltens und Anklagens, bis ich nicht mehr konnte und schweigend niedersaß auf die bloße Erde, mit beiden Händen mein Gesicht überdeckend.

Wie lange ich so saß regungslos, weiß ich nicht; aber allgemach wurden meine Klagen stiller und meine Traurigkeit sanfter. Vor meinen verschlossenen Augen verschwand der trübselige Ort, der mich gefangen hielt, und meiner Seele wuchsen Flügel, die sie hinaustrugen zurück in's helle Sonnenlicht, in die freie Welt. Ich sah mich wieder auf der Höhe, und die Festfreude umgab mich. Irmela's lichte Augen sah ich, wie sie aufblickten und ich nicht widerstehen konnte, weil's mir war, als suchten sie mich; vor sie trat ich, zu singen, was mein Herz mir eingab, und wunderte mich, daß ich dazu die Kühnheit gewann und wußte doch, sie zu erfreuen, hätt' ich Alles gewagt. Und nun tönte der Klang ihrer süßen Stimme wieder mir in den Ohren und sie beugte sich hernieder, mich mit dem Kranz zu zieren, und grüßte mich mit gütigem Wort. Daß ich davon hohen Muth empfieng, warum verdachten sie mir das? Durft' ich den Unglimpf nicht rächen, den sie mir zufügten; durft' ich ihnen nicht zeigen, daß ich ein Vermögen in mir fühlte, und mich nicht verachten ließ; hatte sie mich doch nach allen Ehren belohnt! – Gewißlich, wenn ich ihr noch einmal nahen, wenn ich ihr offenbaren könnte, wie Alles sich mit mir begeben hatte: sie würde mir nicht länger zürnen, sie würde mit Trost mich aufrichten, sie würde mir, was ich gethan, zur Unehre nicht anrechnen. Dann dürfte mich Niemand verachten – nein, auch jetzt nicht.

Jetzt?! Wo war ich denn? Gefangen gelegt, frevlen Truges überwiesen; und alles Trachten und Wähnen, das mich hinauszog: es war nichts Anderes, als eitles Träumen, vergebliches, ja verbotenes Wünschen!

Ich sprang auf und sah mich um.

Aus der Dämmerung, die hier schon sich verbreitet hatte, starrten die geschwärzten Wände fremd und schweigend mich an. Die Erinnerung an den sich neigenden Tag und die Erwartung der Nacht, die kommen würde, öde, traurig, lichtlos, erneuerte in mir das Gefühl meines Elends. Es war mir schier, als könnt' ich's nicht ferner ertragen, so eingesperrt zu sein und einsam den Übeln entgegen zu harren, die mir bevorstunden. Der thörichte Gedanke, als wär' mir ein Entrinnen möglich, ergriff mich. Ich eilte nach der Thür, stemmte mich gegen die Riegel, hub an den Angeln, rüttelte an den Pfosten; ich lief immer wieder die Wände entlang, tastete herum, pochte an's Gestein aus aller Macht, ob etwan ein verborgener Ausgang zu finden wäre, und ich stund stille mit tiefem Seufzer, als ich erfunden hatte, wie Alles vergeblich war. Mit sehnendem Verlangen blickt' ich hinauf zur Öffnung. Nur ein Wölklein wünscht' ich zu sehen, vorüberschwimmend, wohin der Wind es trieb, oder eine Schwalbe im Husch durch die Luft streichend: aber da hieng düster der Vorhang der staubigen Spinnweben und bewegte sich nur etwa von einem armen Schmetterlinge, der in den Fäden gefangen war und sich nun zu Tode flatterte.

»Wenn nur zum wenigsten diese große Stille nicht wäre, die mit der Dämmerung zu wachsen schien; wenn ich nur einen Laut vernähme, nur einen! Den Hall einer menschlichen Stimme unten vom Thal her oder den Ruf eines Vogels aus den Lüften!« Ich lauschte, aber ich hörte nichts. Ich erhub selber meine Stimme, aber der Wiederhall von diesen Wänden klang hohl und erschreckte mich.

Da drückte ich mich in eine Ecke, als könnt' ich mich so vor den Schrecknissen bergen, die mich umgaben näher – näher, und versank in dumpfes Brüten. Bald hieng ich zwischen Wachen und Schlafen und merkte nicht auf die Zeit, wie sie hinschlich, nur daß es immer dunkler um mich her ward, und endlich ganz finster. Dennoch ließ ich nicht ab, meine Augen weit aufzuthun, ob ich gleich wußte, es diente zu nichts, und entriß mich der Müdigkeit, um mit allem Fleiß zu horchen: – vergeblich – vergeblich! –

Aber nein! Das war ein Geräusch wie von einem zurückgeschobenen Riegel, wie von einer in ihren Angeln erknarrenden Pforte. Jetzt wurden Schritte hörbar, nur leise, aber sie kamen näher; jetzt machte sich Einer am Schloß der Gefängnißthür zu schaffen, dann ward ein Schlüssel darin umgedreht – ein Lichtschein ward sichtbar – die Thür that sich auf.

»Pst, Junker Diether, lebt Ihr noch?«

hört' ich eine Stimme, die im Flüsterton zu bleiben trachtete und doch laut genug schnarrte; ein runder Krauskopf streckte sich durch die geöffnete Thür und eine kurze Gestalt schob sich ihm nach und ließ den schwachen Schein der Leuchte in ihrer Hand im Gefängniß umherwandern.

»Hu, was ein ödes Jammerloch!«

sagte der Kurze dabei und verzog seinen breiten Mund.

Ich konnte mich nicht genug verwundern über das Alles, daß ich vor Staunen schier wie angewurzelt war und meinen unerwarteten Gast nur anstarrte. Endlich traf mich der Schein seines Windlichts. Da setzte er es zur Erde, machte etliche Schritte mir entgegen und kratzte mit seinem rechten Fuß hinten aus, indem er, seinen Hut schwenkend, sich tief vor mir verneigte.

»Euer Knecht in aller Willigkeit,
Zu jedem Dienst allzeit bereit,«

sprach er und legte die freie Hand auf seine Brust, seine Ehrerbietigkeit noch deutlicher zu bezeugen.

»Ei, ei!« sagt' er dann wieder und wies auf den Platz, den ich inne hatte:

»Wie hat man doch hienacht
Die Ruhstätt' übel Euch gemacht!

Ach, ja! und 'nem Junker! – 's ist 'ne Schand! – Das will ein Bischof sein und eines Bischofs Voigt?! 's ist 'ne Schand' für die ganze christliche Ritterschaft!« – Er sah wieder verächtlich sich um. »So ein Otternloch! So eine Löwengrube!! Es vergeht einem schier das Reimen, wenn man Euch da sieht, ob sich's gleich mit der »Ecken«, drin Ihr hockt, und »Verstecken« so leicht thun ließe!«

Ich richtete mich auf, ihm näher zu kommen; da wich er einen Schritt hinter sich, neigte sein Haupt zur Seite und hub an mit seinen kleinen Augen mich von Kopf zu Füßen zu messen und hinwieder, indem er dabei eine seiner Hände über die Stirn legte.

»Ah«, rief er dabei, »so ein stattlicher Junker, schlank und gerade – so fest im Gang, so zierlich in den Hüften, so breit in den Schultern, so stolzen Hauptes!« Und er schnalzte mit seinen dicken Lippen. »Ho, ho! So wahr ich Klingsohr heiße: Ihr werdet ein wackerer Ritter und bald noch andere Kränzlein davon tragen, die Euch kein Gernsteiner herunterreißen soll – ein Prahler, Junker! nichts weiter – ah! und schöne Frauen und edle (dabei blinzelte er mich an und schlug sich vergnügt auf die feiste Lende) – schöne und edle Frauen werden Euch die Kränzlein aufsetzen, vor welchen immer es Euch geliebt hohe Ehren zu erjagen.«

Ich achtete seines Geschwätzes nicht, darin ich keinen Sinn erfand, auch nicht eines Haares breit, und fragte nur, immer noch des Wunderns voll, wie er hier hereingekommen wäre.

»Rathet, Junker!« gab er zur Antwort. »Wem dank' ich's wohl? – Daß Ihr's wißt: meiner Kunst, der Magie, der weißen oder schwarzen, gleichviel!

> Sie füllt Topf und Tiegel,

das wißt Ihr schon,

> Aber sie sprengt Schloß und Riegel,

das erfahrt Ihr jetzt. – Mein Gesell, der Tannhäuser – er versteht sein' Sach' ausbündig, nicht? – der hätt' sich hierhinein und durch die Thüren nicht gefiedelt und nicht gesungen, beharrt' er gleich bei seiner Musica bis zum jüngsten Tage. Aber die Magie ist in solchem Handel, wie der Eurige, eine wundertreffliche Kunst, wer ihrer wohl kann. Seht, Junker, wir machten uns an die beiden Alten im Stüblein überm Thor. Nu, man wird gewitzigt und lernt, wie das anzufangen! 'S war just nicht leicht, Junker! Denn die magische Kunst, die bei dem Alten taugte, ihm die Augen zufallen zu machen, verfieng bei seiner Hex nichts mit dem scharfen Gehör, und so hinwieder.

Und so war verschiedentliche Arzeneiung vonnöthen; aber wir machten die Symptomata bald ausfindig, wie die Medici sagen.

Wisset, Meister, – nein, Junker Diether: es gibt eine `materia`, die schlägt Euch in der Welt bei den Menschen allermeist sicher an, ihre Complexiones und Humores mögen sein, welche sie wollen. Ihr braucht sie ihnen nur von Ferne zu weisen, so fäht sie allbereits zu wirken an. Das Gold ist diese Materie, `aurum` nach lateinischer Zunge; aber wir Magi nennen sie die `essentia quinta`: denn es ist der Vorsprung und Ausbund aller Elemente. – Gut! damit versucht' ich's nach `regula artis` bei der Alten; ich sagt' ihr vom Alrunmännlein, wie man von dem täglich einen Ducaten bekäme. – Ah! der Köder lockte den Vogel, und sie fragte, wie das anzugreifen wäre, daß man sich den Unhold zu Wege brächte. Ich gab ihr Bescheid: »Ja, die Johanniszeit wär' wohl geschickt dazu, ein Würzlein zu gewinnen, das kräftig wäre, und von Ungefähr hätt' ich wohl drüben auf dem Berge um den Galgen herum eines gesehen, das aus dem Blut eines mit dem Rade gebrochenen Schächers gewachsen sein möchte: aber solch' ein Fäntlein draus zu bereiten, das Tugend hätte, kostete nicht bloß Kunst, sondern auch Eifer und Unverzagtheit. – Kurz, Junker, um weidlichen Lohn und auf ihren Eid, daß sie Nichts von der Heimlichkeit ausbrächte, verstunden wir uns dazu, der Alten den Willen zu thun. Sie steht jetzt unterm Galgen, gen Mitternacht gekehrt, darf kein Wort sprechen, noch sich umkehren, dieweil mein Gesell hinter ihr hantiert mit Spruch und Beschwörung um die Alrune.

Ich aber bin droben geblieben im Stüblein; denn ich mußte doch die Salben bereiten, das Galgenmännlein damit einzureiben, wenn sie's heim brächten. Aus dem Weinkrug, den sie mir gefüllt zurückließ, als sie gieng, hab' ich auch dem Alten eingeschenkt, dem die geizige Hex das Naß gar selten gönnet, so theuer er es liebt. Er ist davon bald eingeschlafen und, wie es sich ansieht, fest und lange, wozu etlicher Maßen das Pülverlein geholfen haben mag, das ich ihm in den Trunk geschüttet. – So hab' ich denn gedacht, bis die Alte heimkommt, daß wir ihr die Wurzel feien, könnt' ich eben so gut die Schlüssel brauchen, die da drinnen ob dem Alten an der Wand hiengen, und Euch heimsuchen, Junker Diether, dessen Herberge ich mir von Eurem Wirth zufallens hatte sagen lassen.«

Darauf lupfte er wieder seinen Hut, neigte sich und sprach:

>»So wißt Ihr nun das Wo, und wie
>Ich kommen bin zu Euch allhie:
>Durch meine Kunst, durch die Magie.«

Dazu rieb er sich vergnüglich die Hände. »Doch nun hebt wieder an, Junker!« sagt' er dann und drehte die Daumen um einander.

»Womit soll ich wieder anheben?« fragt' ich ihn.

»Ach, Junker, besinnt Euch!« und er wiegte sein Haupt langsam hin und wieder.

»Was meinet Ihr?« fragt' ich wiederum.

»Junker, Junker!!« Weiter erwiedert' er nichts, indem er beide Hände, die Finger ausgespreizt und ihren Rücken mir zugekehrt, langsam in die Höhe hub.

»Was nennt Ihr mich immer Junker?« rief ich ärgerlich, da er die Worte sonderbarlich in die Länge zog.

Auf diese Frage wurde er überlustig, sprang mit Lachen hin und her und sagte dabei: »Nu, habt Ihr's endlich gefunden?! Just die Frage ist's, die ich von Euch hören wollte; just sie. O, was seid Ihr wunderlich! Laßt Euch an sogethane Frage lang' erinnern, und sie war doch so leicht zu stellen. – Warum nenn' ich Euch Junker?« Dabei stellt' er sich wichtig vor mich hin und stemmte die Hände gegen seine Hüften: »Ja, freilich! Das ist's! Das ist das punctum saliens, wie es die Grammatici heißen, nicht? – So gebt wohl Acht, daß Ihr wohl höret, was Ihr wissen wollt! Aber zuvor harret noch einen Augenblick!«

Bei diesen Worten gieng er hin, wo das Windlicht von ihm hingestellt war, und rückte es so, daß ich wieder ganz in seinem Scheine stund.

»Also, warum ich Euch Junker nenne? Das ist die Frage; sie ist klar und weislich; und das ist die Antwort, nicht minder klar und gewißlich: Weil Ihr's seid, weil Ihr eben dies seid und gar nichts anderes, als ein Junker; ein ehrlicher, ein wohlgeschaffener, adeliger Junker, wie nur irgend einer in der Christenheit zu finden ist vom Aufgang bis zum

Niedergang. – He, nun? Was dünkt Euch davon?! Gewiß, Ihr denket: Was ist's? Klingsohr ist ein Gauch, ihm darf man nicht trauen, er leugt daran! – Denket Ihr nicht also, Herr? – Thut's immerhin, aber zuvor hört mich an!«

Darauf erzählt' er in seiner Weise, die Worte nicht sparend und sie hastig hervorsprudelnd, wie, nachdem ich abgeführt worden wäre, er und sein Geselle hätten dem Bischof Rede stehen müssen über mich, was sie von meiner Person und von meinem Stande wüßten. Darnach hätten sich die Herrschaften zu Tische gesetzt, die Mahlzeit zu halten; dabei wäre Herr Conrad sehr aufgeräumt gewesen, aber seine verlobte Braut desto nachdenklicher und stiller. Als man nun da kaum zu tafeln angefangen, wäre ein alter Mann mit langem, greisen Barte, des Aussehens und angethan wie ein Siedler oder Waldbruder, herzugestürmt und hätte mit hochbeweglichen Worten den Bischof angerufen, den gefangenen Jüngling frei zu geben, maßen der dem Kloster nicht fürder angehören dürfte. Denn Diether wäre adeligen Stammes, von hochberühmtem Geschlecht, wie er selber. Der Jüngling wäre sein Sohn. Das wolle er nach aller Gebühr darthun und verlange ihn in Kraft väterlicher Gewalt in seine Hände aus dem Kloster, darin er bis dahin gesessen, wiewohl er die heiligen Gelübde noch nicht abgelegt und auf sich genommen habe.

Über solche Rede hätten sich Alle nicht genug verwundern können. Der Bischof hätte ernst drein gesehen, als machte er sich hart, und der Gernsteiner finster; auch hätte der spöttisch sich hinweggewendet, als dächt' er nicht anders, denn daß es Possen wären, die da fürgewendet würden. Aber wer Graf Eberhard betrachtet hätte, der hätte spüren müssen, wie nahe dem Elzeburger Herrn des Alten Rede zu Herzen gieng. Als nun aber Beider Blicke sich begegnet und nach kurzem staunendem Stillschweigen der Alte gerufen hätte: »Eberhard, gedenkst Du Bruno's noch?

Schläft in Deiner Seele noch ein Gedächtniß unserer Freundschaft aus längst verschwundenen Jahren, das aufgeweckt werden kann?« als darauf die Beiden sich umfangen und keines Wortes mächtig unter inniglichen Zähren sich begrüßt, da wäre Manchem das Herz entbrannt über solchen Anblick, und alle hätten aufgehorcht, wie er wieder gesagt: »Er ist mein Sohn, Eberhard, mein Sohn! – Gott hat ihn mir zugeführt. Ich wagte nicht, mich zu ihm zu bekennen; der finstere Schatten meiner Schuld, dacht' ich, sollte auf die friedliche Bahn seines jungen Lebens nicht fallen; ich, ich trieb ihn in's Kloster zurück, und wollte selber verborgen bleiben vor ihm, vor der Welt. Aber nun ruft er mich in sie zurück nach Pflicht und Liebe, und bei unserer einstigen Waffenbrüderschaft bitt' ich Dich: Hilf ihn mir retten, Eberhard, hilf ihn mir retten!«

»Auf diese Worte«, erzählte Klingsohr weiter, »gönnten wir Alle dem Alten, daß ihm nach seiner Bitte geschähe; denn daß er in Allem die Wahrheit bezeugte, daran zweifelte Keiner, und Graf Eberhard lag dem Bischof mit starker Fürsprach' an, Euch, Junker, herauszugeben und des Klosters zu entbinden, auch die Ungebühr, damit Ihr Euch versündigt hättet, an Euch nicht ferner zu strafen, sondern selbige dem wallenden Muth der aufstrebenden Jugend zuzurechnen. Dazu, wiewohl sie bis dahin wenig sich zu ihrem Bräutigam gekehrt hatte, hub auch die edle Jungfrau Braut herzlich in Herrn Conrad zu dringen an, daß er Euch zur Freiheit hülfe und dazu seinen Ohm bewegte. Aber an der verlangten Fürsprach' hatte, wie es männiglich kund ward, der Ritter weder Lust noch zeigte er einigen Eifer dazu, und seine unmilde Gebärde erschweigte die Jungfrau, daß sie traurig abließ, ferner ihn zu bitten. Desgleichen auch Seine Gnaden, der Herr Bischof, was meint Ihr wohl, ob seine Antwort gnädig lautete? Mein' Treu, nein!«

»Er zog freilich seinen Worten ein solch' Kleid an, daß sie

ihm, dem geistlichen Vater, nicht gar zu übel stunden, noch unhübsch erschienen und ungelind: aber, glaubt mir, sie hatten die Absage hinter sich, die harte Absage, nichts anderes. Er sagte – o, er stellte Euch die Worte meisterlich! – er sagte also: Es stünde leider bei ihm gar nicht, der Meinung seines Herzens nachzugeben, das auf so bewegliches Ersuchen und so eindringliche Bitten werthester Freundschaft freilich ohne Verzug ihm die Gewährung abzwingen würde; aber er dürfte nichts in dieser Sache wider die Satzungen der heiligen Kirche, und das sei ein bedenklicher Handel; was dazu von Maulbronn und sonst für Beweis und Urkund für und wider würde an's Licht gebracht werden – darauf käm' es an, und bis dahin müßte Inculpat allerdinge dem geistlichen Gericht unterstehen und dürfte des Gewahrsams in keinem Wege entledigt werden. Im Übrigen würde er sich die Ehre der Kirche und des heiligen Ordens, wie das Begehren seiner Freunde und Euer Bestes, Junker, beständig vor Augen halten.

Da hättet Ihr sehen sollen, Herr Diether, wie starken Kummer Euer Vater aus solchen Worten sich zu Herzen gezogen hat. Denn er hatte wohl die Vereinigung mit Euch näher gesehen. Er senkte eine kurze Weile schweigend sein Haupt. Dann sprach er zum Bischof mit großem Ernst: »Würdiger Herr! Ich ehre die heiligen Gebote der Kirche. Aber wehe! wenn sie sich wider Gottes Gebot und Willen setzen. Er begehrt gezwungnen Dienstes nicht. Er ruft meinen Sohn zu mir. Daß ihm Freiheit werde, diesem Ruf zu folgen, das ist mein Tagwerk; ich muß es vollbringen!«

Alsdann winkt' er dem Grafen zu und sie unterredeten sich, indem sie ein wenig abseits wichen. Aber nur eine kleine Zeit, so ließ Herr Bruno sich nicht aufhalten, sondern umfieng Herrn Eberhard mit herzlichen Worten, nahm seinen Urlaub und gieng ungesäumt und mit eilenden

Schritten von dannen.«

Muß ich sagen, wie mir zu Sinne war bei Allem, was mir Klingsohr berichtete; wie ich erschrak, als ich zuerst von Brun's Ankunft auf der Höhe vernahm; wie mir's dann im Herzen aufgieng einem freudenhellen Sommertage gleich, dessen aufgehende Sonne von jubelnden Lerchen tausendstimmig begrüßt wird und in ungezählten Thautropfen sich spiegelt, als ich erfuhr, wer Brun war, welch' heilig Band mich mit ihm verknüpfte, und daß er mir in Bruno's Geschichte seine eigne Vergangenheit, die Wunden und Hoffnungen seiner Seele anvertraut hatte! Mir war's dem Falken gleich, dessen von der Hülle befreitem Auge man hoch in den Lüften das Ziel weist, dem er sich mit freudigem Geschrei entgegenschwinget. Auch mir winkte nun solch' ein Ziel: meinem Vater, der mich so und den ich so liebte, nahe zu sein, ihm zu Trost und Erquickung, ihn der Einsamkeit und jeglichem Trübsinn zu entreißen, ritterliche Ehre von ihm zu erlernen, sie dem Namen, den wir trugen, zu erjagen und seinen Segen zu erben. – O, und meine Mutter! Mich durchschauerte ein froher Schreck, da ich ihn dachte, diesen Namen: nie bis dahin von mir gerufen: ödes, schmerz-, aber auch freudenleeres Leben, wie hatt' ich's nur ertragen mögen! – Gott! Gott! Wenn ich auch sie einst fände, meine arme Mutter; wenn ich ihr an meiner Hand den Vater zuführen könnte, und in einer Umschlingung Beide an dies Herz drückend, spräche: »Seht, Euer Sohn ist glückselig, er hat Euch wieder! Seid es nun auch Ihr!« – gewiß dann würden die alten Wunden sie nicht mehr schmerzen, sie würden ihrer Schuld Vergebung glauben und üben, und ich, ihr Sohn, mit dem Mal der blutgen That gezeichnet, durch deren Kunde die Erschreckte in die Wildniß getrieben ward, hülfe ihnen zur neuen Freude, zur Liebe und zum Frieden! –

So frohe Bilder leuchteten in meiner Seele auf, und um die

Sonne, von der sie bestrahlt wurden und all' mein Sinn und Muth, stunden selber schimmernd im himmlischen Glanz die Worte geschrieben: »Dein Vater ist dir gefunden!«

Da hätten gewißlich auch Augen, die mich minder scharf ansahen als die kleinen blitzenden Klingsohr's, derweilen er sprach, solches Entbrennen meines Herzens vermerkt. Er aber, als er mit seiner Erzählung zu Ende war, trat dicht zu mir und sagte:

»Auf, Junker, sinnt nicht lang also,
Sagt, macht Euch nicht die Märe froh?«

»Klingsohr, lieber Klingsohr!« gab ich zur Antwort, »ist's so, wie Ihr mir sagt, und ich trage daran keinen Zweifel, so harr' ich der Stunde, die mir Befreiung bringt, mit zwiefachem Sehnen. O daß sie bald erschiene!«

»Harren wollet Ihr, harren?« fragte der Kleine wieder, und er schnarrte das Wort spöttisch heraus und schlug seine Hände beide in einander, als wär' es etwas recht Erstaunliches, was er hätte hören müssen. – »Wie lange, Herrlein, seid Ihr denn bereit und willfertig, hier zu harren?«

»Mich dünkt«, antwortet' ich wieder, »nach Allem, was Ihr mir sagtet, kann es unmöglich anstehen, daß meines Vaters Begehren unerfüllt bleibe, dem eine so mächtige Fürsprache zur Seite steht, wie die Graf Eberhard's.«

»Mich dünkt, mich dünkt«, sprach Klingsohr ärgerlich nach. – »Was dünkt Euch denn von uns? Wähnet Ihr, Meister Tannhäuser und hier ich, der Magus, haben uns oben davon gemacht und seien in dieser Burg bei den geizigen Alten in harter Arbeit gestanden, ich mit dem Pülverlein drinnen beim griesgreisen Pförtner, mein Gesell gar mit dem Alrunzauber bei der scharfohrigen Pförtnerin allein unter'm Galgen, allwo er jetzunder noch aushält, das edle Herz; wähnet Ihr, dies Alles sei von uns gethan, bloß daß Ihr zeitiger Euren edlen Namen erführet und Eure ritterliche Geburt, als es sonst geschehen wäre. Wähnet Ihr das wirklich? Ja freilich, 's ist ja eine Zeitung, die man nicht alltag zubringen kann, daß aus einem Singer ein Junker worden ist, und daß einer aus der Abtei und den Regeln St. Bernhard's in die Herrschaft über Land und Leute gesetzt werden soll. – Jedennoch, Junker, das ist hier die Meinung nicht. Wie? dort die Thür steht offen, der Alte schläft und sie sucht nach der Alrune – und Ihr besinnt Euch noch? Auf, gewinnet Euch selbst die Freiheit, nach der Euch gelüstet! Der Weg ist offen; ich führe Euch.«

Und er nahm sein Windlicht wieder zur Hand.

»Aber«, sprach ich, tief erregt von dem, wozu er mich ermunterte, »wenn ich's thäte und ohn' Urtheil und Recht dem Kloster entränne, so brächt' ich mich auf's Neue in Fährniß, und geistlicher und weltlicher Arm möchte mich bedrohen; ich hinderte die, so meiner Erledigung günstig sind, daran, mich zu schützen, und der Bischof würde mich, wie auch unser Orden des geistlichen Standes desto weniger entlassen!«

»Wie?« rief da der Kurze unwillig wieder. – »Dahin steht Euch der Sinn? – Als Ihr die Friedsamkeit und Demuth beweisen solltet, die man Euch im Kloster gelehrt hat, da waret Ihr kampflich gemuthet, und da es Euch als fahrendem Singbruder viel nützer gewesen wäre, Euch fein zu ducken, daß Ihr heil entschlüpfen möchtet, da bewieset Ihr Trutz und waglichen Widerstand – aber jetzt, wo Ihr des Ritterthums genießen sollt, zeigt Ihr ein Herz wie ein Lämmlein! – O, lieber Junker, denket doch nicht, wen die Kirche einmal eingethan hat und gar dem Mönchsstand zugezählt, den werde sie so bald wieder losgeben; habt nur wohl Acht, mancher Tag wird vergehen, bis sie sich über die geistlichen und weltlichen Rechte verglichen haben werden, dieweil Ihr in Haft hungert, schwitzt oder frieret, wie es Euch geliebt! Der Gernsteiner, halt' ich, wird schon dafür sorgen, daß Ihr Euch an solch' Leben gewöhnet. Und endlich, seid Ihr wiederum im Kloster, nimmer mehr daraus zu entwischen« – –

»So rathet Ihr mir –?« unterbrach ich ihn.

»Ich rathe Euch – ho! wie sanft das 'nem fahrenden Magus thut, daß er einem Junkerlein rathen darf – ja, ich rath Euch gut, Herr; traut dem Bischof nicht, noch seinem Voigt, noch sonst wem außer Euch selber und der Gunst der jetzigen Stunde, die Euch freien Ausgang verstattet dank der Kunstübung Eures geringen Dieners und seines Gesellen! – Ah, Junker, 's ist wahr: Ihr seid dazumal übel gefahren mit uns, und habt uns billig darum gescholten – aber die Noth, Junker, die zwingende Noth trug die Schuld daran! Drum laßt uns jetzt desto baß Euren Dank verdienen. Hatten wir nicht sogleich am Anfang uns're Freud' an Euch? Haben wir uns nicht gebrüdert? Sahen wir heut' nicht und hörten's, daß an Euch ein meisterlicher Singer verloren wäre, und ein wackerer Ritter dazu, so Euch das Kloster erhielte?«

»Doch seid Ihr's gewesen«, sagt' ich, »die mich durch ihr Anzeigen meines Standes dem Bischof überantworteten!«

»So brachten wir Euch doch aus des Gernsteiners Gewalt, der Euch wohl so fest verwahret hätte und übel gehalten, daß wir mit keiner Kunst Euch hätten erlösen können. – Das sind wir nun zu thun willens worden und lag uns doppelt hart an, nachdem Eure Ritterschaft an's Licht gekommen ist. – Eilet denn, werther Junker! Gewinnet die Freiheit, indem Ihr sie brauchet! Wie süß wird sie Euch eingehen an der Seite Herrn Bruno's! Wir geleiten Euch, wir Wegkundige, und gewiß, wir werden ihn finden.«

Ich hatte sinnend gestanden und wußte nicht, was erwählen; denn ich fühlte, daß ich vor eine große Entscheidung geführt war. Aber der Ruf, der an mich erging, lockte zu laut – und so folgt' ich dem Klingsohr, der schon in der geöffneten Pforte stund, ungeduldig mein harrend.

Ohne sonderliche Fürsicht schritt er mir den Gang voran. »Die beiden Alten sind noch festgehalten«, sagt' er dabei: »er vom Pülverlein, sie von der Alrune, und vor anderer Begegnung sind wir sicher allhie!«

Also befand sich's auch; der Alte schlief, da wir durch's Stüblein kamen, und wir gelangten unangefochten hinaus auf die Stiege. Von derselben führte ein hölzerner Gang außen zu einem Pförtlein in der Mauer des Burghofs, durch das die Alten in einen zur Burg gehörigen Krautgarten den Zugang hatten. Er war von einer hohen Mauer eingeschlossen.

»Hier können wir nicht hinab«, sagte mein Geleitsmann leise zu mir; »nur drüben, wo der Berg steiler ist und die Mauer drum nicht so hoch, mögen wir's vollbringen.«

Damit drängte er mich weiter, den schmalen Weg voran zur Seite der Mauer. So kamen wir an's Ende des Gärtleins und zu einer Thür, die war offen, und auf steinernen Stufen traten wir in einen zweiten Burggarten ein, der aber zur Sommerlust bestimmt war und in lauter lieblichen Blumen und Ziergebüschen prangte. Ja, das that er auch in dieser Sommernacht, denn obgleich weder Mond noch Sterne schienen, war sie als zur Johanniszeit hell und wie von einem milden Dämmerlicht übergossen, in dem man Jegliches umher deutlich sah; und Blätter und Blüthen schimmerten mit einem sanften Lichte, als hätten sie etwas vom Glanze des langen Sommertages zurückbehalten wie einen schwachen Widerstrahl. Es hatte einen warmen Regen zur Nacht gegeben: noch hiengen die Blätter tropfenschwer, und die Luft, von keinem Windhauche bewegt, war weich und feucht; sie war auch voll würzigen Geruchs und süßen Duftes, der aus ungezählten neu erfrischten Blüthen quoll und aus solchen, die in dieser wonnigen Sommernacht zum ersten Mal ihren Kelch erschlossen. Wie sog' ich all' diese stille Herrlichkeit mit Sinnen und Herzen ein nach der Angst des Gefängnisses, ob ich gleich an dem Frieden und der Glückseligkeit, die mich umgab, keinen Theil haben durfte; denn mein Weg war ohne Recht, verhohlen und bedroht.

Leise schritten wir hindann.

»Seht Ihr das Fenster dort, von Rosengezweig umrankt?« flüsterte Klingsohr.

Ich sah dahin und gewahrte auch dicht dabei eine Pforte, die von der Burg her in unser Gärtlein führte.

»Des Grafen Eberhard Nichte, Junker, von der Ihr den Kranz empfienget, wohnt heint allda zur Herberge. Von der Alten erfuhr ich's, die am Abend das Fräulein heraufreiten sah, stattlich geleitet. – Wenn wir ihr allhie begegneten, Junker, wie geschwinde liefet Ihr wohl davon?« Dabei kicherte er verhohlen.

Ich sagte nichts; doch sah ich im Gehen hinauf zum Fenster, und ich fühlte mein Herz stärker klopfen.

Da klang ein Ton durch die Stille, fein und leise. Wir hielten mit Gehen an und horchten auf. Es war das verhaltene Summen einer menschlichen Stimme, das von drüben herkam, wo am Ausgang aus dem Garten über der Ringmauer der Burg ein Sommerhaus als ein Thürmlein gebaut war zum Lugaus hinunter in Dorf und Thal. – Jetzt vernahm ich, halb gesungen und halb gesprochen, als würden sie nur laut gedacht, die Worte:

> Dich lacht sie an mit rothem Munde
> Und haftet doch im finstren Grunde,
> Aus dem ihr Kraft und Leben quillt:
> Das ist der Liebe Ebenbild!
> Es schafft das Leid der Liebe Pein,
> Doch ohne Leid kann Lieb nicht sein,
> Es liebt die Lieb' Leid zum Gedeihn! –

Dieser mein Spruch, den ich vorhin gesungen, da es Kranz und Kleinod galt – welch' neue Gewalt hatte er doch jetzt über mich! Ich erschrak und erzitterte schier, und doch schwebte mein Herz hoch auf in Wonne; mir war's, als träumt' ich nur, und sodann wieder, als erwacht' ich nun erst aus ungewissem Wahn zur Wahrheit und zum Leben.

»Irmela!« rief ich und eilte, ohne auf Klingsohrs eifrige Gebärden zu achten, mit denen er mich trachtete zurückzuhalten, hin, woher die Klänge kamen.

Sie mußte den Namen gehört haben; denn als ich zum Sommerhause kam, erblickt' ich sie, wie sie am offenen Eingang desselben stund, regungslos, als spähte sie hinaus.

»Irmela!« so rief ich wieder und fand vor Freude und Bangigkeit kaum den Odem zu dem Worte, wie ich nun nahe vor sie trat.

»So bist Du's, Diether, und bist frei?« Wiewohl ihre Stimme bebte, als sie das sagte, klang es doch im hellsten Jubelton wie der Ausruf einer Seele, der unerwartet die Bande schweren Leides gelöset sind.

Ein Schauer durchrieselte mein Gebein, als sie in hochgehender Freude mir entgegen eilte und mit ihren beiden Händen die meinigen ergriff. Ich sah ihr in's Angesicht: ihr Mund lächelte und ihre Augen waren voll Thränen.

Da konnt' ich mich nicht länger enthalten, umfieng sie mit meinen Armen und küßte sie.

»Ja«, flüsterte ich, indem ich sie umschlungen hielt, »ich bin frei, und immer selig sei die Stunde, da ich's ward; denn sie offenbarte mir, Süße, Deine und meine Herzensliebe!«

»Weh!« rief sie da mit dem Tone des Schreckens, indem sie mit Heftigkeit sich mir entriß, »weh, was hab' ich geduldet! Diether, ich bin verlobt! Nimmer wieder laß mich solch ein Wort hören! Nein, nein! – Entweich, wir sind ewig geschieden!«

Flehend bat sie so, aber streng zugleich und gebietend stund sie vor mir, hoch aufgerichtet. Der Gedanke, so von ihr verstoßen zu werden, erfüllte mich mit Grauen. Ich sank vor ihr auf die Knie.

»Irmela,« bat ich, »nicht also treibt mich von hinnen! Kein Gefängniß sieht so finster und freudlos mich an, als rings die weite Welt, so ich Euch muß verloren geben. Ich kann nicht mehr von Euch lassen, nimmer, nimmer! Die sehnende Herzensliebe hat mich bezwungen! O, auch Dich, Irmela; läugn' es nicht! Das Leid, das über mich gekommen ist, hat ihre Heimlichkeit Dir kund gethan und diese Stunde auch mir. Nie kannst Du dem Manne folgen, dem Dein Herz nicht zugehört!«

»Ich lieb' ihn nicht,« sagte sie leise.

»Aber hier in meinem Herzen bist Du beschlossen, Irmela, und ich bin's in Deinem. Ach, wohl gleicht unsere Liebe dem Sturmvogel, der gegen Wind und Wetter durch zuckende Blitze in mitternächt'ge Wolken fliegt; aber hinter ihnen, Irmela, glänzt die Sonne und seine Schwingen sind Adlerschwingen!«

Sie schwieg; aber mir war's, als athmete sie schwer und

mit leisem Beben erzitterte sie.

»O, sprich nur ein Wort!« bat ich wieder. »Ein einzig Wort, daß ich wisse, die Rose, die sich mir zur Wonne erschlossen in dieser Blüthennacht, sei nicht auch zugleich entblättert; daß mir eine Hoffnung leuchte auf der dunklen Bahn, die ich beschreite. – Sprich dies Wort, Irmela, dies eine Wort, und ich will kämpfen, ringen und nicht ermüden, bis der Tag kommt, da der Bund dieser Mitternachtsstunde vor Gott und Menschen gesegnet wird!«

Da war's, als bewegte sie ihre Hand mir entgegen; ich erfaßte sie und drückte sie mit Inbrunst an Herz und Lippen.

»Hab Dank, hab Dank, Irmela!« sagt' ich, indem ich mich erhub, »und fahr wohl!«

»Fahr wohl auch Du!« sprach sie zum Scheiden.

Indem kam auch schon Klingsohr herbei mit großer Eil und vielem Winken: »Geschwind, Junker, geschwind! Wir dürfen nicht länger säumen. Man ist uns auf der Spur. Dort den Weg kommen sie, den wir vorhin nahmen. Gewiß ist die Alte heimgekommen, hat das Nest leer gefunden und Lärm gemacht.«

Ich wollte mich auf diese Worte fürder wenden, mit ihm die Flucht fortzusetzen, als wir auch schon die, so uns zu suchen ausgegangen, in der offnen Pforte ersahen, durch die wir in den Garten gekommen waren.

»Da drüben um's Thürmlein müssen sie sein,« so vernahmen wir: »dort hört' ich flüstern, als ich hinaushorchte.«

Es war die Stimme der Alten.

»Sie werden mich finden!« sagte Irmela mit Bangen, »was

beginn' ich?«

Wohl sah ich, daß sie ihnen nicht entgehen konnte. Sie konnte sich im Garten nicht verbergen, den die Leute gewiß durchsuchen würden, und auch, wenn sie zurück wollte in ihr Gemach, mußte man auf sie treffen.

Sollte sie durch mich in Verdacht gerathen und Ungemach? Sollte sie gepeinigt werden mit Fragen nach mir und ihr reines Gemüth zwischen dem Wunsch schweben, unsere Heimlichkeit mir zum Schaden nicht auszubringen, und der ungewohnten Nöthigung, durch Falschheit sich heraus zu helfen?

Das durfte nicht geschehen. Die Gewißheit ihrer Herzensliebe zu mir hätte mir jeglich Opfer leicht gemacht. Ich besann mich nicht.

»Seid getrost, Irmela!« rief ich. »Ich gewinn' Euch Zeit.« Und bevor sich Klingsohr deß versehen konnte, der allbereits zur Weiterflucht vorangeeilt war, nicht zweifelnd, daß ich ihm folgte, sprang ich den Weg zurück, den wir gekommen waren, gerade auf die Gartenpforte zu, den Eindringenden entgegen.

Ich gedachte durch die Überraschten hindurchzustreichen, oder doch, so das nicht gelänge, sie so lange aufzuhalten, bis Irmela hinein wäre, und dann ihnen zu entrinnen. Meine schnellen Füße, hofft' ich, sollten mich retten, bis ich an einen Ort käme, geschickt zu einem Sprung die Ringmauer hinab.

Aber was soll ich sagen? So gerieth es mir nicht. Zwar daß meine Verfolger in den Garten eindrangen, verhindert' ich. Denn wie ich nach der Pforte rannte, wandten sie sich mir Alle zu mit lautem Geschrei. Doch es waren Ihrer zu viele, als daß ich hindurchzubrechen vermochte oder sie bestreiten konnte, ich Waffenloser. Es währte nur eine kleine Weile, so war ich von ihnen umringt und ergriffen, und ein Gefangener des Bischofs von Speyer, wie vorhin.

Neuntes Kapitel.

Entscheidung.

enn im Frühling die schwanken Birkenzweige im ersten Grün erprangen, wenn der laue Hauch der Luft die glänzenden Hüllen von den schwellenden Blattknospen der Buchen und Linden streift, wenn die Blumen aus dem Grase dringen und überall wieder das Leben sich regt und schmückt: dann ist solcher Anblick wohl für jeglichen Menschen, der sein genießt, eine Ursach zur Freude, und, sein Muth sei froh oder traurig, ihm sei wohl oder weh, so vernimmt er in solchem Walten Gottes zur Frühlingszeit einen Ruf, sein Herz zu stärken und jede gute Hoffnung aufschweben zu lassen, wäre sie auch oft schon zu Boden gestoßen und gar flügellahm worden.

Anders, acht' ich, ist's im Herbst, wenn der Schmuck der Erde allgemach vergeht und von Tag zu Tag die Gärten leerer, die Wiesen fahler und die Wälder kahler werden. Davon mögen die Menschen, je nachdem es ihnen um's Herz ist, leicht oder schwer, einen gar verschiednen Muth gewinnen. Es kann sich ganz lustig ansehen, wie so ein gelbes Blatt nach dem andern vom Baum gelöst und tanzend vom Winde hinweggeführt wird, wenn die Früchte sicher eingethan sind, die der Baum gegeben hat, und dem Genieß aufbehalten; auch weiß sonder Zweifel das Auge des Hoffnungsvollen am sich entblätternden Baume überall die Knospen wahrzunehmen, darin Blätter und Blüthen wohl verwahrt sind schon für's kommende Jahr. Ja, wem daheim der warme Herd in die Mitte der Seinen winkt und zu willkommener Ruhe nach gethaner Arbeit: wie gern mag der sich von den rauhen Herbststürmen hinein scheuchen lassen! Kürzlich: wem die Wurzeln seines Lebensbaumes noch fest und kräftig genug in der Erde haften, Nahrung daraus zu ziehen, wer da im Stamm inwendig noch den Saft aufsteigen weiß: der ersieht auch im Winter nur den Vortraum und Stärkungsschlaf für Leben und Lust des kommenden Lenzes und mag die kalte Hand, die das Laub entstreift, mit Freuden begrüßen. – Aber für die Meisten freilich hält der Herbst, wenn er dem Winter die Bahn macht, eitel Leichensermone; denn unter den Menschen, so zum Nachsinnen über sich gekommen sind, wozu Frau Unglück weit besser anleitet, als ihre ungleiche Zwillingsschwester, sind, wie ich sorge, viel mehrere, welche von der Zukunft hienieden lieber zu wenig hoffen, als zu viel und darum die Trauerlieder des sinkenden Jahres überleicht verstehen und nachsingen.

Dazu war wohl auch ich weidlich geschickt geworden nach meiner Gefangennahme, seit ich wieder in's Kloster zurückgebracht war, allda des Ausgangs meiner Sache zu harren. Zwar nur wenige Monate waren seitdem verstrichen. Aber als ich aus meiner Zelle, die mir zur Büßung abseits von denen der Brüder angewiesen war, in den grauen Novembertag hinaussah, drückten seine tiefhangenden Wolken schier auf mein Herz, und der Wind, der durch die kahlen Äste des Nußbaumes vor meinem Fenster fuhr, seufzte, als wollt' er mir helfen trauern und klagen.

Wie manchen Tag hatt' ich schon vom nämlichen Schemel, den Ellenbogen auf dem Tisch vor mir gestützt, durch dies kleine Fenster hinausgesehen nach dem Nußbaum und dem Himmel, so viel davon zu erblicken war; denn sonst war die Welt meinen Augen versperrt. –

Wenn ich früher ihn betrachtet hatte, wie er so mächtig aus dem Zwinger emporstrebte, hatt' ich nicht gedacht, wie sehr ich's ihm einstmal noch danken würde, daß er also hoch gewachsen war, so hoch, daß er mit seinem Wipfel auch über das kleine Fenster der einsamen Zelle hinausragte, deren Bewohner nun ich war. – Wie doch heute sonderlich die Äste stöhnten, wenn der Wind sie schüttelte und, ihre Zähigkeit erprobend, sie gegen einander schlug; wie knarrend die dürren Zweige zerbrachen, und wie ängstlich die wenigen gelben Blätter, die noch am Gezweige saßen, sich hin und wieder wendeten, so oft ein Windstoß sie erfaßte, als sträubten sie sich gegen ihn und riefen um Hilfe! –

Es war doch Alles umsonst; eins nach dem Andern ward abgerissen und wie zum Hohn wild durch die Luft geführt, oder es sank zitternd zur Erde nieder – eins nach dem andern! – Schon konnt' ich die übrigen an den Fingern meiner Hände zählen – dort eins – dort eins – und dort eins!

Ob wohl auch sie heute würden abgelöst und der Baum ganz kahl werden? –

Ach, es war heut ein traurig Ding um ihn und den Himmel dahinter! –

Als ich zuerst hier in diese Zelle hereingeführt und hinter mir die Thür verschlossen ward, daß ich allein wäre (wie war ich's gewohnt geworden seitdem!) mein Sinnen und Denken abzuziehen vom eitlen Wesen der Welt und nur auf meine Schuld zu lenken und heilsame Büßung: wie winkte mir da durch's Fenster das dichtbelaubte Gezweig so freundlich entgegen! Schwellende Früchte, zu Trauben gesellt, schauten daraus hervor, und blitzendes Licht vom blauen Himmel her spielte zwischen den grünglänzenden Blättern. –

Das war zur Johanniszeit, am Tage, nachdem ich in's Kloster auf Erfordern des Abtes und mit Bewilligung des Bischofs war zurückgeführt worden. Ich war in den Capitelsaal gebracht, allwo der ganze Convent sich versammelt hatte, daß ich vor den Abt gestellt würde, mein Urtheil zu empfahen, wie mit mir zu handeln wäre im Kloster. Denn obgleich meine Erledigung zurück in den weltlichen Stand allerdinge nach dem Spruch derer, denen die Entscheidung unterstünde, zu erharren wäre, so hätte ich doch meine Untugend und all' das Ärgerniß, so ich gegeben, als dem Cisterzienser Orden zugehörig, verübt, und müßte daher gemäß der heiligen Observanz und St. Bernard's Regel zum Heil meiner Seele, zur Befestigung der Guten, zur Stärkung der Schwachen, zur Warnung der Sichern mit mir gethan werden.

Solches Alles ward mir vor den Brüdern im Capitel von Abt Albrecht verkündigt, der dazu eine Rede that, die mir recht das Heimlichste meines Herzens vor Augen kehrte, daß ich sah, wie schwarzer Farbe es war; denn er war gewaltig in Worten. Er nannte den Tag, da er von meiner Sünde hätte hören müssen, den traurigsten von allen, seit ihm der Abtstab in die Hand gegeben wäre; er beschrieb meinen Sinn, wie schlimm geartet er wäre und unwerth, daß ich all' sein Vertrauen, das er zu mir gekehrt, und seine gute Meinung so gröblich zu Muthwillen und Verübung loser Narretheidinge gemißbraucht hätte; er sagte auch: wenn der Herr und Weltenrichter schon den unnützen Knecht in die äußerste Finsterniß und in die schrecklichen

Höllenschlünde verweisen wolle, darum daß der Schalk mit dem einigen ihm verliehenen Centner nicht gewuchert habe, welche Qual werde sich der verdienen, welcher hohe und edle Gaben, so er von Gott empfangen, dazu verwende, daß er damit unsers Herrn und seiner heiligen Kirche Ehre, statt sie zu erbauen, kränke und ganz niederlege!

Darnach fragt' er mich, ob ich etwas zu sagen hätte, so sollte mir das verstattet sein.

»Würdiger Vater!« sagt' ich da. »Es ist Alles wahr, deß Ihr mich zeiht. Ich habe schwer gesündigt wider Gott, wider Euch, wider den heiligen Orden. Aber so wahr ich Euch und dem würdigen Convent hier von der ewigen Dreifaltigkeit beständige Genüge erwünsche, so gewißlich kann ich Gott im heiligen Stande nicht länger dienen, habe nur ein Verlangen, mich zum ritterlichen Leben zu schicken, und bitt' Euch demüthig: Helfet mir dazu!«

Durch solche Worte, sagte wieder der Abt, erfände sich's desto gewisser, wie völlig mein Herz geblendet wäre. Darauf ward ich dem `Frater poenitentiarius` zugewiesen, daß er die geistlichen Büßungen, so mir aufzulegen, leiten und in Allem meiner armen Seele rathen möchte, die Bosheit auszuziehen und Gnade zu gewinnen.

Der hatte denn auch das Amt, so er überkommen, an mir mit allem Eifer angegriffen. Einsamkeit, Casteiung und allerlei Plage sollte meinen Sinn ändern, dazu stetes Gespräch mit ihm von heiligen Dingen und von Verachtung der Welt. War ich nicht manchen Tag hinunter in die Geißelkammer geführt worden, auch dazu aus dem Schlaf geweckt, allda das Miserere zu singen und Schläge zu leiden?

Doch wiewohl mir meine große Fehle, damit ich mich verschuldet hatte, leid war, so blieb doch mein Muth und

Wille hinausgerichtet, wie anfangs, und die himmlischen Dinge, die mich hinwegziehen sollten von allem weltlichen Trachten, erlangten diese Gewalt nicht über mich. Ja, wenn oft unter den Geißelschlägen mein Rücken rünstig ward und ich dennoch ihnen stille hielt und nicht zuckte; wenn ich jegliche Pein, mit Wachen und Fasten mir auferlegt, williglich trug und nicht murrte, so wähnte mein Beichtiger wohl, es wäre die wahre Zerknirschung und herzliche Reue, die mich so harte Buße demüthig tragen lehrte: aber es stund viel anders mit mir. Ich hätte das Schwerste auf mich genommen in dem Gedanken, der mir auch all' dies Ungemach leicht machte: daß ich es litte, weil ich mich gefangen gegeben für sie, für die Maid, die mir allzeit im Sinne lag, deren Bild in aller Pön mir winkte.

O, welche Gewalt hat doch eine starke Hoffnung über des Menschen Herz! Sie ist allgegenwärtig, wie das Sonnenlicht. All' unser Denken und Thun, Mühe und Plage, Leid und Noth durchleuchtet sie; sie durchsüßet die Bitterniß und durchblümet selber die Wüstenei, die wir durchwandern müssen.

So hab' auch ich's erfahren in jenen Tagen.

Wie oft, wenn ich einsam in der Zelle weilte, brachte mir die gewisse Hoffnung, der Tag der Befreiung würde erscheinen, Stärkung und Trost! Wie malte sie mir mit dem Sonnenstrahle, der an der Wand zitterte, lichte Bilder hin von Aventiuren, Ehren und ritterlichen Thaten, von Freiheit und Wiedersehen! Wie hört' ich ihr Flüstern im Rauschen des Nußbaumes, wenn der sanfte Wind das Laub bewegte!

Mit jedem Tage stieg diese Hoffnung; denn jeder brachte ihre Erfüllung näher.

Mit Fleiß achtete ich auf die grünen Früchte, die mir der

Nußbaum durch's Fenster zeigte, wie sie allgemach größer wurden. »Eure Schaale ist bitter«, sprach ich oft, »und selber dem Anblick wird sie unhold mit der Zeit. Aber drinnen hegt sie wohlverwahrt den süßen Kern; die Hülle springt, und er tritt an's Licht. So tragen auch diese Tage, deren Bitterkeit ich schmecken muß, in ihrem Schooße für mich die köstliche Frucht der ersehnten Freiheit; noch ist sie mir verborgen, aber unmerklich reift sie heran.«

Doch ach! eine Woche nach der anderen war herumgegangen, und noch immer hört ich nichts davon, daß draußen meiner gedacht ward. Jeglichen Morgen sah ich klopfenden Herzens in meines Beichtigers Angesicht, prüfend, ob er die erhoffte Nachricht mir nicht zu verkünden hätte. Aber er schwieg davon, und der neue Tag schwand gleich dem vorigen.

So einförmig giengen die Tage hin, so geräuschlos schlich die Zeit durch Wochen und Monate, daß ich ihrer Zahl und Menge, wie viel ihrer waren, gar nicht Acht hatte. Aber wohl sah ich, wie die Nüsse sich aus ihren Hülsen schälten, vom Baume fielen und die leeren Schalen zurückließen; wie die Blätter sich entfärbten und das Geäst allgemach lichter ward; wie dann der Himmel, der da hindurch blickte, als durch ein immer weiter sich öffnendes Gegitter, öfters trüb schien und seltener in blauer Klarheit glänzte. Ich sah, wie das Sonnenlicht immer später meine Zelle besuchte, immer schmaler darin seine goldenen Streifen zog und nimmer bälder daraus verschwand.

Wenn auf trübe Tage wieder ein sonnenheiterer folgte, hatte ich schier mit Ungeduld geharrt, den Schein zu sehen, ob er wohl merklich würde zurückgewichen sein gegen das letzte Mal, da er an der Wand geglänzt; und als es geschah, daß ich wahrnahm, wie die Sonne meine Zelle nicht mehr erreichte und den letzten Scheideblick des Jahres herein geschickt hatte in meine Einsamkeit: da war eine große Traurigkeit über mich gekommen, als sollt' ich auch den güldnen Träumen von Erledigung und Freiheit den Abschied geben.

Aber ich hatt' es nicht vermocht, ich hatte um so sehnlicher gehofft und war nicht müde darin geworden, wie auch die Blätter immer zahlreicher fielen und die kahlen Zweige schmucklos zu mir herein starrten. – –

Wie mit Fleiß ich an dies Alles heut' zurückdachte am stürmischen Novembertage, als ich zum grauen Himmel hinaussah, und wie die letzten Blätter sich wehrten wider den Wind, der sie zauste, und half ihnen doch Alles nichts!

Nein, es half auch mir nichts: mein Hoffen und Sorgen, Zagen, Wünschen und Ungeduld! – Wenn es der Weltenherr so beschlossen hätte, daß mein Leben und die Welt draußen immer geschieden blieben von einander! Wenn das Gelübde meiner Mutter, da die Gottesminne ihre Liebe zu mir bezwang und durchklärte und sie mich der frommen Hut des Klosters übergab, gewißlich ach, mit heißen Gebeten! im Himmel versiegelt ward!

Aber konnte das sein? Wäre mir dann die Einfalt und der Frieden meiner Jugend so verwirrt durch Lust und Weh der Welt, durch das Eindringen ihrer Süße und Herbe in mein unerprobtes Herz? Wären dann jene Versuchungen an mich herangedrungen, um welcher willen, daß ich vor ihnen geborgen bliebe, ich hieher gebracht worden war an diese Stätte geschützten Friedens?

Doch wie? Durft' ich mich unterwinden und all' dies, was mich abwendig gemacht hatte dem heil'gen Stande, ansehen als von dem waltenden Gott so gefügt? War es nicht vielmehr der Dünkel und Wahn meines unberathenen Herzens, eigenwilliges Entweichen vom Wege, der mir verordnet war? O, dann war es ein unmächtiges Ankämpfen, ein schuldvoller Ungehorsam. Und dies sehnliche Verlangen in mir nach Ehre, Freude und Glück der Welt, nur darnach? nein! auch nach ihren Kämpfen, Mühen und Schmerzen: sagte es nicht noch jeden Augenblick Ja! zu der Hoffahrt und Eitelkeit meiner Seele, bedrohte es mich nicht mit immerwährender Unseligkeit, so der Spruch fiele, daß ich im Kloster bleiben müßte? Dann wäre mir die Erde vergällt und für die Ewigkeit meine Seele der finsteren Schaar zugeordnet. –

Ich erschrak vor solchen Gedanken! Ich sah hinweg vom Fenster und lenkte meinen Blick auf das Buch, so vor mir aufgeschlagen war. Es waren S. Anselmi Betrachtungen. Mein Beichtiger hatte mir das Buch hereingegeben zu heilsamem Nachdenken. Täglich mußt' ich ein Stück darin lesen und auf sein Befragen davon Rechenschaft thun, ob ich die Meinung recht verstanden hätte. Ich that es; aber meine Seele war nicht dabei. Heute zum ersten Mal kehrt' ich allen Eifer dazu. Ich las von dem Meere des Verderbens, welches wäre die Tiefe weltlichen Begehrens, und vom bodenlosen Schlamme der fleischlichen Lüste; ich las von dem Elend dieses Lebens: wie es gliche einem finstren Thale, in seinem Grunde voll Martern; darüber eine einzige Brücke, sehr lang, aber nur eines Fußes breit; über diese so schmale, so hohe, so gefährliche Brücke gehen müssen, mit verbundnen Augen, also daß man seine Schritte nicht sehen kann, mit rücklings gefesselten Händen: so in Furcht und Ängsten des Herzens schweben: Das wäre dieses Leben. Ich las vom Tode, wie er alle Schönheit der Gestalt verderbt und die zarten Glieder der Verwesung und den Würmern überantwortet; vom Grauen der Sterbestunde, von den Schrecken des jüngsten Tages.

Solches Alles las ich, wie es in der ersten Meditatio des heiligen Lehrers zu finden ist. Davon überkam mein

Gemüth große Pein. Denn wenn ich es untersuchte, so erfand ich doch darin die Abkehr von dem vergänglichen Weltwesen nicht erwirkt, noch das Verlangen nach der himmlischen Freude entzündet; sondern daß ich frei würde und ein wackerer Held, der Ehren erwürbe Brun zum Trost und Irmela zur Freude: das war all' mein Verhoffen und mein Begehr, wie vorhin.

Da schickt' ich mich an, zu Gott zu rufen, daß Er mir die Verachtung der Welt in die Seele senken möchte und die völlige Gelassenheit, aber unvermerkt ward solch' Gebet zur Bitte, die Stunde meiner Losgebung möchte bald erscheinen – und Beides zusammen konnte doch nicht bestehen.

So hub ich denn in also zweifellichem Wahn meine Augen auf und sah hinaus, wie ich zuvor gethan hatte. Der Wind fuhr noch immer durch die Zweige und schüttelte sie. Hatte er denn schon alle Blätter nun davon geführt, alle? – Nein, eines hieng noch fest, ein einziges. Ich faßt' es in's Auge und blieb daran haften mit meinem Blick, wie es ohne Aufhören auf und nieder und zu den Seiten flatterte und doch nicht abriß. – »Du willst, guter Baum,« sagt' ich, »das Einzige, was Dir vom sommerlichen Schmuck geblieben ist, nicht lassen; also auch ich nicht die Hoffnung von daher. Aber das Jahr ist spät und wie lang' kann Dein Widerstand noch dauern – und meiner?«

Aus solcher trübseligen Betrachtung erweckte mich ein Klopfen an der Thüre. Die kleine Öffnung in ihrer Mitte, deren Thürlein aufgethan ward, ließ eine Hand sehen, die ein Papier in die Zelle fallen ließ. Als ich es aufnahm, war schon die Hand wieder zurückgezogen und die Öffnung verschlossen.

Es war ein Brief, erbrochen und durch den Abt mir überschickt – ein Brief, mir von Brun geschrieben aus Rom. Wie froh erschrak ich, als ich den Namen las, und wie faßt' ich jeglich Wort, das da geschrieben stund, zu Herzen!

Gewißlich entsänn' ich mich seines Scheidewortes an mich. Ihm wär' es allzeit lebendig im Herzen geblieben, und Anderes hätt' er nicht erstrebt, als daß er mir Befreiung erwürbe und mich in das Erbe seines Namens und seiner Güter setzte. Er hätte manchen Gang darum gethan und auch Graf Eberhard – ich kennte doch Adelbert aus Bruno's Geschichte? – – wäre ihm eifrig zur Seite gestanden. Auch andere seiner Freunde aus jungen Jahren hätten sich für ihn eingelegt und selber ihm zur Hoffnung verholfen, daß er Land und Leute, so er einst besessen, wiederum zu Handen erhielte. Aber es hätte sich erwiesen, daß geistliche Rechte wider ihn wären.

Und nun ließ er mich wissen, daß meine Mutter nach altem Brauch mich feierlich dem Kloster und geistlichem Orden übergeben, daß der Priester aus ihrer Hand mich auf den Hochaltar genommen und als ein Opfer und süßen Geruch dem Himmelskaiser geweiht hätte. Da wäre die Stola um des Knäbleins Arm von ihm geschlungen worden und meine Mutter hätte alle heiligen Gelübde, vom Priester ihr vorgesprochen, für mich vollbracht. Auch wäre darüber eine Urkund nach allem Erforderniß in der Abtei niedergelegt. Auf solches Alles hätte sich der Bischof berufen, und zu ihm hätten die höchsten Oberen des Cisterzienserordens gestanden. – Darum hätt' er sich aufgemacht und wäre gen Rom gezogen, dort beim heiligen Stuhl für mich zu bitten; aber man hätte ihn schlecht an die Entscheidung des Bischofs und des Ordens gewiesen, darnach müßte der Spruch gefällt werden.

Ob ich ihn wohl zu lieben angefangen hätte, als das Kind den Vater soll? Ob ich mir wohl fürbilden könnte, wie selig ihm die Stunde gewesen, da er mich gefunden und wie er seitdem nichts wüßte, als mein Bestes zu suchen? – Dann sollt' ich nicht wider Gott fechten, den Frieden meiner Seele in Acht nehmen und mich in's Kloster ergeben. Ich sollte nicht hinaustrachten um seinetwillen, denn er hätte aller Dinge beschlossen, daß wir unser Angesicht nicht mehr sähen. Es wäre besser so. Er hätte ja eine Weile gedacht, der hehre Christ hätte seine Buße angenommen und wollte sein brauchen, Freude für seinen Sohn zu säen und ihm die Wege durch die wirre Welt zu ebnen, in denen er selber sich verloren. Unterweilen hätt' er auch einen hellen Traum gehabt, als möcht' er Joconda wiederfinden. Aber sie wäre, wie er erkundet hätte, schon lange in Frieden, wohin dies zeitliche Jammerwesen nicht reichte, und um mich wär' er solches Glückes nicht würdig erfunden. Darum wollt' er von Stund' an seine Buße vollenden und die göttliche Güte unablässig bitten, daß sie meine Seele von allem irdischen Dichten reinigte und ganz ausleerte von jeglichem Verlangen, das doch nicht erfüllt werden könnte, bis mein inwendiger Geist ganz stille würde und offen für die Süße der himmlischen Liebe. Weil er denn bedächte, daß das Band, so mich mit ihm verknüpfte, mich sonderlich stark hinauszöge in die Welt, so hielte er es für wohlgethan, auch dies Gott aufzuopfern, daß ich mich leichter losmachte und, was ich aufgeben müßte, desto minder schätzte.

»So scheide ich denn«, so beschloß der Brief, »mein herzgeliebter Sohn, hiemit von Dir, nicht nach dem Herzen und nicht für ewig. Unser kleines Leben ist wie ein Rauch; meines ist bald verschwunden. Denke, daß es heut geschieht! – Die ewige Dreifaltigkeit nehme Deiner in Gnaden wahr, sie enthebe Dich aller Wirrsal und gebe Dir Freude und Frieden! Das ist mein Segen. Fahr wohl! –

Mein Sohn, bitte für mich!

Gegeben in Rom in St. Augustini Kloster.

Bruno.«

Als ich ausgelesen hatte, entfiel der Brief meinen Händen und meine Arme sanken schlaff herab. »Fahr wohl, fahr wohl!« rief es mir nach. »Fahr wohl, mein Vater! fahr wohl jede süße Hoffnung; fahr ewig wohl!« In dumpfem Klageton hört' ich's so; aber ich fühlte, wenn ich's ausspräche, so müßt' ich's hinausschreien, und ich verharrte im Schweigen. Denn in allzugroßem Weh mißgönnt sich der Mensch auch den Trost der lauten Klage. –

Eine starke Windsbraut, die mit klatschendem Regen gegen das Fenster fuhr, schreckte mich auf und riß meinen Blick empor. Die Äste schlugen gegen die Scheiben, also daß sie erklirrten, und das letzte Blatt, von seinem Zweige geschieden, wirbelte durch die Luft; eine kleine Weile ward es umhergetrieben, dann entschwand es meinen Blicken.

»Fahr wohl, fahr wohl!«

Da quoll ein Dunkel auf um mich her, als wollten Wellen eines Meeres mich verschlingen, und die Sinne vergiengen mir. – Als ich mich wiederum besann, fand ich mich auf der Diele liegend; der kurze Tag war herum und die Zelle ganz finster. Vom Himmel und vom Nußbaum war nichts mehr zu sehen, nur der Wind gieng draußen wie vorhin, und so oft er die Äste gegen das Fenster bog, hört ich's noch immer rufen: »Fahr wohl, fahr wohl.«

Ich weiß nicht, wie lange dies währte, als es geschah, daß an der Thür der Riegel zurückgeschoben ward und gleich darauf Einer aus dem Convent, nicht der meiner Pönitenz vorgeordnet war, mit Licht in meine Zelle trat.

So geschlagen ich war in jener Stunde vor großem Leide, wollt' ich doch nicht, daß Solches im Convent offenbar würde; ich hatte mich also aufgerafft und trat dem, der mich heimsuchte, so gelassenen Angesichts entgegen, wie ich's vermochte.

Der aber sprach, mich betrachtend: »Diether, wie siehst Du verhärmet aus! Fasse Muth in's Herz; leichtlich wirst Du bald wieder froh. Denn so erfindet sich's unselten im Leben, daß die besten Tage die bösesten ablösen.«

Darnach sagt' er mir, daß Abt Albrecht ihn geschickt hätte, mich allsogleich vor ihn zu führen, und, wie sich's ansähe, hätte der für mich wichtige Zeitung.

Als ich in des Abtes Gemach trat, saß der, wie er pflegte in Stunden der Muße, im hohen Gestühl, vor sich ein Buch zu heiliger Betrachtung und gelehrtem Fleiß oder, wenn es mit Bildwerk geziert war, auch zu lustsamer Beschauung bestimmt. Doch er hatte das Ansehen nicht, als ob er heute sein Nachdenken da hinein tief versenkt hätte. Denn kaum erblickt' er mich, als er mich näher winkte, eine kleine Weile prüfend seine Augen auf mir ruhen ließ, seinen Mund aufthat und folgendermaßen anhub:

»Wir haben Dir eben heute, Diether, einen Brief zugehändigt, der billigermaßen Dein Gemüth beschwert und in Traurigkeit gesetzt hat. Denn darinnen ist Dir kund geworden, daß Du Deines Vaters Angesicht nicht mehr sehen sollst in dieser Zeitlichkeit.« –

Als ich diese Worte hörte, fühlte ich die Trübniß, die mich vorhin überwältigt hatte, wiederkehren, und wiewohl ich mich gedachte fest zu machen, konnt ich's nicht wehren, daß meinen Augen vor übergroßem Leide Zähren entflossen.

»Ja, gewißlich«, sprach er weiter, als er solches wahrnahm, »ist davon Deine Seele hochbewegt; und wir nehmen noch sonst ein Verständiger, sogethane Trauer Dir nicht für Übel; denn kindliche Liebe ist göttlicher Schöpfung, und Fleisch und Blut thun nach ihrem Willen. Doch, Diether, ich verhoffe, die ernstlichen Ermahnungen aus theurem väterlichem Munde, auch die Erkenntniß Deines eigenen Herzens und deß, was ihm das Beste ist, dazu Du mit allem Fleiß angehalten worden bist, werden Dir geholfen haben, jene Traurigkeit zu überwinden, die eitle Herzen unter sich bringt, denen der Welt Lust versagt ist, darnach sie vergeblich trachten. Ich verhoffe, Du siehest fürder diese Abtei, in der Du auferzogen bist, nicht als ein Gefängniß an, sondern bedenkest wohl, daß Du allhie nicht allein der Seele Heil am ungefährdetsten erwirken, sondern Gott mit der edlen Kunst, deren Vermögen Er Dir verliehen hat, am würdigsten dienen magst. – Daß in dem Allen Dein Sinn erprobt werde, dazu ist Dir zur Stunde Gelegenheit geboten.«

Ich horchte auf bei diesen Worten und sah ihm mit großer Erwartung zu, als er eine Schrift, die er zur Seite liegen hatte, in die Hand nahm und entfaltete.

»Wir haben eben heute Briefe empfangen«, sagt' er dabei, »Deine Sache angehend, welche darthun, daß die, so zuvörderst das Urtheil darüber zu fällen haben, anderen Sinnes worden sind, wie es mit Dir zu halten sei, als es sich zuvor anließ. Auf dringendes Ansuchen des Bischofs, dem unsere Abtei untersteht, hat das General-Capitel unseres Ordens neuerdings verwilligt, daß unser Convent Dich losgebe, und Dich des Gelübdes, einst für Dich gethan, entbinde.«

Als ich diese Worte hörte, überkam mich eine Freude, als dränge ein heller Sonnenstrahl plötzlich in mein von Traurigkeit ganz überschattetes Gemüth.

»So soll ich frei sein, ehrwürdiger Vater?« fragt' ich mit Pochen meines Herzens. »Ist es das, was Ihr sagtet – frei?«

Ihm war aus der Hast, mit der ich Solches redete, die Unruhe meiner Seele wohl offenbar. Mit Verwunderung und auch, als hätt' er weiseren Sinn mir zugetraut, sah er mich an und gab mir weiter Bescheid: »Auch soll von dem liegenden Gute, einstmals Deinem Stamme zugehörig, auf Verwendung der bischöflichen Gnade und mächtiger Freunde so viel durch Lehenshand Dir wiederum zufallen, als zur ziemlichen Erhaltung ritterlichen Standes für nöthig erachtet wird; wie Solches die Schriften hier besagen und urkunden.«

»So bin ich nicht fürder hier zu bleiben gehalten?« fragt' ich wieder; denn mir war's nicht anders, als träumt' ich nur.

»Allein Deine Wahl, Diether!« sprach der Abt, »bestimmen forthin Dein Bleiben oder Gehen. Möge Gott, Jüngling, Dich dazu erleuchten, daß Du Dich recht berathest.«

Da konnt' ich mich nicht länger enthalten, eilte auf ihn zu und, vor ihm auf die Kniee fallend, ergriff ich mit Ungestüm seine Hände, küßte sie und sprach: »Dank, dank, lieber Vater, für die Kunde, die mir von Euch geworden ist! Sie macht mich wieder lebendig. Ein schwerer Muth war über mich gekommen, als sollt' ich solcher Märe nimmer froh werden.«

»So steht Dein Wunsch und Wille noch allerdinge hinweg von uns?« fragt' er mit Strenge und doch auch, als lebte, da ich so beweglich und nahe zu ihm redete, etwas von seiner früheren Gütigkeit gegen mich wieder auf in ihm. »Nur Freude schafft Dir dies, auch nachdem Du die Worte Deines Vaters, Herrn Bruno's, vernommen?«

»Ehrwürdiger Vater!« erwiedert' ich, indem ich's wagte und seine Kniee umfaßte. »Immer spende die göttliche Gnade den Lohn Euch überschwänglich für alle Treue, die Ihr an mir gethan habt, und Gott mit seinem Frieden sei eines Jeglichen Geleitsmann ewiglich, so viel allhier Eurem Hirtenstabe unterstehen: aber mich leidet's in dieser

Abgeschiedenheit nicht länger, und mein inniges Trachten ist noch zur Stunde, wie es vorhin war, hinaus.«

»Und doch«, sprach Albrecht wieder, »magst Du leichtlich in der weiten Welt Dich einsamer und verlassener finden, als hier, wo Du so Vielen vertraut bist. Denn bedenk' es wohl: Dein Vater harret Dein nicht, und an welchem Ort er weilet, ist Dir verborgen!«

»Noch ist ein Ruf«, sagt' ich wieder, »dem ich folgen muß. O, zürnet nicht über das, was ich sage: aber begehrte Herr Bruno zur Stunde selber von mir, daß ich bliebe; so lange die Freiheit zu bleiben oder zu gehen in meine Wahl gelegt ist, könnt' ich ihm nicht gehorsamen. Nein, ich könnte und würde nicht!«

Als ich ausgeredet hatte, erhub sich Herr Albrecht mit finstrem Angesicht, hieß mich gehen und selber mit meinem eitlen Dünken mich berathen.

So von ihm hinweggewiesen zu werden, gieng mir schwer ein. Darum bat ich ihn und sprach:

»Nicht so, ehrwürdiger Vater! nicht so heißt mich von Euch geh'n! Gebt mir ein Wort der Verzeihung und des Segens mit!«

»Ich sorge wohl«, sprach er wieder mit großem Ernst, »die Stunde wird kommen, darin Dir Beides hoch noth sein wird. Möge sie nicht zu schmerzlich für Dich sein! Alsdann wirst du unsern Segen nicht vergeblich suchen. Wisse das, Diether, und geh!«

Auf diese Worte, die er mit strenger Gebärde begleitete, durft' ich nichts erwiedern. Ich verneigte mich vor ihm und gieng.

Was nun im Convent und allerorten in der Abtei für ein

Fragen entstund, und wie groß das Aufsehen war, als es ruchbar ward, daß ich auszöge für immer; wie Manche mich da berathen wollten, mahnen und warnen, Andere es nicht hehl hatten, daß sie mich neideten, so Viele auch eine herzliche Neigung zu mir kund thaten und sich mühten, zur Letze mir zu zeigen, daß ich ihnen lieb war; wie sich da, als ich Abschied nahm, Freud und Leid an der Hand hatten und ganz dicht zu einander gesellet waren: von dem Allen gedenk' ich nichts zu vermelden. Denn wer selber einmal eine Stätte hinter sich gelassen hat, der er gewohnet war und die er nicht wiederum zu betreten gedachte, der kann sich leichtlich fürbilden, wie es sich zutrug mit meinem Urlaub nach Maulbronn. Ihm ist auch nicht noth zu sagen, wie mir dabei um's Herze war. Denn er weiß, daß solche Scheidestunden auch für den Menschen, der mit allem Verlangen nach der Ferne strebt, etwas von jenen sanften und feierlichen Schauern in sich hegen, dergleichen auch in der letzten Scheidestunde die gottminnende Seele durchzittern mögen, wenn sie mit Freuden zum Himmel eilt und doch zugleich mit doppelter Inbrunst liebt und segnet, was ihr auf Erden theuer war.

Zehntes Capitel.
In der Welt.

chwerlich zog Jemand wanderlustiger seine Straße an jenem Novembertage als ich, nachdem ich Maulbronn verlassen hatte. Es mochten seitdem zween Tage verstrichen sein oder drei. Allgemach waren mir die schweren Gedanken vergangen; die lang entbehrte Freiheit, die Erfüllung sehnlicher Hoffnung und heute das klare röthliche Sonnenlicht, das die Welt beschien, machten mir das Herz froh und leicht. Munter schritt ich hindann. War ich nicht auf dem Wege nach Speyer, allda vom Bischof weitere Vollmacht zu erhalten für meinen ritterlichen Stand, und gedacht' ich nicht von dort aus mich an Graf Eberhard zu wenden, seinen Rath zu erbitten, wie ich mich weiter hielte, und winkte mir dann nicht noch ein anderes, ersehnteres Wiedersehen?

Weil mein Blick mit Lust um sich schaute und des freien Umblickes mit Freuden genoß, so hatt' ich der Stunden unterm Wandern nicht geachtet, wie sie dahin gegangen waren. So brach der Abend herein, und ich wußte noch nicht, wo ich die Nacht zur Herberge liegen sollte; Stadt oder Dorf waren nirgends ringsum zu sehen. Mein Mundvorrath war zu Ende, und ich begann die Müdigkeit meiner Glieder zu fühlen.

Indem sah ich durch die Abenddämmerung über ein blaches Feld ein Feuer leuchten, das am Fuße eines Hügels angezündet war, der die Flamme etlichermaßen vor dem Winde schützte.

»Vielleicht ist's ein Hirt, der dort sich seine Abendkost rüstet«, dacht' ich. »Er mag Dir wohl auch Rast und Erwärmung an seinem Feuer und einen Imbiß gönnen, so Du ihn darum ansprichst.«

So bog ich dahin vom Wege ab.

Als ich nahebei kam, trieb mir just der Rauch in's Angesicht, daß ich nicht wohl aufsehen konnte. Wer aber da der Flamme pflegte, das ward mir mit dem ersten Gruß bewußt, den ich hörte:

>»Geschwind, Klingsohr, Gesell, Sieh da!
>Er selbst: lupus in fabula!«

Allsogleich darauf fühlt' ich mich von dem Gerufenen an beiden Händen erfaßt und unter überlustigen Sprüngen näher gezogen, indem er sang:

>»Nun fiedelen und tanzen wir, heisa, hopei!
>Herr Diether, der Junker, Herr Diether ist frei!«

»Gelt, mein Tannhäuser!« sagt' er dann zu seinem Gespons, indem sie beide eine wollene Decke an die bequemste Stelle neben dem Feuer spreiteten, »das hätten wir nicht gedacht, daß der werthe Junker uns die Sach' so leicht machen würde. – Ho, ein gutes Glück! Eine treffliche Conjunctio! wie die Astrologi sagen. – Möcht' ein

Kalendarium haben, die Zeichen einzusehen, wie sie heute stehen. – Gewißlich im besten Aspect; geschickt zu großer Unternehmung! – Ah, Herr Diether! Die bleibt ungethan, und wenn sie uns den Stein der Weisen zu gewinnen brächte, nun wir Euer theilhaftig worden sind.«

Und er schüttelte mir wieder die Hand und der Tannhäuser auch.

»Ihr scheinet meiner gedacht zu haben«, fragt' ich, selber schier erstaunt über die unverhoffte Begegnung, indem ich, wie sie es wollten, zwischen ihnen niedersaß.

»Ob wir des Junkers gedacht haben, Gesell!« sprach da der Kurze und stieß den Angeredeten hinter meinem Rücken an. »Nur gedacht?! – Gesprochen haben wir von Euch, Herr, alltag und heut sonderlich und eben jetzt wieder! Und, Junker, ich sag' Euch: immer in solcher Meinung, wie sie treuer nicht sein könnte, wenn Ihr schlecht unser Kunstbruder wäret und nicht hochbürtigen Stammes.«

»Seid von Herzen bedankt dafür«, sagt' ich, »aber der Singekunst denk' ich auch jetzt nicht zu entsagen, habe ich sie letzthin gleich nicht geübt.«

> »Die Kunst verbrüdert, aber mehr
> Doch scheidet Ansehn, Stand und Ehr,«

sprach der Tannhäuser dazwischen und war nachdenklich.

> »Fürwahr! so ist die Welt gericht't,
> Doch unser Junker Diether nicht«,

sagte Klingsohr ihn begütigend. – »Nein! Ihr nicht, um den wir uns gegrämet haben und gesorgt, seitdem sie Euch von uns rissen und wir trotz all' unserer harten Arbeit und Zauberkunst und Alrune Euch dahinten lassen mußten, wo Ihr zuvor gesessen, eingethan und versperrt! Ihr nicht!«

»Ach, Junker«, fuhr Klingsohr fort, »wie schön hatt' ich

Euch allbereits hinaus, und wie balde wären wir hinunter gewesen, aber das Fräulein – das Fräulein!« – dabei sah er mich von der Seite an und winkte mit dem Finger. – »Ach, Junker, es war da auch ein Zauber, der Euch zurückhielt und ein stärkrer als meiner, der Euch des Gefängnisses entledigen sollte.«

Und er lachte und schlug, als wüßt' er genug von derlei Sachen, um sich ihrer noch zu verwundern, mit seiner Hand scherzweise auf mein Knie.

>»Jungfraunlieb ist fahrend Hab,
Heut Herzliebster und morgen: schab ab!«

sang der Tannhäuser, als thät er's in Gedanken.

War ich über Klingsohr's Rede roth geworden, so verdroß mich seines Gesellen Liedlein. »Schweig!« gebot ihm der Magus, der meinen Ärger wohl vermerkte. »Schweig, Gesell, und laß mich dem Junker vermelden, wie wir keine Ruh' gehabt haben, bis wir für gewiß über ihn erkundeten, was aus ihm geworden; wie wir endlich überein gekommen sind, nach ihm zu spüren in Maulbronn, müßt's selber unter seines Abtes Bettsponde sein. – Ach, Junker, wir dachten nicht anders, als es wär' Euch Luft und Licht versagt und Ihr hörtet außer der Litanei, die Ihr selber singen müßtet, nur die Mäuslein pfeifen Tag und Nacht. 's ist uns drüber, Junker, manches Mal die Lust vergangen am Essen – und am Trinken auch.«

>»Daran verloren unterdessen
Nicht viel die Kehle noch der Bauch,«

sagte Tannhäuser und winkte abwehrend mit der Hand.

»Ah, ah, Junker!« sprach Klingsohr wieder; »Er red't nur so – nur aus Bescheidenheit, sag' ich Euch; nur aus Bescheidenheit. – Ein kaiserlich Mahl hätten wir uns versagt für Euch – und heut, ja heut möchten wir eins halten für lauter Freuden, daß Ihr wieder heraus seid. – Sagt' uns nun, wie ist's Euch gelungen damit, Junker? Aus einem Thurm Einen von dannen bringen, freilich, ist auch 'ne Sach'! Aber aus 'nem Kloster sich davon machen, wenn sie erst einen redlich eingefangen haben und mit Geißelung und Pön ihn christlich bedienen – ha, ha! – das nenn' ich eine rechtschaffene Kunst.« Und er schüttelte sich vor Lachen. »Ihr versteht sie, Junker! Ihr versteht sie! Welche habt Ihr gebraucht? Des Nachts entwischt, he? oder am Tag die Wächter getäuscht, oder Gewalt geübt oder –«

»Nichts von dem Allen hab' ich geübt, noch sonst keinerlei Widerrecht«, gab ich ihm zur Antwort; »sondern nachdem ich des Klosterlebens entlassen, bin ich nach eigener Wahl gegangen und frei öffentlich.«

»Die Welt ist böse aller Orten
Und selten gut;
Gern weilt' ich hinter Klosterpforten
In sichrer Hut«,

sagte der Tannhäuser und sah sinnend in's Feuer.

»Wie, Junker?« fragte Klingsohr und sperrte vor Verwunderung seine kleinen Augen so weit auf, als er's vermochte, »wie? Ihr seid nach Urtheil und Recht losgegeben?«

»So ist's«, sagt' ich, »und anders nicht. Der Bischof selber hat sich bei des Ordens Oberhäuptern für mich eingelegt, daß nach meines Vaters Willen geschehe. Darnach hat das General-Capitel der Cisterzienser es verwilligt, und hier bin ich auf dem Wege gen Speyer, allda von Herrn Gebhard die Vollmachten zu empfahen, und was sonst nöthig ist zur Wiedererlangung meiner ererbten Rechte zu betreiben.«

Auf diese Worte schlug der Kleine die Hände zusammen und rief:

»O Wunder groß! Nun dies geschah,
Wähn' ich, der jüngste Tag ist nah!«

»Was ist da so größlich zu verwundern«, fragt' ich wieder, »daß man mildiglich handelt und nicht so gar nach dem strengen Recht, so Keinem dabei zu nahe geschieht?«

»Herr, Herr!« rief der Klingsohr. »Ihr kennt der Welt Lauf nicht; Ihr kennet ihn bis auf's Härlein nicht, sag' ich, Klingsohr! – Entweder die Welt hat sich geändert und die heilige Kirche dazu – oder Ihr seid ein Sonntagskind, eine weise Frau hat Euch zur Tauf' gebracht und ein Nix war zum Gevatterschmause geladen. – Sonst steckt noch was dahinter, sag' ich Euch; könnt' ich's nur ausfindig machen.«

Dabei lupfte er seinen Hut, strich mit der Hand durch sein Kraushaar und sah mit gespitztem Munde den entschwebenden Rauchwolken nach. – Ich wußte zu seinem seltsamen Wesen, das er zeigte, nichts zu sagen und schwieg.

»Und was gedenkt Ihr, wenn Ihr beim Bischof Alles nach Wunsch ausgerichtet habt«, fragt' er, sich wieder zu mir wendend, »was gedenkt Ihr hernachmals zu thun, Junker, so man das wissen darf?«

»Warum nicht, Klingsohr!« gab ich ihm Bescheid. »Dann gedenke ich Herrn Eberhards Gunst und Beistand zu suchen –«

»Wozu?« fragte er rasch. Ich war von der Art, wie er das Wort sprach, ein wenig gewirret; doch faßte ich mich und sagte: »Zu Vielem; zu Allem, deß ich Neuling in der Welt an Rath und Führung brauchen werde, denn meinen Vater weiß ich nicht zu erlangen.«

»Zu weiter Nichts? Junker, zu weiter Nichts?« fragt' er wieder.

»Wie wunderlich Ihr seid!« sprach ich. »Zu was noch sonst?« – Aber ich mocht' ihn dabei nicht ansehn; denn ich wußte wohl, daß er mit seinen Blicken auf mich hielt.

»Dann rath' ich Euch, Junker!« hub er wieder an – »brauchet Herrn Eberhards nicht! – Was wolltet Ihr, da Euch die Flügel losgebunden sind, noch fürder hier herumschleichen, als stünd' Euch draußen nicht die weite Welt offen? – Seid Ihr nicht selber gewitzigt genug, Eurer Sache zu helfen, und werdet Ihr nicht Freunde, Euch beizustehen, bald genug finden, so Ihr sie weislich prüfet? – Wär' ich, Herr Diether, an Eurer Statt, ich rüstete mir in Speyer alsbald ein hübsch' Pferd und durchzöge die Lande der Christenheit: wo Kurzweil zu finden, Ehre zu erjagen wäre, da macht ich Halt, und, glaubt mir's, Junker! wenn Ihr so thut, so werden, wenn ein Jahr herum ist, allerorten die Männer, so des Ritterthums verstehen, Euch rühmen – und gar die edlen Frauen! – ah, Junker, Ihr seid ein glückseliger Mann, denn die Frauengunst, Junker –«

»Was sollt' ich mich nicht zuvörderst zu Herrn Eberhard wenden und die Elzeburg meiden?« sagt' ich, ihn unterbrechend.

»Nur allda den Grafen heimzusuchen, Junker Diether?« und mir schien's, als winkte Klingsohr seinem Gesellen, wohl acht zu haben, da er so fragte.

»Nun, ihn und das Fräulein auch«, erwiederte ich kurz.

»Wenn Ihr nur nicht just um sie des Frauenzimmers da zu wenig findet« – meinte Klingsohr.

»Oder aus der Ritterschaft einen zuviel«, fuhr der Tannhäuser fort.

»Ich versteh' Euch nicht!« rief ich ärgerlich.

Da sang der Lange:

»Gar manchem Mann
Bleibt's Herz gesund,
Nur wenn ihm, was ihn nah geht an,
Nicht wird auch kund.«

»Wahr, Bruderherz, wahr ist Dein Spruch!« rief Klingsohr. »Drum sag' ich:

Nimm jede Gunst, wie sie Dir ward,
Und baue nicht auf ferne!
Du findest zuletzt die Schale hart
Und Bitterkeit im Kerne!«

»Nicht zuletzt nur!« sagte der Singer wieder und schüttelte sein Haupt, als wär' ihm an All' dem in keiner Weise gelegen:

»Frauengunst, –
Blauen Dunst
Ich acht' sie.
Wer begehrt,
Was da werth,
Verlacht sie!«

Da mocht' ich dies ihr Räthselspiel, mit dem sie, wie ich wohl vermerkte, auf mich zielten, nicht länger ertragen. Ich sprang vom Sitze zwischen ihnen ärgerlich auf, sah sie finstrer Miene an und sagte: »Ich bitt' Euch, Freunde, lasset ab von solchem Gespräch; denn es ist mir verdrießlich zu hören. Sagt mir frei offen, was Ihr wisset von Elzeburg, das mir Hinderung sein sollte, dorthin mich zu wenden.«

Auf solche Worte gab sich der Tannhäuser das Wesen, als nähm' er sich meiner Rede nicht an und müßte sein Gefährte alleine zusehen, wie mir zu antworten wäre.

Der aber stellte sich vor mich hin, blickte scharf in mein Gesicht und hub also an: »Junker Diether, seht Ihr! Euch ist's um des Grafen Schutz und Beistand allein nicht zu thun! Noch eine andere Gewalt zieht Euch nach Elzeburg.

Schaut nicht weg! Ach, ich verarg's Euch nicht. Kein Christenmensch darf's Euch verargen, der das Fräulein gesehen hat und was Huld sie Euch erwiesen. Und ich – wie sollt ich's, der ich vom minniglichen Abschied weiß, den Ihr von ihr nahmet? O, Herr! so etwas vergißt sich nicht. Wie? Zum Wenigsten in Euren Jahren nicht. Es spinnt seine Fäden zart und gülden wie Sonnenstrahlen durch die Werke des Tages und durch die Träume des Nachts – immer fester, immer zäher – und um's Herz wickeln sich die Fäden, bis es sich gar darin verstrickt – und die Einsamkeit ist die Spinnerin. – Nicht so, Junker, nicht so? Ah, Ihr wagt nicht zu leugnen – es braucht's auch nicht gegen den Klingsohr – es braucht's wahrlich nicht? – Nun denn, Junker, hört wohl zu! – Aber zuvor versprecht mir Eins! Laßt den Boten seine Botschaft nicht entgelten. 's wär Unrecht; es wär' gegen uns wahrlich groß Unrecht! Denn so Ihr's heut erfahret, und Ihr nehmt's auf mit ziemlichem Verstand und als ein Mann, der seine Fahrt durch die Welt ruhmeswerth und klüglich ausrichten will, so werdet Ihr Euch in's Künftige viel nutzlos Weh und Ach ersparen und die Sprüchlein, die Ihr von uns zur Stunde gehört habt, werden mit ihrer Weisheit an Euch nicht verloren sein. – Wohl! Nein, nicht wohl; Euch wird's übel dünken, so übel, daß Euch die Wiederfahrt gen Elzeburg gar verleidet wird: und just das ist's, was ich Euch vorhin rieth. – Also, Junker, Euer Graf möcht' jetzt für Euch die Zeit nicht haben und seine Nichte desgleichen nicht. 'S sind zur Stunde andere Gäste willkommen in Elzeburg. Wir, mein Gesell hier und ich, zogen vorbei da jüngst vor etlichen Tagen. Es geht da hoch her, in lauter Lustbarkeit. Warum auch nicht? Der Gernsteiner hat seine Braut wiedergewonnen und ihren Mahlschatz dazu – so doch Beides, wie es das Ansehen hatte, ihm eine Weile verloren war. – Ist nicht erneute Liebe zwier so heiß? Und kann man sich über die Glückseligkeit, die jetzt das Fräulein neben ihrem Bräutigam merken läßt, verwundern, so man bedenkt, er möchte sonst besorgen, sie gedächte Eurer etwan – und ist doch schon bereits vier Monde her oder fünf, seit sie Euch nimmer gesehen. Stellt's Euch nur für! fünf Monde!!« –

»'ne lange Zeit
für eine Maid,
Zweimal eine Ewigkeit.«

sagte der Tannhäuser dazwischen.

»Ja, mein Treu, Junker, das ist's«, sagte Klingsohr bestätigend. »Ihr seid zu lang ausgeblieben.«

»Ihr seid unrecht berichtet«, rief ich, »gewiß, Ihr seid es in dem, was Ihr da von Elzeburg sagt. Ich glaub' es nicht, es kann nicht sein. Ist aber Eure Rede dennoch nach der Wahrheit, so werd' ich's in Speyer erfahren. Bis dahin, bitt' ich Euch, laßt uns der Sache nicht mehr gedenken, sondern des Mahles, so Ihr etwas zuzurüsten habt, daß wir unser Herz stärken und dann des Weges weiter ziehen.«

So sprach ich. Aber mein Gemüth gedachte gar anders. Inwendig war's mir, da ich diese Zeitung von Irmela vernahm, als erschallte aller meiner Freude recht das Grabgeläute und wäre mein froher Muth mitten in's Herze getroffen. Ich saß schweigend nieder und mochte auch nicht ferner auf die Beiden merken, wie sie ihr Küchenwerk angriffen. – Darum war mir's lieb, daß sie fragten, ob ich, derweilen sie zurüsteten, auf das Feuer Acht haben wollte.

Der Abend war schnell dunkel geworden und die Rauchwolken wirbelten im röthlichen Glanze weithin sichtbar empor. Ich blickte ihnen nach unverwandt, wie eine nach der andern sich dahinwälzte und immer wieder gleich dieser im Dunkeln sich spurlos verlor. Sollte so auch der helle Glanz der Glückseligkeit, der mir im Herzen aufgegangen war, trüb und trüber werden und endlich in

Nacht verschwinden? O, ich fühlte, das könnte nicht sein. Ich fühlte, wenn sie, der all' mein Herz in Treue zugethan war, mir verloren wäre, wenn sie mein vergessen hätte, dann müßte mir die Welt immer öde bleiben und ich aus ihrem Glück verwiesen. Aber, sollt' es denn Wahrheit sein, was ich gehört hatte? Sollten diese lieblich lichten Blicke, sollte dieser lächelnde, falschesfreie Mund, sollte der innigliche Druck dieser Hände mir gelogen haben? Sollte dies Alles, was mich umgewandelt hatte und mein innerstes Sinnen und Meinen bezwungen, ihr nur Spiel gewesen sein? Konnte sie sich von mir kehren und nicht darnach fragen, daß die tiefe Wunde, so ich von ihr empfangen, immer offen stehen würde? Nein, es war nicht möglich! Und unmuthig stieß ich in die Flamme, daß die Funken mit Geprassel stoben und zuckend in der Luft auf und nieder fuhren, ehe sie verloschen. Ihnen glichen die Gedanken, die mir jetzt wild durch's Herz strichen. Wie? Wenn man die Maid wider ihren Willen zwänge zum verhaßten Ehebunde? Wenn unsere Heimlichkeit kund geworden wäre und sie wähnte, ich bliebe festgehalten im Kloster und sie harrte mein umsonst? – O, dann wollt' ich jeglich Wagniß bestehen, sie zu befreien, und keine Fährniß sollte mich schrecken, gerieth ich gleich in die Irre und mein Pfad in die Nacht.

Da blickte mich ein theures Angesicht wie aus einem Spiegel traurig und liebreich an. Immer mit den aufsteigenden Flammen schwebt' es empor; es winkte und warnte und rief mich leise mit süßem Namen. – »Unser kleines Leben ist wie ein Rauch; meines ist bald verschwunden. Denke, daß es heut geschieht.«

Und ich saß und sah in's Feuer, wie die Flammen züngelten und die Wolken röthlich dahin zogen, bis die Nacht sie verschlang. –

In Speyer, als ich dargekommen war, war es mir mit meinen Sachen wohl gerathen. Ich hatte die Bestätigung meiner Freiheit und meines ritterlichen Standes erlangt. Das Lehn, in Schwaben gelegen, so mir zugestanden war, ward mir überantwortet, und was weidliche Leute und Geschlechter in der Stadt waren, von denen ward ich aufgenommen und ehrlich angesehen; sie litten mich allenthalben gern und wähnten nicht anders, denn daß ich bald zu hohen Ehren kommen würde. Doch that ich dazumal Alles mit halbem Herzen; denn die Gewißheit, daß Irmela Ritter Conrad freien würde, wie mir die Fahrenden das berichtet, hatt' ich bald nach meiner Ankunft in Speyer erlangt. Davon erstarb mir die Freudigkeit, und von dem großen Leide, das ich da gewann, konnt' ich mein Gemüth nicht hinwegziehn. Doch schöpft' ich noch ein kleines Tröstelein. Denn wie? Ich mußt' es ja glauben, was sie Alle sagten, und glaubt' es doch wieder nicht. Von ihr selbst, dacht' ich, will ich's erfahren. Hinaufzuziehen gen Elzeburg, deß unterwand ich mich nicht, denn ich besorgte, ich möchte nicht vor sie gelassen werden und dem Gernsteiner dann begegnen, der dort weilte, wie ich hörte. So schrieb ich einen Brief an die Maid, darin ich ihr meine Erledigung aus dem Kloster vermeldete und ihr theuer schwur, meine Treue würd' ich ihr ewiglich halten und wie mein Gemüth unbeweglich auf demselben Sinn stünde. Darnach ließ ich sie wissen, wie große Sorge und Zweifel ich gewonnen hätte, da mir die Sage von ihr zu Ohren gekomken wäre, daß sie dem Gernsteiner mit Nächstem sollte angetraut werden, und ich bat sie beweglich mit dringenden Worten, daß sie mir doch ihres Herzens Willen und Meinung kund thäte, und ob sie, wie ich wohl glaubte, zu solchem Ehestande gezwungen würde. Dann wollt' ich alle Macht daran setzen, so oder so ihr zu helfen und mir. Nur das eine selige Wörtlein möchte sie mir schreiben, daß ihr Sinn und Wille unverändert wäre, gleich wie sie in meinem Herzen beschlossen bliebe ewiglich.

Solchen Brief gab ich Klingsohr, daß er ihn sicher und geheim überbrächte, auch die Antwort, welche er erlangen würde, heimlich hielte. Denn die beiden Fahrenden waren mir gen Speyer gefolgt.

Mit Ungeduld wartet' ich des Bescheides. Es währte nicht gar lange, daß ich ihn durch Klingsohr erhielt. Es waren nur wenige Worte, die sie mir überschickte, aber solche, die wie der Frost im Märzen jedes noch keimende Blümlein meiner Hoffnung und Zuversicht ertödteten. Sie bat mich um Gottes Willen, ihr nie wieder mit keinerlei Botschaft oder Brief zu nahe zu kommen, noch etwa selbst sie heimzusuchen; sie wünschte mir von Gott und seinem himmlischen Heer alle Genüge und Freude allerwegen; aber wir müßten geschieden bleiben forthin, und sie bäte mich, ihrer zu vergessen; denn das sollt' ich wissen: sie reiche aus keinerlei Zwang dem Gernsteiner die Hand als ihrem Ehegemahl, sondern willig und aus freiem Erbieten. Der reiche Christ möge meiner Seele pflegen hier und dort. Dies wäre ihr letzter Gruß.

Von Stund' an hatt' ich keine Ruhe mehr in Speyer, und alle Lust an Freud' und Festlichkeit, ihrer mit zu genießen, war mir verdorben. Wo ich immer weilte, giengen die schweren Nachgedanken mit mir an die hohe Wonne, die sich in Weh verwandelt hatte, und oft, wenn ich mitten unter Menschen war, die mich fröhlich sein hießen, ward ich etwas inne von dem, was Herr Albrecht mir gesagt hatte, daß man sich auch in der Welt und ihrem Geräusch einsam fühlen könne. –

Da reichte eine Traurigkeit der andern die Hand; denn der Schmerz um Bruno, meinen Vater, überkam mich mit neuer

Gewalt. Ich schalt mich unkindlichen Sinnes, daß ich mich unbeständiger Frauenliebe hätte trösten wollen und ihr noch Raum gelassen in meinem Herzen, da ich allein seiner hätte gedenken sollen, wie ich ihn wiederfände und aus seinem Kummer um mich befreite. So bist du jetzt betrogen, sagt' ich mir, dieweil du eitlem Glück nachgelaufen bist und hast die ächte Treue nicht genugsam geschätzet. Und wiederum dacht' ich: wenn du ihn gefunden haben wirst und bekennest ihm das Glück, so du verloren, und das Leid, so du gewonnen hast: dann wird's dir leichter zu tragen sein; du wirst wiederum einen guten Muth und Freudigkeit gewinnen, wenn seine Liebe und sein Lob dich anspornt.

So faßt' ich denn nichts Anderes zu Sinne, als Herrn Bruno zu erkunden, wo er weilte, auf daß ich ihn heimsuchte und er meine Losgebung aus dem klösterlichen Stande erführe. Ich nahm Urlaub von Speyer und zog zuvörderst gen Schwaben, daselbst das mir zugetheilte Erbgut einzunehmen; ich verblieb da nur kleine Zeit, richtete die nöthigen Sachen aus nach erfahrener Leute Rath, wie es während meinem Abwesen gehalten werden sollte, und setzte auch Klingsohr und seinen Gesellen in ein Leibgedinge, so lange sie lebten, wofern sie des seßhaften Lebens anstatt des schweifenden sich annehmen wollten, worein, wie es schien, der Tannhäuser mit Freuden willigte, aber der Magus nicht so völlig.

Als ich solchermaßen meine Sachen beschickt hatte, richtete ich mein Angesicht stracks gen Mittag, nach Welschland zu ziehen. Da führte mich mein Weg über Gebirg und Thal, auf felsigten Pfaden an steilen Klippen vorbei und durch dunkle Wälder, grüne Auen und fruchtbares Gelände; ich kam in manche volkreiche Stadt und sah der Menschen Weise aller Orten, nach ihrer Müh' und Plage, Tugend und Kunst.

Ich nahm der Armuth in den Hütten wahr, wie sie um die Nothdurft des Lebens das ganze Leben hindurch ringet und die Geduld dazu nur von der Gewohnheit lernet und von der Hoffnung, daß sie mit dem Tode erledigt wird. Ich klopfte auch an das Thor mancher Burg, manches stolzen Hauses und manches gastlichen Klosters. Weltliche Herren, kühn von Thaten und klug von Rath, Geistliche frommen Wandels lernt' ich kennen, wie auch ihr Widerspiel. Auch sah ich in deutschen wie in welschen Landen der wohlgezogenen Maide genug, die schöne Huldgestalt zierte und edle Sitten. Da geschah es mancher Orten, daß man mich nicht allsofort fürder ziehen ließ, sondern mich zu weilen drängte, frohen ritterlichen Festen beizuwohnen. Was nur den Augen lustsam zu schauen war und den Ohren zu hören, wonach das Herz gelüstete; das war mir da zum Genieß bereit. Aber wenn ich alsdann auch, daß ich nicht unhöfisch erschiene und blöden Sinnes, mein Vermögen bewies in derlei Spielen, wie es der edelbürtigen Jugend geziemt, so war doch mein Gemüth nicht dabei, und man sah mich selten froh.

Sonderlich in Florenz, der Toskaner Stadt, ward ich wohl aufgenommen und nach Ehren als ein Gast gehalten, der dahin in ein edles Haus gewiesen war. Ich verblieb in dieser hochberühmten Stadt zur Lenzzeit zwo Wochen lang, vielleicht auch drei. Dort pflegen sie mächtig des edlen Gesanges, und was die besten Meister solcher Kunst und zierlicher Rede sind in Welschland, die sind allda zu Hause; ja, so hoch angesehen ist die Kunst bei männiglich, daß auch Fürsten und Herren zur Kurzweil nicht zusammenkommen, es sei denn, daß sie mit Liedern und Gedichten mancher Hand sich erfreuen. So wollten sie wohl auch von mir ein deutsches Lied oder Spruch. Ließ ich sie dann derlei hören, so konnten sie sich nicht genug verwundern, zuvor die Frauen und Maide, warum ich

Junger nicht fröhlichere Weisen brächte, und fragten, aus was Ursach das geschähe. Ich wollte nicht ungefüge sein, sie unbeschieden zu lassen und sang:

> Ihr fraget mich,
> Warum mein Lied
> In Maienluft nicht heitrer klinget,
> Da uns der Lenz der Wonne viel beschied
> Und Rose sich um Rebe schlinget.
>
> So frag' auch ich:
> Mein Herz, o gib,
> Warum Du traurig so, die Kunde:
> So manche Gunst Dir ja zur Hage blieb,
> Willkomm'ne Gab' beut jede Stunde.
>
> »Wenn eine Wolke nur
> Der Sonne Licht verdunkelt,
> Glänzt auf der weiten Flur
> Kein Halm, der noch im Thau erfunkelt.
> Schwebt auch in Freuden sehr
> Ein Herz: ist ihm Frau Minne
> Ungnädig: immer mehr
> Wird dann ihm sorgenhaft zu Sinne!«

Darnach ließen sie ab, mich ferner zu fragen. –

Sobald es angieng, schickte ich mich zum Urlaub von Florenz und trachtete eilend gen Rom. Als ich angelangt war in dieser ersten Stadt der Christenheit, die der Apostelfürsten Gebeine hegt und vieler Heiligen, die da gemartelt wurden, konnt' ich doch mein Herz nicht darbringen, so großen Heilthümern nachzugehn, noch sonst die Herrlichkeiten zu beschauen, die dort zu finden sind, sondern mein einziges Verlangen stund nach meinem Vater. Je länger, je heftiger hatte mein Sehnen nach ihm zugenommen. Von den Augustinerbrüdern, zu denen ich mich begab, erfuhr ich, daß er schon vor Winter, da er seine Sache, die er beim heiligen Stuhl betrieb, zu erlangen verzweifelte, hinweggezogen wäre aus der Stadt, trüben Muthes, und Keinem sich vertrauet hätte, nach welchem Ziel ihm sein Sinn stünde. Doch wäre unlange Einer aus des heiligen Franzen Orden, dem Mutterkloster der Barfüßer zugehörig, bei ihnen zur Herberge gelegen, der hätte ihnen von einem Deutschen gesagt; das möchte wohl Herr Brun sein.

Alsbald hatt' ich keine Ruh mehr in Rom, ließ die Stadt und wandte mich gen Assisi. Diese Stadt ist zur Seiten des Gebirges gelegen, selber in stolzer Höhe, reich an Kirchen, Kapellen, Stiftern und Klöstern, mit freiem Ausblick in's Land hinaus, das da mit Thälern und Höhen, Feldern und Wäldern und mancherlei Flüssen und Bächen prangt als ein Garten Gottes. Auch liegt daselbst in seiner Kirche in der Krypta der seraphische Vater begraben. Im Kloster fragte ich nach Herrn Bruno, ob sie mir Bescheid geben könnten über ihn. Sie sagten, ein Fremder, nach meiner Beschreibung der, den ich suchte, wäre im verwichenen Winter bei ihnen eingekehrt, nach wenigen Tagen aber höher hinauf in die Einsamkeit der Berge gepilgert. Ob er allda noch weilte, das könnte ich am füglichsten von einem Eremiten erfragen, der droben seit vielen Jahren wohnte und der Gegend am Besten kundig wäre, wie auch der deutschen Rede. Zu demselben Einsiedel riethen sie mir zu gehen, auch wollten sie mich durch einen ihrer Laienbrüder dahin geleiten lassen.

Ich that also, verzog nicht und schritt an der Seite des Bruders, den sie mir mitgegeben hatten, hindann.

Doch zuvor war ich in des heiligen Franzen Kirche gegangen, sein Grab zu besuchen und Gott zu bitten, mir auf meiner Fahrt auch ferner beizustehen, daß sie ihr Ziel fände. Da sah ich auch die Krypta und oben die Kirche mit

Bildern von hochberühmter Meister Händen herrlich geschmückt. Von ihrer Beschauung gerieth mein Gemüth in große Verwunderung: ich hatte nie zuvor gewähnet, daß Sichtbares mit also starker Gewalt himmlische Dinge bezeugen könnte, und ich gedachte: Glückseliger Mann, der Solches sinnet und bildet! Wie muß er mit seinem Herzen alles Geschaffene umschließen, also daß keine Gottescreatur ihm fremde bleibt; und hinwieder, wie sehnet er sich zugleich aus allem Sinnentrug hinaus und ist in Gottes selige Geheimnisse versenkt! Ja, zwischen seine Seele und ihren Schöpfer darf das Geschöpf nicht scheidend in die Mitte treten, sondern die irdischen Wesen sind gleich den Sprossen der Jacobsleiter, auf welchen die Engel des Herrn herniedersteigen und hinauf; und oben siehet er die Pforte des Himmels geöffnet, auch wenn er hienieden kein besser Lager hat, als das harte eines Steines. –

Der Eremit, zu dem wir uns begaben, hausete in einer Höhle, wie sich dergleichen dorten im Gebirge häufig finden. Es war ein greiser Mann, ernsten und milden Angesichts: einer von den Wenigen, welche die Gebrechen und Leiden, so unser Theil sind, nicht aus eigner Verirrung, sondern aus tiefer Betrachtung und aus lebendigem Mitleid mit fremden Schmerzen kennen und darum sie zu verstehen und zu heilen gleich geschickt sind.

Er grüßte mich freundlich und fragte nach meinem Begehr.

Darauf gab ich ihm Bescheid, sagte ihm, wer ich wäre, und fragte auch, ob er von meinem Vater wüßte und ob es ihm wohl gienge.

Da war er verwundert, mich zu sehen, blickte mich nachdenklich an und sprach also:

»Ja, Herr, ich weiß von Eurem Vater, und wo er ist durch

Gottes Gnade, geht's ihm auch wohl. – Er kam in diese Einsamkeit in großer Herzensschwere, als einer, der des Lebens satt ist und doch vor schmerzlicher Erinnerung und großen Sorgen in Frieden nicht scheiden kann. Die Erinnerung galt seiner Schuld und die Sorge Euch, seinem Sohne. Euer Geschick, Herr, das er nicht hatte wenden können, sah er als eine Strafe an für seine Sünden und als ihren fortwirkenden Fluch. Er verklagte sich hart, daß er beide Mal übel an Euch gethan und nach fleischlicher Wahl, da er Euch in die Abtei zurückgedrängt und Euch Eure Geburt verschwiegen und sodann, da er Eure Lossprechung begehrt hätte. Das wäre Alles Gott mißfällig gewesen und gern wollt' er zwiefältig dafür büßen; nur daß sein Sohn, des ersten Friedens beraubt, mit weltlichem Trachten und heißen Wünschen im Herzen hinter den Klostermauern sein Leben vertrauern und verzehren müßte: das wär' ihm eine allzu schwere Pein, die ihn nicht ruhen ließe. Darum hätt' er sich zum Schwersten entschlossen, Euch ganz zu entsagen und Eurem Anblick; denn einen großen jähen Schmerz überwände die Jugend leichter, als eine immer wieder verzögerte und getäuschte Hoffnung.

So fand ich Euren Vater. Die Tiefe seiner Traurigkeit, die Aufrichtigkeit seiner Buße und die Größe seiner Liebe zu Euch machten ihn mir werth; ich gewann sein Vertrauen und ward sein Berather. Ich sprach zu ihm von der Liebe Gottes, welche die Seele der Kinder nicht für die Missethat der Eltern fordert; daß es Seinen Zorn nicht erwecke, wenn ein Vater seines Kindes Bestes suche, gescheh' es auch irrender Weise; denn Elternliebe sei göttlichen Ursprungs. Vor Allem erweckt' ich ihm wieder den Muth zu hoffen für Euch, Herr! – Denn wie das Spinnlein von einem Faden aus, den es befestigt, sein ganzes Gewebe zieht, also mag auch ein zerstoßenes und zerbrochenes Herz an einer wiederbelebten Hoffnung sich zurückfinden in Licht und

Leben.

Ich hieß ihn mir von Euch erzählen oft und viel, auf daß seine Gedanken an Euch, die ihn nie verließen, sich mit solchen verbänden, die ich aussprach. Allgemach gewöhnt' ich ihn daran, Euch im Kloster zu denken, ohne daß Ihr Euch plagtet mit heftigen Wünschen hinaus, und nicht in dumpfer, brütender Traurigkeit, sondern, ungestört durch des weltlichen Lebens Sorg' und Lust, die hohe Kunst übend und die edlen Gaben brauchend, so Euch Gott verliehen. Ich bracht' ihn dahin, ein Vertrauen zu fassen, daß seine Gebete für Euer Glück und Heil, die er unablässig Gott darbrachte, erhört würden im Himmel. Und so stieg auch seine Seele über sich, über ihre Schuld und Fehle, Sorgen und eignen Werke in die Gelassenheit, die sich gänzlich in Gott ergibt und nichts Anderes weiß und will, als Sein Wohlgefallen, weil sie glaubt: das ist die Seligkeit. Er ward ruhiger, wenn auch nicht ruhig, er ward fröhlicher, wenn auch nicht froh, getrösteter, wenn auch nicht trostvoll.

Es gibt Leiden, davon genest die Seele, aber der Leib wird mürb. Ja, sein Siechthum dienet ihr dazu, daß sie ihre Augen desto heller aufthut, ihren himmlischen Ursprung zu suchen und das ewige Licht zu erfassen, das aus dem Herzen Gottes leuchtet. So, Herr, ergieng es Eurem Vater. Habt Ihr vom Demant gehört, daß er die Natur der Sonne an sich nimmt, deren Licht er eingesogen, und selber leuchtet wie sie? So man ihn in Finsterniß bringt, beweist er solche Tugend. Für des Menschen Seele ist Leiden und Todesnähe solche Finsterniß. Alsdann erblindet jeglicher Glast, darin sie sonst stolzirte, blendete und selbst geblendet war; aber was sie von göttlicher Natur in sich aufgenommen hat, das tritt herfür: heiligt, tröstet, überwindet. – Wenn er Euer gedachte, geschah's mit Wehmuth, aber ohne nagende Vorwürfe. Ja, der solche Hoffnung nie gewagt hatte auszusprechen, weil er meinte, Gott fordere das Opfer gänzlicher Entsagung von ihm, hub zuletzt an zu gedenken: es möcht' ihm bescheert sein, Euch wiederzusehn.

»O!« rief er, »wenn mein Sohn wiederum froh würde und zufriedenen Herzens, so wollt' ich den milden Christ bitten, daß ich noch genesen möchte und eine kleine Zeit leben. Dann zöge ich hin zur Lenzzeit, ihn noch einmal zu sehen – nur einmal, ohne daß er darum wüßte. Ich harrte sein am Wege, wo mich Niemand ersähe, bis er käme, und wenn es Abend würde, müßt' es Mondenlicht sein, daß ich sein Angesicht schauen könnte, ob da keine Spur des frühen Kummers zurückgeblieben; oder ich lauschte unterm heil'gen Dienst im dunklen Gange seiner Stimme – gewiß, ich hörte sie bald heraus – oder käme leise heran und sähe ihm unbemerkt zu, wie er seinen hohen Träumen Gestalt und Leben gibt und seine Augen davon leuchten! Oder ach, ich fände ihn schlafend unterm heißen Mittag im Garten, daß ich ihm sanft das Haupt berühren und eine Blume auf's Herz legen könnte, und im Gebüsch verborgen, wenn er erwachte, säh' ich ihn froh erstaunen über die Gabe – und lächeln!«

Und er lächelte selber, seit wie lange zum ersten Male! und seltsam war dies Lächeln. Es spielte noch immer um seinen Mund, als er unbeweglich lag, geschlossenen Auges, und der Odem ihm leiser gieng. Und dies Bild schien ihm vor der Seele zu bleiben. »Nein, nein!« rief er, »'s ist nicht vom Dolch, den ich zückte – Joconda, fliehe nicht! – Es ist eine Rose – Komm – er ist glücklich – unser Sohn!« – Alsdann breitete er seine Arme aus und ließ sie kraftlos zurücksinken, betete leise: »Gott – Gott! – seufzte und entschlief.«

Solches sprach der Greis. Als er ausgeredet hatte, nahm er mich an der Hand und führte mich an einen Hügel nahe bei seiner Siedelei.

Als ich da am Grabe meines Vaters stund, hub ich meine Stimme auf und klagte und weinte über die Maßen sehr.

Elftes Capitel.
Einkehr.

as ich da empfunden hatte, daran dacht' ich zurück, als ich zum ersten Mal wieder die Gefilde um Maulbronn erblickte, die mir von Kindheit her so vertraut waren. Jeden Bergzug, jedes Thal erkannt' ich wieder, obgleich die frühe Dämmerung stark hereinbrach und Nähe und Ferne in ihre Schatten hüllte. Dennoch wie fremd sah mich Alles an!

Wenn ich so umherspähte, hie eine Stelle zu suchen mit meinen Augen, daran sich eine Erinnerung meiner Kindheit knüpfte, und ich fand sie, und dort wiederum eine: so war mir's nicht anders, als erschräk' ich über die Entdeckung und müßt' ich mir erst ein Herz fassen zu meiner Heimath, mich nicht so sehr an sie, als sie an mich zu gewöhnen.

Es war doch kaum mehr als ein Jahr verstrichen, seit ich hinweggezogen war, auf neuer Bahn das Leben zu versuchen: ich war in dieser Frist weit und fern geschweift, aber hier war kein Wald verhauen, kein Feld bereitet indeß,

Alles noch wie weiland – und doch, wie fremd, wie fremd!!

War davon etwan der frische Schnee die Ursach, der heute über das wintermüde Land seine Decke gebreitet hatte, die noch eben jetzt von den niederschwebenden Flocken erhöht ward? Freilich war es heuer das erste Mal, daß ich die Erde in solchem weißen Kleide sah, und immer war mir diese ihre Verwandlung zu Herzen gedrungen: aber diese Höhen und diese Thäler, wie oft hatt' ich sie so gesehen! Was nun im Bilde der Erinnerung mir so gegenwärtig war, warum blickte das so fremd mich an in der Wirklichkeit?!

Schritt ich nicht der Heimath zu, meiner Heimath? – Süßer Name! – Nahte ich mich nicht dem Ziele, deß ich seit Monden begehrte? – Und doch, wo war das freudige Pochen des Herzens, das in der Menschenbrust der Gedanke an Heimkehr weckt und Wiedersehn? Wo das frohe Erjauchzen der Seele, das laut wird, wenn die Wipfel der Bäume auftauchen sollen, unter deren Schatten er die ersten Träume seiner Kindheit träumte, und die Spitzen der Thürme seiner Heimath ihm winken: Willkommen!

Schlich nicht neben der Ungeduld, noch heut unter das Dach der Abtei zu treten, ein seltsames Erbangen eben davor in meine Seele! War es mir nicht lieb, daß mein Weg so einsam war, die Welt ringsum so stille, als wäre sie schlafen gegangen zugleich mit dem Gestirn des Tages, und auch mein Schritt durch den weichen Schnee so geräuschlos, als bliebe mein Kommen dadurch um so gewisser und länger unbemerkt!

Nein, nein! Ich selber war ein Anderer worden, ich selber!

Zwischen dem Diether, der einst hier aufwuchs in Frohsinn und ungestörtem Frieden, der dann erweckt ward zu neuem unbekanntem Genieß und Drang des Lebens, den die Welt hinauszog mit starken Seilen, die sich fest um sein glühend Herze wanden, und zwischen dem, der jetzt durch die stille Dämmerung des Christmondabends schritt: welch' ein Unterschied! Wenn er sich selbst denn so verwandelt hatte, wenn ihm die Welt eine ander Angesicht zeigte: was Wunder, daß auch nun die Heimath ihm verwandelt schien!

Ich strich mit der Hand über meine Stirn – sie war noch glatt; über die Wangen – sie waren rund und frisch; durch mein Haar – es wehte noch lockig und dicht um meine Schläfe. In meinen Gliedern, ich fühlt' es, wohnte noch ungebrochen die Kraft der ersten Jugend.

Aber das Herz und sein Dichten: das war nicht das alte mehr.

»Ach, ihr sanft niederschwebenden Flocken, die ihr so weich jedes zarte Keimlein einbettet, daß seinen linden Schlaf nichts störe; die ihr so geschäftig jetzt jede Spur meiner Schritte zudecket, so ich heute wandle, daß ihrer keine auf diesem Wege zurückbleibt: vermöget Ihr denn nicht auch die Spuren so mancher Stunde aus diesem Herzen zu vertilgen, die ihre Wonnen und ihre Wehen ihm allzutief eingedrückt haben, daß es wieder schlage wie vorhin und wiederum heimisch werde in seiner Heimath?«

Aber wollt' ich das wirklich? Konnt' ich auch nur wünschen, daß Erinnerung, dies ruhelose Kind von Schmerz und Freude, jemals eingewiegt würde durch das Wiegenlied der unermüdlichen Wärterin Zeit? War das die Ruhe, die ich suchte, da ich am Grabe meines Vaters eins mit mir worden war, in die Stille der Stätte heimzukehren, der ich jetzt entgegenschritt?

Und ich gedachte an jene bittere Stunde.

Als ich damals den Verlust so treuer und starker Liebe beweinte, als ich klagte, daß auch diese freudespendende Sonne, die meinem Leben so unerwartet und verheißungsvoll aufgegangen war, in das Dunkel des Grabes sich gesenkt hatte, ach! so bald und eben zu der Zeit, da ich mit so feurigem Sehnen in ihren Strahlen meinen gedrückten Muth zu laben gedachte: da wirkte der gewaltige Schmerz, der mir durch alle Saiten meiner Seele riß, daß jegliche Thatenlust, mich in der großen Welt zu regen, in mir erstarb. Über mich kam das Gefühl grenzloser Vereinsamung, alle Freude und Wonne der Erde erschien mir als Schein und Traum, all' ihre Lust ein Wahn, all' ihre Hoffnungen Lügen: als das einzig Wirkliche die überall lauernde Larve des Todes, und vom Thun der Menschen das Meiste vergeblich, eitel Alles!

Dennoch war es nicht das dumpfe Verzagen am Leben, noch die furchtsame Flucht vor seinen Übeln und Mühen, auch nicht das Verlangen nach solcher Ruhe, deren der Lebensmüde begehret, wodurch ich in jener Stunde mich zurückgetrieben fühlte in die Heimath. Nein, solche Ruhe sucht' ich nicht.

Zwar jedes Ziel, mit welchem Gunst und Ehre der Welt mir winken konnten, hatte in jener Stunde der Einkehr in mich selbst seinen Schein verloren. Die tiefe Trauer, die Hand des bitteren Todes hatten ihn ausgethan.

Aber siehe! ein ander Ziel war mir in jener Nacht des Grames aufgeleuchtet: hehr, herrlich und heilig! – Ihm nachzutrachten, daran war alles Weh, das ich geschmeckt hatte, keine Hinderung, sondern Weihe und Antrieb war es dazu. Gab es für mich nicht noch ein ander Thun und Wirken als das, so mir nun verleidet war? Hatte mir Gott nicht die Kunst verliehen, was ich im inwendigen Geist hegte, zu bilden und so mich über die Erde zu erheben und des Lebens Noth und dennoch im Herzen die Freude an Gottes Werken zu bewahren?

Da schauten mich die heiligen, stillen Gestalten, so ich

unten in St. Franzisci Kirche gesehen, wieder grüßend an; sie sagten mir von einer Welt, von der die sichtbare um uns her mit ihren langen Ängsten und kurzen Freuden nur ein Gleichniß und eine Weissagung ist; von einer Welt, die nur in den Ahnungen und Hoffnungen der fühlenden und guten Menschen lebt, aber aus den Bildern der Meister, die Gott mit Kunst begabt hat, tröstend und ermuthigend zu uns herniederwinkt. In ihr wird kein Leid, das durch ein Menschenherz geht, vergessen, und keine Zähre in der Menschheit Angesicht wird verachtet, aber auch in jeder spiegelt sich ein Strahl himmlischen Trostes, und über alles Weh sieht man den Glast der ewigen Liebe gebreitet.

Und siehe! wie mein Vater in seiner letzten Stunde mich gesehen hatte: nicht hinbrütend in träger Ruhe, sondern erglühend von hohen Träumen, denen in Bild und Ton Gestalt und Leben zu geben die Seele ringt, und in solchem Trachten, dem alle Creatur Gottes dient, in verborgner, bescheidner und stolzer Stille verharrend, unbedürftig der Welt und ihrer Güter: so sah ich mich nun selbst, so wünscht' ich mich zu sehen.

Und ich war in die Knie gesunken und hatte Gott im Himmel gedankt, daß ich also einen Willen, ja eine heilig ernste Freude zu leben und zu wirken wieder gewonnen; ich hatte seine große Güte angefleht, Er möchte in so gethanem Fürsatz mich beständig verharren lassen und unwankend erhalten, daß ich in solchem Dienst all' mein Genügen fände; ich hatte Ihm gelobt, dazu in die Stille und Verborgenheit des Klosters zurückzugehn, wohin nun Sein Walten, wie das letzte Denken meines Vaters und das fromme Gelübde meiner Mutter mich wiesen.

Mit solchem Sinn hatt' ich mich aufgemacht und war aus Welschland wiederum heimgezogen. Ich mied, Denen wieder zu begegnen, die mich kannten; denn ich wußte, Ihrer Viele würden mich von dem Ziele, das ich erwählt hatte, wiederum abzuwenden trachten, als wäre nur von der unmäßigen Traurigkeit mir dazu gerathen; und es war und blieb doch mein fester Wille.

Ich hatte auch, da ich wiederum in Deutschland angelangt war, mein Erbgut aus meinem Besitz entlassen und dabei allen Grundholden, so darauf saßen, eine merkliche Erleichterung in ihren Frohnden und Lasten erwirkt, auch dafür gesorgt, daß ein Stift, das da nahebei gelegen war, für festbenannten jährlichen Schoß und Zins männiglich von meinen Leuten in Alter und Siechthum pflegen mußte und was preßhafte Leute waren, aufnehmen. Desto mehr trugen sie Leide, daß sie meiner als ihres Herrn so geschwind wiederum beraubt werden sollten, und als ich von ihnen Urlaub nahm, wünschten mir Alle Gottes Geleit immerdar, und Manche wehklagten um mein Scheiden mit vielen Thränen; die beiden Fahrenden aber nicht also, denn sie waren mit dem wiederkehrenden Lenz davongezogen und hatten lieber ihr Geding als ihr gewohntes Schweifen missen wollen; doch sicherte ich ihnen ihr Ausgesetztes, daß sie es wiederum erhielten, so sie wiederkehrten. –

So zurückgewendet waren meine Gedanken, da ich zur winterlichen Abendzeit die Gefilde Maulbronns vor mir liegen sah.

Wenn da die wechselnden Erinnerungen auftauchten und im bunten Gedräng an meiner Seele vorüberzogen, konnt' ich mich wundern, daß ich als so sehr ein Anderer heimkehrte, und daß ich deß jetzt beim Anblick der alten Stätten mehr inne ward, als vordem? Doch ich wollte diesen Erinnerungen nicht wehren, mich zu besuchen, auch ferner nicht. Sie Alle sollten mir helfen aussprechen, was das Menschenherz zumeist bewegt und was es über sich hinaushebt; sie sollten haften in meiner Seele, bis sie, gereinigt von allen Schlacken, ein verklärtes Leben wiedergewönnen in den Gebilden meiner Hand.

Sie Alle? Auch die, welche mich in so heitre und hohe Wonnen zurückrief und zugleich in das Nachgefühl so grausamer Enttäuschung? Schwebte nicht jetzt wieder ihr winkend Bild meiner Seele vor, schön wie der Mond und prangend in blühender Jugend, aber auch ernst und nur in Schwermuth lächelnd wie er! »O«, dacht' ich, »so traurigen Blickes sah ich sie nie, und nur der Wahn malt sie mir in diesem Bilde, als fühlte sie noch mit mir das Leid, so ich erfahren, und begleitete mich auf meinen Wegen mit treuem Angedenken, da sie doch ihr eigen Glück erwählt und meiner längst vergessen hat.« Und ich wünscht' ihr alles Gottesheil und setzte mir vor im Geist, in's Künftige nie keinerlei Unmuth zu hegen darum, daß sie mich verstoßen hatte; denn ich fand, ohne solchen Willen hätt' ich keine Ruhe des Gemüths und Frieden zu erhoffen. – Aber ach! dazu war jetzt mein Herz noch nicht geschickt. Es vermochte nicht ihrer zu gedenken ohne ein anderes Weh als das der Trauer und gerieth darüber mit ihm selber in Widerstreit.

»Still«, sprach ich, »die Abgeschiedenheit wird Dich lehren, auch das zu überwinden, und alsdann wird auch diese Erinnerung Dich nicht mehr verwirren.« Aber es war, als spräche eine andere Stimme dazu: »Nein! das wird nicht geschehen.«

Unter solchen Gedanken hatt' ich die Höhe erreicht, von der aus ich die Abtei vor mir liegen sah in der Abenddämmerung: es war derselbe Ort, von wo aus ich einst, als ich zum ersten Mal hinauszog, mich zurück gewendet hatte, auf die Glocken zu lauschen, die zur Matutin riefen.

War das nicht auch Glockenklang, den ich jetzt vernahm?

Wie anders däuchte mich der, als ich ihn gewohnt war zu hören! – Gewiß, es rief zur Vesper! Und ich faltete meine Hände, das Ave zu beten. Doch nein! Das war nicht das Geläut, das täglich zur Abendzeit ertönt. Auch dieser Schall war mir nicht unbekannt. Ein Windhauch brachte mir ihn deutlicher zu Ohren. Ja, es war die Sterbeglocke, die gezogen ward. Davon kam eine große Herzensschwere über mich, und als ich vom klagenden Schall geleitet hinabschritt, bat ich die göttliche Erbarmung, doch heut und immer, wenn der Gedanke an Tod und Grab mir allzuscharf durch die Seele schnitte, mein inwendiges Ohr auch den Harfentönen aufzuthun, die um Seinen Thron die lichten Schaaren beständig erklingen lassen, von solchen Himmelsklängen hier im Dunkel nur ein Weniges zu vernehmen, nur ganz leise wie im fernsten Wiederhall!

Der Thorbogen unterm Thurm an der Brücke stund offen, und der Schnee dämpfte meine Schritte, also daß Niemand mich bemerkte, als ich hindurch schritt. Auch im Klosterhof traf ich auf Niemanden; nur des Pförtners Hündlein kam herzugelaufen, hatte mich erkannt und sprang mit kosender Freude an mir in die Höh', wie dieser Thiere Weise ist; aber mein Kommen verrieth es nicht.

Ich trat unter die Halle vor der Kirche, Paradies geheißen, dann linkswärts in den überwölbten Gang und durch die Öffnung, welche in die Kreuzgänge führt, die hier den Friedhof umgeben. Zögernd schritt ich vorwärts, und die nun nahe über mir erdröhnenden Schläge der Glocke erschreckten mich seltsam. Nun sah ich, zwischen den Pfeilern stehend, den überschneiten Friedhof und dort drüben die Brüder, einen gedrängten Haufen.

Es brauchte nicht des dumpfen Geräusches der hinabrollenden Erdschollen, das zwischen dem Rufen der Glocke an mein Ohr schlug, um mir kund zu thun, daß man da einen Leichgang gehalten, die Feier soeben beendet hatte und nun die Gruft zuschaufelte. Sie hatten Alle nur Acht auf ihr traurig Thun, und Ihrer Keiner hatte mein Nahen gewahrt. Auch barg mich das Dunkel des Kreuzgangs. Wo es am tiefsten war, da trat ich hin und sah hinüber. Wie manches Mal hatt' ich als Kind schon diesen Anblick gehabt und da des Rechts genossen, das allein die Kinder mit den Gottesengeln theilen, auch vom Anblick des Todes nicht gestört zu werden in ihrer schuldlos spielenden Freude, weil beide seine bittere Erfahrung nicht kennen. Aber welch' herbes Weh durchzuckte mich heute!

Nun verstummte das Geläute, und die Brüder erhuben nach Gewohnheit den Gesang:

>>Flens ego sum genitus, celebrantur funera fletu,
transacta innumeris vita fuit lacrimis,
O miserum mortale genus lacrimabile semper,
quod factum ex cinere est, solvitur in cinerem.<<

(Weinend erblick ich die Welt, mit Weinen begräbt man die Todten,
Unter viel Thränenerguß schwindet das Leben dahin;
Sterbliches armes Geschlecht, wie bist du beweinenswerth immer!
Was genommen von Staub wandelt sich wieder in Staub.)

Dann ward eine kleine Stille, und der Priester sprach: »Lasset uns beten: Herr, schenke ihr die ewige Ruhe!« Und die Brüder antworteten: »Und das ewige Licht leuchte ihr!«

Darnach hub der Priester wiederum an: »Löse, HErr, die Seele Deiner Dienerin Irmela von allen Banden der Sünde, auf daß sie in der herrlichen Urstände unter Deinen Heiligen und Auserwählten wieder auflebe.« Und der Abt betete: »Leite auch, Herr, unsern Diether an Deiner Hand, und so er erfährt von diesem Begräbniß, so sei's ihm zum Heil und Segen!« Darauf sprachen sie Amen! und wandten sich zu gehen, denn die Finsterniß war hereingebrochen.

Ich wollte hinzueilen, aber die Kraft entgieng mir und ich sank zur Erde.

»Hilf Gott! Diether, armer Diether!« hört' ich rufen, als mir die Sinne wiederkehrten. Da winkte Herr Albrecht den Andern, daß sie von mir abließen, richtete mich auf und leitete mich an das frische Grab.

Daselbst schluchzte ich bitterlich an seinem Halse, und er litt es ganz väterlich.

Droben in seinem Gemach, dahin er mich geleitet hatte, wollt' er nicht leiden, daß ich ihm berichtete von meiner Fahrt und wie es mir damit gerathen wäre, sondern zuvor gab er mir eine Schrift, die wäre für mich bestimmt, sagt' er, sie zu lesen, – tröstete mich mit lindem Wort und ließ mich allein.

Es war die Geschrift von einem guten Pfaffen geschrieben, dem die selige Maid ihre letzte Beichte gethan hatte mit dem Geheiß, so sie verschieden sein würde, solch' ihr Wort mit nach Maulbronn zu geben, daß es mir, wenn es Gott so fügte, zu Handen käme: denn dort wollte sie begraben werden.

»Er soll wissen«, hieß es darin, »daß meine Treue gegen ihn alle Zeit unwankend geblieben ist und ich keine größere Glückseligkeit wußte im Leben, als mit ihm unzertrennlich verbunden zu sein. Aber ich ersah bald, daß das nimmer geschehen würde, sondern daß allerdinge über ihn beschlossen war, in seine Losgebung nicht zu willigen, und daß, was man von meiner Herzensneigung zu ihm gespürt hatte, um so mehr zur Ursach' ward, ihn im Kloster zu behalten. Da war's mir ein großes Leid, wider seinen Willen ihn da verschlossen zu wissen sein Leben lang, und ich willigte in die mir bestimmte Ehe; aber ich begehrte dafür, daß Diether's Losgebung vom Bischof erwirkt würde. Ich wußte, daß ich mich damit von Glück und Freude schiede für immer; aber es war mir ein süßer Trost, mit meinem Leide seine Freiheit zu erwerben. Doch daß ich ihn nie wiedersehen dürfte, noch er je erfahren, durch wen er seine Losgebung erlangte, sondern im Wahn verbleiben, als hätt' ich ihn verstoßen und die Treue gebrochen, daß ich auch gegen den, der mich zum Gemahl erkieste, die Heimlichkeit in meinem Herzen bewahren mußte: dies nagte an meinem Leben allzusehr, und ist Ursach' worden, daß eine andere Hochzeit für mich vorhanden ist, als die, für welche man mich ausersehen hat. Ich danke Gott im Himmel dafür. Die reinste Wonne, so die Erde gibt, hab' ich erfahren; sie kann nur kurz sein. Ich bin zufrieden, abzuscheiden; nur um meinen Ohm ist's mir Leid. Die ewige Dreifaltigkeit mög' ihn trösten!«

»Mein Gebein aber soll an der Stätte der Urstände harren, die Diether's Heimath war. Ihm möge Gott des Lebens Glück bescheren und hernach die ewige Seligkeit. Nie soll ihm die Erinnerung an mich hinderlich an einer Freude sein. – Kommt er aber einst zurück nach Maulbronn, weil die Dörner rauher Wege, die er geführt ward, seine Füße zu hart verletzt haben, so schöpfe er aus diesem meinem letzten Gruß eine Linderung.«

»Einstmals zur Maienzeit, als der Wind unter'm Schall der Nachtigall weiße Blüthen über mich schüttete, wünschtest Du mir, Diether, es möchte nie kein anderer Schnee in die sorglosen Tage meiner Jugend fallen, als dieser. Es ist anders worden mit mir! Aber wenn auch Dir der Winter manchen Schmuck des Lebens verdirbt und Du über allzufrüh verwelkte Blumen trauerst, alsdann denke, daß nicht bloß auf jeden Lenz ein Herbst, sondern auch auf jeden Herbst ein Lenz folgt. – Gott und Sein Heer lasse mich den gewinnen, der ewig blüht!«

(Allhier endet Diether's von ihm selbst erzählte Geschichte.)

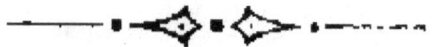

Beschluß.

iether schwieg eine Weile, als er mit Erzählen zu Ende war, und auch die beiden jungen Gesellen, die ihm zugehört hatten, wagten nicht, das Wort zu nehmen.

»Das ist nun die Aventiure, die Ihr zu hören begehrtet«, sagte der Alte dann und stund auf vom Steinsitz unter der Halle, als wollt' er hineingehen der Pforte zu.

Es war zum dritten Male in der Pfingstwoche, daß der Abend die Drei um den Steinbrunnen versammelt hatte am Kreuzgang, der im Viereck den Friedhof der Abtei umgibt, und für den Erzähler wie für seine zuhörenden Schüler blieb die abendliche Stille ungestört; denn nur sanft rieselte das Wasser und nur leise rauschten zuweilen die Blüthengebüsche über den Grüften.

Heut hatten sie länger draußen verzogen denn sonst, und als Diether sich anschickte, zu gehen, sah er schon den Silberglanz des Mondenlichts auf dem Dach der Kirche flimmern und in den Garten herabgleiten, wo er die Wipfel eines dichtbelaubten Flieders mit sonderlicher Helle bestrahlte.

Der Alte blieb stehen und richtete dahin seinen Blick.

»Wie heint die Blüthen leuchten!« sprach er vor sich und schritt durch das Gras langsam der Stelle zu.

Nun stund er dicht am überhangenden Gezweig, der würdige Meister, ihm zur Seite gesellt die Jünglinge.

Da zog eine Wolke wie ein goldumsäumter Schleier über des Mondes leuchtend Angesicht, und ein behendes Dunkel flog von ihr her über das Dach der Kirche und beschattete Garten und Kreuzgang.

»Sie ist sogleich vorüber!« sagte Diether und blickte hinauf.

Als der Glanz wiederkehrte, sahen die Drei zu ihren Füßen einen Grabstein, von weißen Blüthen ganz überdeckt.

Der Alte bückte sich bedächtig und strich sie leise mit der Hand zur Seite. Da ward, eingegraben auf dem moosigen Steine, eine Lilie sichtbar und eine Inschrift. Die Augen der Jünglinge hatten sie bald entziffert.

»`Irmela virgo`«, lasen sie.

Der Alte sprach's nicht nach; doch wandte er seinen Blick nicht weg von den halbverwischten Zeichen.

»Laßt uns gehen«, sagte er dann. »Der Thau fällt kühl und die Nacht ist bald herum.« –

Den Grabstein aber und seine Inschrift findest Du in Maulbronn noch heutigen Tages. –

Gebauer-Schwetschke'sche Buchdruckerei, Halle a. S.

www.ingramcontent.com/pod-product-compliance
Lightning Source LLC
Chambersburg PA
CBHW031346230426
43670CB00006B/452